FAUNE POPULAIRE

DE

LA FRANCE

EUGÈNE ROLLAND

FAUNE POPULAIRE
DE
LA FRANCE

TOME XI

REPTILES ET POISSONS
(Première Partie)

PARIS
EN VENTE CHEZ LES LIBRAIRES-COMMISSIONNAIRES

AVRIL 1910

Volume tiré à 200 exemplaires

Eugène ROLLAND

FAUNE POPULAIRE

DE

LA FRANCE

TOME XI

REPTILES ET POISSONS

(Première Partie)

PARIS
EN VENTE CHEZ LES LIBRAIRES-COMMISSIONNAIRES

AVRIL 1910

Volume tiré à 200 exemplaires

AVIS AU LECTEUR

La *Faune* et la *Flore* d'Eugène Rolland sont désormais une publication posthume, car leur auteur est mort le 24 juillet 1909. J'ai considéré comme un devoir d'amitié de prendre en mains son œuvre de folk-loriste pour la continuer et l'achever, autant que mes propres forces me le permettront.

Rolland menait de front, au moment de sa mort, l'impression de quatre volumes, le tome VIII de la *Flore* et les tomes IX, XI et XIII de la *Faune*.

Le tome XI de la *Faune* était presque achevé; l'auteur avait donné le bon à tirer de la feuille 13. C'est celui que je publie aujourd'hui, après une correction des épreuves finales aussi scrupuleuse que j'ai pu. Je remercie M. L. Staude d'avoir bien voulu se charger de la Table des Matières.

J'espère que les trois autres volumes paraîtront avant l'hiver 1910-1911 ou, au plus tard, au cours de cet hiver.

Le reste des deux ouvrages est préparé en manuscrit, mais la nature particulière de cette grande œuvre lexicographique, et surtout la méthode particulière adoptée par Rolland pour la mise au point définitive, rendent le travail d'une édition posthume — et dès ce volume déjà — chose laborieuse et difficile.

En effet, Rolland, même après son travail de rédaction, ne

cessait pas de lire, d'interroger et de noter; et il mettait ses notes de côté pour des intercalations ultérieures. Puis, pendant l'impression, il faisait appel au concours de ses correspondants, à la fois en France et à l'étranger. Faisant tirer l'épreuve « en première » à trente exemplaires, il l'envoyait à ces correspondants; après avoir reçu leurs additions, soit pour la linguistique, soit pour le folk-lore, il coordonnait et fondait tout cela dans une épreuve définitive qui était comme une seconde rédaction. Suivant la maxime *cuique suum*, chacun de ces correspondants avait l'honneur de sa part de collaboration, si minime quelle fût; car les lecteurs de cet ouvrage savent bien que l'abréviation *c. p.* signifie « communiqué par », tandis que *r. p.* = « recueilli personnellement ».

Pour garder à l'œuvre de Rolland sa valeur originale, j'ai, dans la mesure du possible, continué sa méthode de travail. Je ne puis remercier ici tous ses collaborateurs; je dois pourtant, à cause de l'abondance et la valeur philologique de leurs communications, en nommer trois ici, comme étant, en quelque sorte « hors concours ». Ce sont M. Ed. Edmont, à Saint-Pol (Pas-de-Calais), M. Emile Ernault, professeur à la Faculté des Lettres, à Poitiers, et M. J. Feller, professeur à l'Athénée, à Verviers (Belgique).

Le complément, non encore publié, de ces deux ouvrages, existe donc en manuscrit préparé pour l'impression, mais réserve faite des additions et corrections que les correspondants de Rolland fournissent au cours de l'impression, et que le nouvel éditeur doit — pour continuer la méthode de Rolland — transporter et coordonner sur une épreuve définitive. A voir la masse formée par ces manuscrits, j'estime qu'il faudra trois volumes pour achever la *Flore*, mais environ huit ou neuf pour mener la *Faune* à sa fin.

Dans ces circonstances, je m'occuperai d'abord de la *Flore*, et j'espère pouvoir en publier un volume au moins par an, et je terminerai cet ouvrage par une Table Générale.

Une notice sur la vie et l'œuvre de mon regretté collaborateur et fidèle ami sera publiée dans le tome XI de *Mélusine*, lequel paraîtra au cours de l'automne à la librairie H. Welter, 4, rue Bernard-Palissy, Paris (VIe).

H. GAIDOZ.

22, Rue Servandoni, Paris (VIe).
Mars 1910.

FAUNE POPULAIRE

LES
REPTILES ET LES POISSONS

Testudo (genre) (LINNÉ). — LA TORTUE.

testudo, testugo, tortuca, tartuca, tartuga, tortus, turtus, chelio, marina gugalia, gugalia, golola, golora, golaia, guleia, golia, guolatius, galandra, galapago, galapoco, derades, derodes, deradies, decanes, l. du m. â., GOETZ; DU D.; DIEF.; etc. — *mus marinus*, anc. nomencl., BRUYERINUS, *De re cibaria*, 1560, p. 987.

tortugua, f., *tartuga*, f., anc. prov. et anc. langued. — *tortugue*, f., *tortuge*, f., anc. fr. — *tourtuga, tourtugue*, f., *tortuya*, f., *tortuyo*, f., *tortu-o*, f., *tourtuo*, f., *tartugo*, f., *tartugue*, f., en divers pat. du Midi. — *tartucle*, f., *tartugle*, f., B.-Pyr., Landes, Gironde. — *tarnû*, f., Palaiseau (S.-et-O.), r. p. — *torte*, f., Noirmoutier (Vendée), c. p. M. ED. EDMONT. — *lantyôhhe*, f., jargon de Razey près Xertigny (Vosges), r. p.

baot, vaot, breton, LEGONIDEC.

galana, bîssa scudalera, biscia cupela, cadopa, copassa, dial. ital.

schorpe, schidtpadde, schiltkröte, anc. h. all. — *shell-paddock,* angl. dial.

On trouvera d'autres noms gallo-romans de la tortue, dans GILLIÉRON et EDMONT, *Atlas linguist.*, fasc. 29, carte 1317.

ONOMASTIQUE :

Tartuguies, doc. de 1301, *Las Tartugueiras,* doc. de 1692, local. du Gard, GERMER-DURAND.

Le Prat de la Tartugua, La Maison de la Tartugue, local. du Gard, en 1549, BLIGNY-BONDURAND, *Arch. civ. du Gard,* 1904, III, 132 et 155.

Auberge de la Tartugo, anc. auberge à Nîmes, BESSET, *Arch. de Nîmes,* 1879.

Enseigne : Aux trois Tortues, anc. ens. à Fontainebleau, HERBERT, *Ens. de Font.*, 1897, p. 117.

« La pesche des tortues se fait de trois façons, *au chevalage, à la varre, au terrissage... Au chevalage,* quand la tortue *chevalle,* c.-à-d. s'accouple, avec des lacs coulans... *A la varre* qui est une espèce de harpon ... *Au terrissage* quand la tortue aborde sur le sable... » POMET, 1694. [Il s'agit des colonies françaises.]

« *Gugalia* = fides, instrumentum musicum, en anc. allemand *gigel, geig.* » l. du m. â., DU C., III, 588.

« *Cou de tortue* = cou ridé. » Paris. r. p.

« Un jaune de tortue avoit succédé à la blancheur de ses lys. » LE NOBLE, *Promenades,* 1705, II, 39.

« On dit d'un homme causant ou se promenant avec une femme galante : *tiens ! le voilà avec sa tortue !* » Marne, c. p. M. E. MAUSSENET.

« Il a les pieds plats comme une tortue qui a jeûné Avent et Carême. » *Pensées de Bruscambille*, 1741, p. 79. — « Avoir les pieds plats comme une tortue. » DESLAURIERS, *Prologues sérieux*, 1610.

« S'en aller à pas de tortue = *lentement.* » D'AUDIGUIER, *Hist. trage-comique*, 1634, p. 146.

« L'expérience, cette vieille tortue, arrive toujours trop tard. » FLÉVY D'URVILLE, *Ordures de Paris*, 1874, p. 5.

« Il estoit meilleur coureur qu'une tortue = *par ironie.* » THOMASSIN, *Regrets facétieux*, 1632, p. 46.

« Tu cours comme une tortue = *tu vas lentement.* » Locut. connue. — « Faire de la route comme une tortue malade = *aller très lentement.* » DUBRUJEAUD, *Calvaire*, s. d. (vers 1900).

« *Haastige lieden moeten op geen schildpadden rijden* (= les gens pressés ne doivent pas monter des tortues). » néerl., HARR. [A. DE C.]

« Stet domus hæc donec fluctus formica maris Ebibat et totum testudo perambulet orbem = *distique gravé au-dessus de l'entrée d'une maison.* » JUMEL, *Le village de Davenescourt*, 1870, p. 76.

« Moins adroits à faire l'amour qu'à une tortue à grimper contre une muraille. » ALLARD, 1605, f[et] 338, r[o].

« Je ne pouvais plus me relever, comme une tortue qu'on met sur le dos. » VARNER, *La famille du fumiste*, comédie, 1840.

« Dans le dernier exercice il s'agissait de dresser les jambes derrière la nuque, puis passant les bras au milieu des cuisses complètement disloquées, il fallait, en sautant sur les mains, marcher tordu, étranglé, à travers toute la longueur du tapis. Dans cette situation extrêmement pénible, la tête pendait, violette d'asphyxie. Avec son langage imagé, maître Beaucaire appelait cela : *faire la tortue.* » E. Murer, *La Mère Nom de Dieu,* 1888, p. 249.

« Porter son toict ainsi qu'une tortue. » Du Lorens, *Satyres,* 1646, p. 71.

« *Hij slacht de schildpad : hij is overal thuis* (= il ressemble à là tortue : il est partout chez lui). » néerl., Harrebomée. [A. de C.]

« La carapace ne fait pas la tortue. » *Le Figaro du 13 juin 1861.*

« Abeilo que pougno tartugo, roumpe l'aguilhoun. » Proverbe provenç. du xviiie s., *Bull. du Biblioph.,* 1845, p. 479.

« Sensible comme une tortue = se dit ironiquement. » P. de Kock, *L'amant de la lune,* 1861.

« La bouche comme une escaille de tortue. » *Voyages de M. Guillaume,* 1612, p. 13.

« Fidèles comme écueils, aussi prompts aux effets Qu'une tortue au feu, qu'un asne sous le faix. » Angot, *Nouv. satires,* 1637, p. 84.

« Si l'on t'apreste une tortue Manges-en fort ou point du tout. » xvie s., Baïf, éd. Blanch., 1880, I, 112.

Sur la tortue maigre en carême, voyez : Fusi, *Mastigophore,* 1609, p. 80.

« On empesche le bouillon du pot en le couvrant avec le test d'une tortue femelle. » Fusi, *Mastigophore,* 1609, p. 127.

« Il a pincé une phtysie à faire tousser une tortue. » *La Gaudriole,* 1891, p. 420.

« A Mountestrucq Qu'y cante la tartugue. » Orthez (B.-P.), L. Batcave (dans *Almanach d'Orthez,* 1900).

« La tortue craint, en recevant le masle, de se renverser vers le ciel, pour ce que le masle, après la jouissance, la laisse en proye à l'aigle, par la difficulté qu'elle a de remettre en son plant naturel, préférant la vie au plaisir. » FERRAND, *Maladie de l'amour*, 1623, p. 175.

« Les tortues couvent leurs œufs avec les yeux. » BÉROALDE DE VERV., *Moy. de p.*, éd. Roy., I, 267. — « La tortue esclot ses petits en les couvant seulement de son regard. » FUSI, *Franc archer de l'égl.*, 1619, p. 800. — « Les tortues couvent leurs œufs en les regardant fixement. » J.-P. CAMUS, *Homélies festives*, 1625, p. 350. — « Les tortues font éclore leurs œufs en les soufflant par leurs narines rondes. » BOURDELOT, *Rech. sur les vipères*, 1671, p. 35.

« Son logis est plus caché que le nid d'une tortue. » DUPUY, *Satyre Ménippée*, 1677, p. 314.

Sur la fable de La Fontaine, *Le lièvre et la tortue*, voy. GUILLAUME, 1822, p. 27; sur la fable de La Fontaine, *La tortue et les deux canards*, voy. GUILLAUME, 1822, p. 53.

Symbolique. — « Quelques galants esprits de nostre temps ont représenté le mespris des afflictions et traverses, par un homme qui a fait naufrage et se sauve sur le dos d'une tortue agitée par les ondes, avec un rayon de soleil par le bénéfice duquel il est garanti de la mort. » VALERIAN, 1615, p. 350. — « Les anciens peignoient sous les pieds de Vénus, déesse de luxure, une tortue qu'on dit n'avoir point de cœur, pour autant que cet animal a le cœur si petit qu'il est presque imperceptible. » JOSSE, *Déroute de Babylone*, 1612, p. 147. — « Une image représentant une tortue gravissant une colline, est accompagnée de ces mots : *elle ira enfin sur le haut.* » LA FEUILLE, *Devises*, 1693. — « Une tortue s'avançant lentement : *festina lente, avec la patience on vient à bout de toutes choses.* » ID. — « Une tortue avec cette devise : *la meilleure maison est celle qui est à soi.* » ID. — Une image représentant un amour frappant une tortue : *Amor odit inertes.* » Id.

Héraldique. Sur la tortue dans l'héraldique, voyez : Renesse, III, p. 159.

Testudo imbricata (Linné). — **LE CARET.**

testudo caretta, nomenclature de Ray.

caret, m., franç., doc. de 1642, *Voyages de* Le Hirbec, 1890, p. 21 ; etc., etc.

carrel, m., franç., Coppier, *Voyage,* 1645, passim.

Testudo cauana (Daudin). — **LA CAOUANE.**

testudo mydas, nomenclature de Linné.

cahouanne, f., franç., Coppier, *Voyage,* 1645, p. 112. — *caouanne,* f., franç., Dutertre, *Hist. de l'isle de Saint-Christophe,* etc., 1654, p. 283.

Emys lutaria.

tortue bourbeuse, tortue boueuse, franç., *Annales de la soc. d'agric. de Lyon,* 1853.

Lacerta (genre) (Linné). — **LE LÉZARD.**

lacerta, lacertus, saura, satura, sarda, l. du m. â., Gœtz. — *accalabus, bullinus, batarax, anger, armiger, samamithium,* l. du m. â., Dief.

lazerte, f., *lazarde,* f., *lézarde,* f., *laisarde,* f., *laisard,* m., *loisarde,* f., *lizart,* m., *lizarde,* f., *lasardre,* f., anc. fr. — *lèzèrta.* f., *lézarte,* f., *ézarte,* f., *lézardo,* f., *lézarde,* f., *lizarde,* f., *lujarde,* f., *loujarde,* f., *lajartt,* m., *lazate,* f., *lézètte,* f., *leuzotte,* f., *lazite,* f., *lézate,* f., *lëhate,* f., *lëhôte,* f., *ël'hate,* f., *ël'hèke,* f., *lanjarde,* f., *leûjotte,* f., *lôjatte,* f., *lizado*, f., *l'zado*, f., *louzade*, f., *luzâde*, f., *lézâde*, f., *lanzade*, f., *lézède*, f., *lohâte*, f., *lahade*, f., *nazade*, f., *ajiède*, f., *lozadý*, f., *lazatý*, f., *lézadý*, f., *lojadý*, f., *lëzày'dja*, f., *lézâdje*, f., *lizadje*, f., *lézêtche*, f., *lazar*, m., *lâzar*, m., *lày'zar*, m., *lizar*, m., *luzar*, m., *luèzar*, m., *léjar*, m., *liziar*, m., *lizèr*, m., *lhuzar*, m., *lhizèr*, m., *luizar*, m., *luizôr*, m., *lézor*, m., *lhizor*, m., *lujar*, m., *ilàyar*, m., *ilàyardo*, f., *yayarde*, f., *ilàyèr*, m., *iyalar*, m., *liarde*, f., *lézâ*, m., *luzâ*, m., *luizâ*, m., *yuzâ*, m., *lozè*, m., *lézò*, m., *lazon*, m., *lijè*, m., *l'zâ*, m., *lèdje*, f., en divers patois. — *j'lajade*, f., Val-d'Orbey (Als.), LAHM. — *yëlètche*, f., env. de Belfort. — *lézêke*, f., *lazêke*, f., *nézéghe*, f., env. de Lunéville, ADAM. — *azar*, m., Jarnac (Char.), BURG. DES MAR. (On dit en manière de jeu de mots : *Ce n'est point une serpent, c'est un azar, pour dire qu'une chose est douteuse.*) — *lizèrna*, f., Bas-Val., GILL. — *lanzèrne*, f., Saint-Blaise (Suisse), URTEL. — *luizèrne*, f., *luizarne*, f., *lùyèrne*, f., *luèrne*, Nièvre. — *lazàyène*, f., *lozàyène*, f., *lozène*, f., Meuse. — *lajàyène*, f., *lajène*, f., Meurthe. — *rëhale*, f., *ër'hày'*, f., Vosges. — *litron*, m., Cancale (I.-et-V.). — *létrou*, m., Gard, Ardèche.

quatre-pieds, m., *quatrépé*, m., Poitou, Anjou, H.-Bret. — *fi de catépé*, m., M.-et-L., VERR. — *couatt-pè*, m., Prusse wall. — *couatt-pèsse*, f., *couarpèsse*, f., *rogne*, f., Namur, PIRS. — *couètrëpâe*, f., *catrëpiche*, f., *kètèbrache*, f., *couètèbrouche*, f., Vosges. — *tètte de vache*, f., Belg. wall. (On l'accuse de téter les vaches.) — *hëria*, m., Guernesey. — *béléto*, f., Puy-de-D. — *aspic*, *court-brière*, *courant de brière*, Orne. — *solò*, m., jargon de Razey près Xertigny (Vosges).

penteféhué, breton de Guéméné-sur-Scorff (Morb.), c. p. M. J. LOTH.

osga, portugais.

egidehsa, anc. h. all. — *eidechse*, all. — *eddersche*, *möl*, Hesse.

— *ripele, ripetschle,* Carinthie. — *feierômes,* m. sing., Luxemb., GANGL. — *viergebein, vierfüssler,* Suisse allem.

aerdtissie, anc. flam. [A. DE C.] — *akertissie, leeketisse, artis, eekvisch, slangeratiss, snaketiss, huts,* flamand. [A. DE C.] — *evertaske, heveltaske,* holland., [A. DE C.]— *hefestaske,* Frise orient. [A. DE C.]

stargôli (= le quatre-jambes), tsigane, LIEBICH.

On trouvera d'autres noms gallo-romans du lézard dans GILLIÉRON et EDMONT, *Atlas ling.*, fasc. 17, carte 766.

Un lieu où il y a beaucoup de lézards est appelé :

léngrouliéy'ro, f., *rénglouriéy'ro,* f., cévenol, SAUV., 1785. (Au figuré *une maison délabrée, une masure.*)

TOPONOMASTIQUE :

Le *Lézard, La Lézarde, Le Luzart, Le Luzert, Le Lizart, La Lézardière, La Lizardière, La Lézarderie, Le Lézardeau,* noms de diverses localités.

Lou Gaoudré dis Lézers (= le Ravin des Lézards), ravin près Saint-Remi-de-Prov., MISTR.

Ligardes, village du Gers.

Puteus de Luiserna, anc. loc., GUIGUE, *Cartulaire lyonnais,* 1893, II, 253.

La Gremuse, loc. de l'Isère et des B.-Alpes.

Lhermusière, loc. de l'Ardèche.

La Rapiette, Les Engremis, loc. de la Vienne, RÉDET.

La Fontaine-Laizarde, loc. de l'Aisne, JEAN D'ORLÉANS.

La Lizerne, torrent du Valais (Suisse).

Le Luzernà, montagne des Pyrénées.

ONOMASTIQUE :

Du Lézard, Alezard, Alizard, Allizard, Alazard, Lézard, Liziard, Luizard, Liazard, Liezard, Lesert, De Lizardière,

Lazerme (Var, Hérault), *Lezerme, Laisant, Lugardère* (Landes), *Lagremuse, Lermuseaux, Darmuzey* (Landes), *Lagrimardie* (L.-et-G.), *Lizambert* (Isère), *Lizambard* (M.-et-L.), *Sarniguet* (H.-P.), noms de famille.

« *Le Lizard* = nom d'une pièce d'artillerie au moyen âge, DE MAULDE, *Chroniques de Louis XI*, 1895, IV, 493. — « *La Lagramue* = nom d'une grosse couleuvrine que Charles-Quint prit aux Toulonnais, lors de l'invasion de Provence. » MISTR.

« *Obre-càn* = espèce de lézard ; l'obre-càn qu'é coum u serp é n'é pas serp. » Landes, FOIX, 1902, p. 72. [Est-ce le lézard vert ou quelque animal fantastique ?].

« *Lèr*, m. = lézard fabuleux qui correspond au *léry* dont on parle dans l'ancienne vie de Saint-Honorat. » Provence, MISTR.

« *Lizar* = de couleur bringée, en parlant des animaux domestiques ; qui est couleur du lézard gris. » Marne, PIÉTREMENT. — « *Vert comme un lézard* = vert comme un l. vert. » Locut. répandue. — « Le lézard vert voulut un jour se faire beau comme la Vierge. De là il a conservé les belles couleurs qu'on lui connaît. » Hamoir (Belg.), *Rev. d. tr. p.*, 1902, p. 373. — « *Ramarro* = lézard vert, couleur de cuivre. » italien. — « Il était suivi de ses gens barolés (*bariolés?*) comme des lézards. » *Lettre d'un paysan à son curé*, 1789, p. 17.

Se chauffer au soleil comme un lézard, se dit : *prendre un bain de lézard*, locution très répandue. — « *limbértéjà*, même sens, marseillais. » *Armana marshiés*, 1892, p. 75. — « *Courageux comme un lézard*, se dit ironiquement. » Aisne, c. p. M. L.-B. RIOMET.

« *Lézan* = paresseux. » Le Havre, MAZE.

« *Singraoulhéte*, f. = petit lézard gris, homme fluet aux mouvements vifs. » B.-Pyr., Lespy. — « *Luzér* = esprit souple, délicat. » Saint-Ybard (Corr.), La Roche. — « *Oélh de luzèrp* = œil de lézard, œil vif, perçant. » B.-Pyr., Lespy. — « *Quaterpièche* = enfant vif, remuant, malin. » Valenciennes, Hécart. — « *Verdelle* = petite fille vive et mutine. » Yonne, Joss.

« *Langue de couattpèsse* = langue de lézard, langue de vipère, mauvaise langue. » namurois, Pirsoul. — « *Plume lézardine* = plume d'un écrivain diffamateur. » Duez, 1678. — « *Faulse lesarde* = injure à une femme. » *Les deux soupiers*, farce, s. d. (vers 1540).

« *Bon lézard* ou *lézard* = bon camarade; *mauvais lézard* mauvais camarade. » argot. — (Le mot d'argot *bon zig* = bon garçon) semble se rattacher au lézard; ce serait le mot *zigno* qui signifiait autrefois, en italien, *petit lézard*, selon Oudin, 1651.

« *Lézard* = voleur de chiens. » argot, Lermina, 1897, p. 155.

« *Vilain lézard vert, vilain vercreû* = injure. » Beauce, Isid. Chasles, *Avent. du capit. Pétaillon*, 1891, p. 41. — « *Vilain lézâ*, m., vilain laid, injure. » Aisne, c. p. M. L.B. Riomet.

« Chargé d'argent comme un lézard de plumes. » L. Reybaud, *Edouard Mongeron*, roman, 1846, I, 251.

« *Gras comme un lézard*, se dit ironiquement. » Locution répandue. — « *Mangia-lezerta* = personne maigre. » Basse-Auvergne, Malval. — « On dit d'une personne sèche qu'elle se nourrit de *rapiettes*. » Poitou, Lal. — « *Bibe de coues de séntà* = faire maigre chère. » H.-P., c. p. M. M. Camélat.

« Il devient plus rampant qu'un lézard. » Roqueplan, *Regain*, 1857, p. 26.

« *Lézard*, m., *lézarde*, f. = fissure dans un mur. » *Dict. de Trév.*, 1754. — » *Sérnéjà* = évoluer en zig zag. » Marsillargues (Hér.), *Felibrige lat.*, 1895, p. 7. — « *Lézarde*, f., terme de tapisserie, petit galon servant au même usage que la crête géroline, mais portant des dents de feston des deux côtés au lieu que la géroline n'en a que de deux côtés. » MORISOT, 1814.

« Glisser entre les mains *comme une lizarde* ou *comme un lavèr.* » Vendée, *Rev. du Traditionn.*, 1906, p. 236. — « C'est aussi difficile que de mettre la main sur un lézard. » GIRON, *Braconnette.*

« Quand je n'y pense, ça ne fait gasser de joye et je n'en trimousse comme si de larmises me grimpottiont le long des guibolles en passant par les cheveux. » Lyon, *Journal de Guignol du 28 nov. 1887.*

« Il écarbille les yeux comme un quatrépé qui chie des macres. » M.-et-L., VERRIER.

Le muscle du bras de l'homme est comparé à un lézard, de même qu'à une souris (*musculus*). On le nomme :

lacertus, latin du m. â., DIEF. (D'où *lacertosus* = homme musculeux.)

làcert, m., anc. provenç., RAYN.

« Il veoit cler comme un lusar. » anc. fr., LA BORDERIE, *Œuvres d'Olivier Maillard*, 1877, p. 9.

« Éclairer comme un *quatre-pieds* dans une lanterne = *ne pas éclairer du tout.* » Poitou, SAINT-MARC.

« *Boufà coum' un lètrou* = haleter comme un lézard, souffler bruyamment. » cévenol, SAUVAGES, 1785 ; Ardèche, *Revue de philol. fr.*, 1890, p. 135. — « *Bufà couma de niserts en dourmiguent* = ronfler la bouche ouverte. » Saint-André (Hér.), *Félibrige latin*, 1896, p. 214. — « *Badà coum' un limber* = être bouche béante d'admiration. » Provence, AVRIL.

« L'araignée mange la mousche et le lisard l'araignée. » LE BON, 1557.

« C'est imiter les lézards qui effacent soudain avecques leurs queues les traces que leurs pieds ont imprimées sur le sable. » J.-P. CAMUS, *Acheminement à la dévotion*, 1624, p. 277.

« Cercas ben la luizardo. » Provence, XVIIe s., *Bugado prov.*

« Un lézard estouffé en urine d'homme gardera d'arresser (*être en érection*) l'homme qui boira cette urine. » DU PINET, 1625, II, 416.

« Se frotter les mains avec du sang de lézard fait passer les verrues. » Vosges, SAUVÉ (dans *Mélusine*, III, 283).

« Pour faire passer la fièvre il faut tenir dans la main un lézard vivant et le serrer jusqu'à ce qu'il crève. » B.-Pyrénées, r. p.

On trouvera dans MARCELLUS EURPIRICUS, Ve siècle apr. J.-C., cinq formules médicales superstitieuses où le lézard vert joue un rôle capital.

« Un lézard à queue double passe pour devin. » Provence, MISTR., II, 178.

On croit partout que celui qui porte, sans le savoir, dit-on ordinairement, dans sa poche ou dans la doublure de son vêtement, un lézard ou une queue de lézard a toutes les chances, à la conscription, au jeu, à la loterie, etc. — « Pour avoir de l'argent toute l'année, il faut couper la queue d'un lézard avec un gros sou et la garder dans sa poche. » Luzy (Nièvre), r. p.

« Faire prendre à quelqu'un du sang de lézard le guérit de l'ivrognerie. » Baugé (M.-et-L.), *Rev. d. tr. pop.*, 1905, p. 362.

« Voir courir un lézard vert à main gauche porte bonheur. » AUDEBRAND, *Les Fleuranges*, 1883.

« On appelle *nuit des pierres* une certaine nuit de l'année pendant laquelle les pierres se mettent en marche. Cette nuit toute pierre (mégalithe) *qu'un lézard a frôlée dans la journée*, avant le coucher du soleil, peut se déraciner, changer de place et aller où bon lui semble. » Bretagne, ZARI, *Yolande*, roman.

« Mettez une plume de poule et une plume de coq rouge et noire, dans un bol de lait, vous aurez un petit lézard blanc à huit pattes. » Dinant (Ille-et-V.), *Rev. d. trad. p.*, 1906, 315.

Le lézard est l'ami de l'homme.

Les lézards, quand ils aperçoivent une vipère, se mettent en mouvement et courent de tous côtés, de même que les petits oiseaux s'agitent en présence d'une chouette. Si un homme se trouve endormi en cet endroit, les lézards affolés lui passent sur la figure et l'éveillent. De là la légende du lézard *ami de l'homme*. — « Le petit lézard appelé Saura a une naturelle philanthropie ; quand il voit un serpent s'avoisiner d'un homme qui dort, il l'esveille en le poignant tout doucement, afin qu'il évite le danger. » J. CAMUS, *Homélies festives*, 1625, p. 461. — « Les laisars vexent les hommes dormans en terre tant qu'ils s'esveillent s'il y a quelque serpent à l'entour. » *Descript. du voy. de Gunea*, 1605, p. 60. — « La couleuvre est grande ennemie du laisard à cause qu'il advertit l'homme qnand il y a quelque couleuvre autour afin qu'il ne fust endommagé d'icelle. » *Idem*, p. 54. — « Il ne faut pas faire de mal au lézard. Un jour le lézard réveilla saint Pierre endormi sur le sol, en lui passant sur la figure, au moment où il allait être mordu par un serpent. » Clerval (Doubs), r. p. — « Aussitôt que le lézard vous a averti de la présence d'une vipère, vous devez faire le signe de la croix. » Naintré (Vienne), r. p.

« *Cuando un hombre se duerme en el campo y una culebra trata de hacerle daño, un lagarto le avisa el periclo metièndole el rabo en el oido para despertarlo.* » Espagne, *El Folklore betico-extrem.*, 1883.

Le passage suivant est intéressant à comparer avec ce qui précède. « *Le Stellio salvator* (Laur.) est un gros lézard des pays chauds. Il pousse un cri à l'approche du crocodile, ce qui donne à l'homme le temps de se mettre à l'abri. On l'appelle *sauvegarde.* » AULAGNIER, 1830.

« Le lézard vert se plaît à regarder la face de l'homme. » A. THEVET cité par SCHEFER, *Voy. de Possot*, 1890, p. 277. — La lézarde est à l'homme amy, au regard duquel elle s'esjouit; elle le contemple et succe sa salive. » DU TRIEZ, *Ruses des esprits mal.*, 1563, fet 31, ro.

« Si l'on voit un lézard, la vipère n'est pas loin. » Brulon (Sarthe), r. p. — « Le lézard vert pourchasse tellement la vipère, que là où il se trouve, il n'y a pas de serpents. » La Malène (Loz.), r. p.

Mon ami H. GAIDOZ a bien voulu me communiquer la note suivante :

« Les témoignages réunis ci-dessus apportent l'explication d'un monument de la sculpture grecque sur lequel on a beaucoup écrit sans présenter autre chose que de vagues hypothèses. Il s'agit de l'Apollon Sauroctone, c.-à-d. « tueur du lézard », œuvre célèbre de Praxitèle, dont il existe plusieurs *répliques* dans divers musées. La littérature grecque, si riche qu'elle soit, n'apporte sur ce chef-d'œuvre aucun témoignage, et on n'en trouve la trace que cinq siècles plus tard chez ce bavard de Pline l'Ancien dans son *Hist. nat.* (XXXIV, 19). M. Rolland pense, et avec raison selon moi, que le lézard joue ici son rôle traditionnel « d'ami de l'homme » et qu'Apollon lui montre le serpent embusqué dans l'arbre. Le nom de Sauroctone, conservé par Pline seul, montre qu'une légende populaire, légende de mythologie iconographique, s'était formée autour de ce monument et que l'on accusait Apollon de vouloir tuer cet innocent animal, et cela sans raison aucune. Ce n'est pas ici le lieu d'en dire davantage, et je réserve les arguments et les développements pour une étude sur Apollon Sauroctone. » H. GAIDOZ.

« Si le lézard vert voit le premier la vipère, il la tue ; si c'est la vipère qui voit la première le lézard, elle le tue. » B.-Pyr., c. p. M. L. BATCAVE.

Sur une lutte furieuse simulée entre la lézarde et le dragon, à certain jour de fête, à Provins, voy. BOURQUELOT, *Hist. de Provins,* 1840, p. 293. — « Le lézard aime mieux l'homme que la femme. » E.-et-L. CHAPISEAU. — « Le lézard est l'ennemi de la femme et cherche à lui faire du mal. Pour s'en préserver elle n'a qu'à porter sur elle un brin de jasmin. » Naintré (Vienne), r. p. — « Le lézard cherche à faire du mal à la femme. Mais si celle-ci est accompagnée d'un petit garçon, elle est à l'abri du lézard. Mais si elle est avec une petite fille, il piquera l'une ou l'autre. » Naintré (Vienne), r. p.

« Il ramarro vuole bene agli uomini, ma odia le donne, e guai a queste se potesse distinguere tra l'uomo e la donna ! Le uccidereble. La ragione sarebbe questa, che una volta una donna prese un ramarro, lo messe in una pentola, e ne fece una pomata per allungare i capelli. » Toscane, *Archivio delle trad. pop.*, 1882, p. 430.

« Un lézard qu'un homme siffle d'une certaine façon arrive près de lui et même lui grimpe après les genoux. » Arçon (Côte-d'Or), r. p.

« Pour garantir l'étable de la visite du serpent il faut suspendre à la poutre un lézard vivant. » Corrèze, GORSE, p. 273.

Les enfants, quand ils voient un lézard ou quand ils veulent le faire sortir de son trou, lui débitent une formulette :

« Lizèr, lizèr, Protège moi de la sèr; Si tu passes devant chez moi, J'te donnerai un brin de sucre. » Naintré (Vienne), r. p. — « Lizèr, lizèr, Sorte ta tête; Si tu es auprès de Dieu, Sorte donc; Si tu es auprés du démon, Ne sorte pas. » Naintré (Vienne), r. p. — « Lazert, Paro me de la serp, T'achataraï una roba per l'huvér. » Gap, *Soc. d'études des H. Alpes*, 1902, p. 96. — « Lizèr, para mé dé la sérp, Té dounaràỳ dèy po (pain) dé moun chanté. » Corrèze, GORSE, p. 273. — « Luézar, Bataillar, Si tu me mords, Je l' dirai au cura (*curé*). » Eclose (Isère), *Rev. de philol.* fr., 1893, p. 271. — « Laouzèrp, laouzèrp, Préserbo-mé de la sèrp; quand tournaré de l'oustal Té dounaré un gra dé sal. » Lauraguais (H.-G.), P. FAGOT. — « Lizér, lizér, Paro mi dé lo sér; Quond possoras dobons mo pouorto, Ti dounoraï un grô dé soou. » La Malène (Loz.), r. p. — « Singraoulhéte, singraoulha, Bire-m la sèrp qui m-boou gnacà (*mordre*). » B.-Pyr., LESPY. — « Sarranglète, sarrangla, Bire-m le sérp qui m-bo gnacâ Que-t drèy san dou dit pouga. » Chalosse (Landes), FOIX, 1902, p. 23. — « Singarline, line, line, Bire-me le serpine, Que-t dréy un kyic de soupine. » Marensin (Landes), FOIX, 1902, p. 23.

Symbolique. — Sur le lézard représenté emblématiquement sur les tombeaux, voy. l'*Intermédiaire*, XVI, 37.

Héraldique. — Sur le lézard dans l'héraldique, voy. GELIOT, 1660, II, 413; RENESSE, III, p. 119.

Un imprimeur de Troyes, au XVIe s., LENOBLE, avait, comme marque typograph., un lézard ailé ou dragon luttant avec une vipère. Voir cette image dans *Bulletin du bibliophile*, 1847, p. 411.

Une ville du Nord, Lille ou Béthune ou autre, avait une *lazarde* dans ses armes en 1535, laquelle devait figurer sur les draps fabriqués. Voir *Bull. du comité de la langue*, 1856, p. 630.

Jeu. « Aux jeux d'enfants, celui qui veut faire perdre son adversaire, lui chantonne : *perds, perds, luzèr !* L'adversaire réplique : *gagno, gagno, castagno !* » Argelès (H.-P.), c. p. M. P. Tarissan.

Lacerta viridis (Aldrovande). — **LE LÉZARD VERT.**

ligurus, l. du m. â., Avicenna, 1562.

lazert, lauzert, laimbert, anc. prov. — *lézard vert, lézarde verte, grosse lézarde*, anc. f. — *lazèrtt, lézèrtt, laouzèrtt, luzèrtt*, Sud-Ouest. — *laouzèrp*, m., B.-P., Aude, Hér. (C'est le mot *laouzèrtt* transformé par fausse étym. pop., sous l'influence de l'idée de *serp* = serpent.) — *luzèrp*, m., Aveyr. — *lizèrp*, m., *lazèrp*, m., Landes. — *lazèr*, m., *lézér*, m., *laouzér*, m., *luzèr*, m., *lizèr*, m., *lujèr*, m., *nizèr*, m., *linzar*, m., en divers patois du midi. — *lazèr vèrtt*, m., Val d'Aoste. — *gross lizèr*, m., Lozère. — *lajor*, m., Thénésol (Sav.), r. p. — *ajèr*, m., Bagnard (Valais), Cornu. — *lajèrn*, m., *lajèrnalo*, f., Vallées vaudoises, Morosi. — *lòyè*, m., Thiers (P.-de-D.), r. p. — *lhér vèr*, m., H.-Sav., Const. — *lavèr*, m., Vienne, Vendée, Deux-S., Char.-Inf. — *lhavar*, m., M.-et-L., Deux-S. — *yavar*, m., *javar*, m., *cibò*, m., M.-et-L., Verr. — *lëvarde*, f., Châtellerault (Vienne).

ludèrn, m., Luchon (H.-G.), c. p. M. B. Sarrieu.

lizinbèr, m., Bruis (H.-Alpes), *Soc. d'ét. des H.-Alpes*, 1884, p. 336. — *limbèr*, m., Var, B.-du-Rh. — *làmbèr*, m., Contes (Alpes-Mar.), Cauvin, *La commune de Contes*, 1885, p. 139.

lincher, m., *linchèrnou*, m., *lilchèr*, m., B.-P., Lespy. — *vèr*, m., H.-Loire. — *vè*, m., Valais (Suisse). — *vèrcreû* (= vert de gris), m., E.-et-L., L.-et-Ch. — *vert de gris*, Orne, May., Sarthe. — *verjaune*, m., H.-Loire, Moussier.

— *verdet*, m., *verderet*, m., *vërdurè*, m., *verdrè*, m., *vëdrè*, m., *vardè*, m., *vadrè*, m., *vodrè*, m., *vèrdri*, m., *vërdriyô*, m., *vërdëriô*, m., *vërdëziô*, m., *vardeûyô*, m., *vërdèle*, f., *vërdrèle*, f., Yonne, H.-Marne, Aube, Nièvre, Meuse.

môron, m., *mouron*, m., Calvad., Mayenne. — *couleuvre*, f., Villeneuve-s.-P. (Jura), r. p. — *caleugra*, f., Vaudioux (Jura), Thévenin.

onblètte, f., Vern (I.-et-V.), r. p.

aspic, m., Aisne, c. p. M. L.-B. Riomet.

glazard, *gurlaz*, breton. (Sur l'origine du mot *glazard*, voyez : E. Ernault, *Gloss. moy. bret.*, chap. 257.)

ligador, *ligordo*, *ligoro*, *lingoèur*, *lugher*, *laghèu*, *ramarro*, *ragano*, *rangoll*, *sborf*, *sbors*, *salta-martin*, *martin-coz*, *ghezz*, *vanuzzu*, dial. ital. — *salva-omeni*, *pitarèle del signor*, Alpes vénitiennes. — *lindyola*, Tyrol ital, — *lütscherna*, *liutscherna*, romanche. — *sardanho*, portug. — *fardacho*, aragonais.

ruaprachtl, *högritsch*, Tyrol.

Le lézard vert, quand il mord, ne peut plus desserrer la mâchoire. « *Come il ramarro* = comme le lézard vert qui ne démord pas. » italien, Duez, 1678. — « Plus mordant qu'un lézard. » *Grans abus des taverniers*, 1578, p. 27.

« Quand mourdiè lachavo pas, téniè boun, testardo e marrido coumo uno rassado. » Provence, *Armana prouvençau*, 1885, p. 23. — « Il a la hardiesse du lézard. » D'Osmond, *A la billebaude*, 1867, p. 4.

« Il ne veut jamais démordre de sa première prinse, non plus que le lézard, si ce n'est avec grande violence. » Josse, *Déroute de Babylone*, 1612, p. 251.

« Le lézard vert ne démord qu'en se servant du fer rouge. » Sarthe, r. p.

« Si lou lizèr ti mourdis, Préné lo palo et lou bigos = *prenez la pelle et la pioche pour vous enterrer.* » La Malène (Loz.), r. p. — « Les verdurets portent sur le dos la pelle et la pioche pour creuser la fosse de ceux qu'ils mordent. » Aube.

« On qualifie les gens de Coustouge (Aude) de *lézards* parce qu'ils aiment à se revêtir de vêtements bigarrés et à grandes rayures comme la peau du lézard. » c. p. M. P. Calmet.

Lacerta agilis (Linné) **et Lacerta muralis** (Linné). — **LE LÉZARD GRIS.**

lacrimusa, lat. du ve s. apr. J.-C., A. Thomas (dans *Romania*, 1906, p. 180, avec nombreux rapprochements et comparaisons).

lizarde, f., Vendée. — *lézardelle*, f., anc. fr., La Grive, *Antiparallèle des vipères*, Lyon, 1632, p. 52. — *lujèrde*, f., *lâjorda*, f., *lhèrda*, f., Sav. et H.-Sav. — *lézéarta*, f., *linzarta*, f., P.-de-D. — *lòyèrto*, f., Thiers (P.-de-D.), r. p.— *ajèrda*, f., *lijèrdèta*, f., Valais (Suisse). — *luêznire*, f., H.-Savoie. — *lizèrne*, f., *lurè*, m., *lurètte*, f., Indre. — *lèzrò*, m., Meuse. — *lazèr nèr*, Val d'Aoste. — *lézard tanné*, m., fr., Du Poy-Monclar, 1563, f^et^ 104. — *luzèto*, f., L.-et-G. — *lizètte*, f., Berry. — *lëjotte*, f., *bërlujotte*, f., Nièvre. — *rëluizotte*, f., *rëluzotte*, *rëlujotte*, C.-d'Or. — *tërlujotte*, f., Yonne. — *jorjolotte*, f., *ër'holatte*, f., Vosges. — *linzètte*, f., Genève. — *achètte*, f., Indre. — *razièlte*, f., Berry. — *rapièto*, f., Corrèze, L.-et-G. — *rapiètte*, f., Indre, Vienne, Creuse.

lingày'rolo, f., Aude. — *lingloro*, f., *lingrolo*, f., *réngloro*, f., *àngloro*, f., *éngloro*, f., *òngloro*, f., *aringolo*, f., *réngolo*, f., *pétingloro*, f., Gard. — *ryingolo*, f., *myingrolo*, f., P.-de-D. — *àngrolo*, f., Hér., H.-G. — *òngrouolo*, f., *ringoulèto*, f., Aveyr. — *éngriolo*, f., Dord. — *àngrogno*, f., Hér. — *réghèndoulo*, f., *rédingoulo*, f., *régolo*, f., *rigolo*, f., B.-du-Rh. — *éngrozolo*, f., *éngrizoulo*, f., *éngraouzolo*, f., *éngrijolo*, f., *éy'grinjolo*, f., *grooutsolo*, f., en div. pat. de la Corrèze, du Lot, de l'Aveyron, de la Lozère et de la Dordogne. — *grizolo*, f., H.-L., Lozère. — *gridjiôlo*, f., Char. — *grooujélino*, f., Lot. — *grizova*, f., *garzova*, f., *grazavino*, f., P.-de-D. — *angrouéze*, f , Char., Deux-S. — *angouéze*, f., Poitou. — *éngroutino*, f., *éngourtino*, f., Aveyr. — *laugrotte*, f., Saintonge. — *angrotte*, f., Char.-Inf., Gir. — *lagramuso*, f., provenç., dauph. — *légramusa*, f., H.-Alpes. — *gramuso*, f., Vaucluse. — *régromuso*, f., Drôme. — *tagramujo*, f., *gramujo*, f., *ratamuja*, f., Vallées vaud., Mor. — *lagramué*, f., *largamué*, f., provenç. — *lagramua*, f., Nice. — *légrémi*, f., Ardèche. — *régrémiéou*, m., dauphinois. — *grémilhètte*, f., Genève. — *larmouso*, f., marseill. — *larmeuse*, en franç. de Marseille. — *larmuso*, f., Loire, Rhône, Ardèche, Isère. — *larmusi*, f., dauphin., lyonn. — *larmuse*, f., S.-et-L., Loire, Isère. — *larmisa*, f., Rhône, Isère. — *larmise*, S.-et-L., Loire, Rhône. — *larmuyse*, f., Lyon, doc. de 1541, *Archives histor. du Rh.*, 1826, p. 251. — *larmouise*, f., *larmuise*, f.. *larmouési*, f., *larmisi*, f., Rhône. — *larmouisa*, f., *marmouisa*, f., *nëmouisa*, f., *larmola*, f., *larmôla*, f., Sav. et H.-Sav. — *vabréna*, f., *marbrunë*, f., H.-Loire.

sèrnié, m., Marseille, Mistr. — *sarnalho*, f., *sèrnalho*, f., Languedoc, Gascogne.

sarrànglète, f., *sangarléte*, f., *sànglaréte*, f., *sàncaléte*, f., *sicoulanète*, f., *sarclagne*, f., *sàncarline*, f., *sincarline*, f., *sèngarline*, f., *sàngläntine*, f., *sagarline*, f., *sigarline*, f., *chigarline*, f., Landes, c. p. M. V. Foix. — *sàngalètte*, f., B.-Pyr., Landes. — *singraoulho*, f., *sicoulano*, f., gasc. — *sànglagne*, f., B.-Pyr., Landes. — *singalètte*, f., *sànglarine*, f., Gironde. — *singraoulhète*, f., *sèndà*, m., B.-Pyr. —

sèntà, m., *asènta*, m., H.-Pyr. — *chichàngle*, f., B.-Pyr., Landes. — *sànlusèto*, f., environs d'Agen. — *sintsolo*, f., Ariège. — *sërètte*, f., Montluçon (Allier). — *sèrpoulèto*, f., H.-Loire, Aveyron. — *sèrpaoudo*, f., Corrèze. — *loumbrighèto*, f., B.-du-Rh. — *barboutyino*, f., P.-de-D. — *réy'nèto*, f., Vaucluse. — *rënètte*, f., *rënotte*, f., *râle*, m., Yonne. — *moutole*, f., Rainville (Vosges), r. p. — *pèrsiyètte*, f., Calvad. — *évëyette*, f., May. — *térane*, f., *tërène*, f., Normandie. — *courzalhivo*, f., *crouzalhivo*, f., P.-de-D.

èsclavèto, *èsclabèto*, f., languedoc. — *claou dé Sèn-Pèyré* (= clef de Saint-Pierre), Lot, Aude. — *claou-Péydé*, Aveyr. — *claou dé Sàn-Dzordzi*, Lot, Aude.

issartyino (= qui vit dans les essarts, les défrichements), f., Mirefleurs (P.-de-D.), DAUZAT (dans *Annuaire de l'école des hautes-études*, 1902, p. 124).

vardeûèl', f., Clamecy (Nièvre), r. p. (C'est le diminutif de *vardeûyô* = gros lézard vert).

escalo-barri, m., *grata-muro*, m., *sèrvantino*, f., *grananué*, m., Provence, MISTR.

grigoa, *lacerta*, *lucerta*, *lisierta*, *luserpa*, *serpa de muri*, *bissordola*, *sariandola*, *arsintela*, *calixèrtula*, *tiligherta*, dial. ital. — *sargantana*, *sangrantana*, *lagarto*, *lagartiza*, *lhagartesa*, *escalamuerzu*, péninsule ibérique. — *lattuachji*, Davos (Grisons).

Salamandra maculosa (LAURENTI). — **LA SALAMANDRE.**

salamandra, *salamander*, *salamandria*, *salemandra*, *salmandria*, *stellio*, l, du m. â., DIEF. — *ablinda*, l. du ve s. apr. J.-C., *Romania*, 1906, p. 168. — *bolea*, l. du m. â., GOETZ; ŒHLER, *Zur Litter. der Glossen*, 1847. — *strotus*, l. du m. â., *Germania*, 1874, p. 216. — *lacerta leprosa*, l. du m. â.,

Bos, *Chir. de Mond.*, II, 302. — *salamandra terrestris*, nomencl. d'ALDROVANDE. — *lacerta salamandra*, nomencl. de LINNÉ.

salamandro, f., langued. — *solomèndro*, f., Lozère. — *salimandro*, f., Aude, c. p. M. P. CALMET. — *salamàndo*, f., provenç., PELLAS, 1723; Ariège. — *salemandre*, f., *salmandre*, f., anc. fr. — *salamanke*, f., Sommerviller (Meurthe), AD. — *salamounë*, f., Palaiseau (S.-et-O.), r. p. — *salamë*, f., Archiac (Char.-Inf.), r. p. — *salabèsse*, f., jargon de Razey, près Xertigny (Vosges), r. p.

alabranda, f., *albranda*, f., Rhône, Loire. — *lébrando*, f., Thiers (P.-de-D.), r. p. — *alabréno*, f., *arabréno*, f., H.-Alpes, Provence. — *alabruno*, f., Livradois (P.-de-D.). — *labruno*, f., Loire. — *agabrèno*, f., Lozère. (On dit : *méchant coumo uno agabrèno.*) — *galabèrno*, f., Vallées vaudoises, MOR. — *talabréno*, f., Gard, Ardèche. — *talabruno*, f., provenç. des bords du Rhône. — *labréno*, f., *lébréno*, f., Dauphiné, Provence, Alpes-Mar., Ardèche. — *laverna*, f., Lyon, CONSTANT., 1573. — *vèro*, f., H.-Loire, MISTR., I, 63. — *lourino*, f., Isère. — *urina*, f., Rhône. — *talôrina*, f., Rhône, Loire. — *brune*, f., Jura.

blòn-ndré, f., *vlòn-ndré*, f., Figeac (Lot). — *blànda*, f., Rouergue, au XVe s., JEANROY, *Myst. prov.*, 1893, p. 276 : Hérault, Dauphiné. — *blàndo*, f., H.-Gar., Gard, Aveyr., Hér., Aude. — *blé˜dé*, f., Lot. — *ablètte*, f., Naintré (Vienne), r. r.

mirtil, m., gascon, JUNIUS, 1597; franç. dial., A.-J.-S. D., *Dict. des merv. de nat.*, 1781, II, 288. — *morzëlhon*, m., Savoie, FEN. — *moron*, *muron*, *morone*, f., anc. fr. — *mouron*, *mourion*, *mouron rouge*, Normandie. — *molhon*, m., *moûlhon*, m., Genève, Savoie. — *sourd*, m., anc. fr.; Maine, Anjou, Poitou, Orléanais, Champagne, Jura. — *sourde*, f., Ille-et-V., Somme. — *sourdo*, f., Gard. — *sourè*, m., Mayenne. — *sourdron*, m., Ardennes. — *sour gar*

(= sourd bariolé), m., Guernesey, M.-et-L. — *sourde chaude*, f., Le Coglais (I.-et-V.), DAGN. — *sodè*, m., *sodiale*, f., C.-d'Or.

tac, m., *tâ*, m., *ta*, m., *tè*, m., *té*, m., *tê*, m., en beaucoup d'endroits. — *tin*, m., Doubs. — *té bardô* (= tac bariolé), m., C.-d'Or, S.-et-L. — *tè rëmé* (= tac à ramages, tac bariolé), m., *rëmé*, m., Suisse rom. — *ta brigolé*, m., C.-d'Or.

laquais, m., normand, MILCENT, *Journ. de Norm.*, 1789, p. 379 ; CHABERT, *Instr. sur les malad. des anim. dom.*, 1793, p. 230. — *lakiè*, m., Le Havre, MAZE.

cariotte, f., *ghërote*, f., H.-Saône.

lézard d'eau, *lézard de cave*, Jura. — *loisarde mesele* (= lèzarde lépreuse), f., anc. fr., BOS, *Chir. de Mond.*, II, 300. — *rogne*, f., *rougne*, f., Belg. wall., Ardennes. — *escorpion*, m., Nièvre. — *scorpi-oun*, m., Gir. — *scàmpihou~*, m., Laluque (Landes), r. p. — *éscrépi~*, m., Landes. — *esgripi*, m., *esgripètt*, m., Argelès (H.-P.), c. p. M. P. TARISSAN. — *èscrèpi*, m., *èscripi*, m., B.-P. — *échcorpil*, m., *arpic*, m., *arpi*, m., Dord. — *thäpiò*, m. (avec *th* angl.), H.-Sav. — *èssouflé*, m., *èssoufré*, m., *chouflé*, m., Limousin. — *souflé*, m., Charente. — *siflè*, m., Saint-Léonard (H.-Vienne), r. p.

quatrepieds, m., *quatrepattes*, m., *catrépé*, m., *catèrpé*, m., *catrepi*, m., en divers patois du Poitou, de l'Anjou, du Berry, de la Lorraine. — *couétrépày'*, m., *couëtébrache*, m., *catrefiche*, m., Meurthe, ADAM. — *fi de catrépé*, m., *cru*, m., *vërimouare*, f., *rimouar*, m., M.-et-L., VERR. — *limouare*, f., Poitou.

tasse-vètche (= tette-vache), m., *tosse-vètche*, m., Vosges, H.-Saône. — *cou~fia-biaou* (= gonfle-bœuf), H.-Loire, MOUSS.

crâche, f., *crachotte*, f., *crôchotte*, f., *crôchatte*, f., *crachaôte*, f., Meurthe, Meuse. — *ragò*, m., Meuse, LAB.

frois, m., *froit*, m., *frot*, m., anc. fr., God. (On disait : *plus noir que fros.*)

éstrata, f., *étrata*, f., lyonn., Puitsp. — *arrasade*, f., fr. dial., Cotgr., 1650. — *rassado*, f., *sarrado*, f., *sèrrado*, f., prov., Mistr. — *rassà*, f., *arrassà*, f., dauph., Puitsp.

lanjaou, m., Domgermain (Meurthe), Ad.

ghërnazèl', f., *guërnôzèl'*, f., L.-et-Ch. — *pluvine*, f., Savoie, Dauph., Junius, 1577. — *rana pudjana*, f., Perloz (Val d'Aoste), r. p. — *marvize*, f., *marvice*, f., *morvice*, f., Meuse, Lab.

cutyâ touma, m., Vaudioux (Jura), Thevenin.

avion de rotche, m., *mén'tré*, m., *mëltré*, m., Vosges, Ad. — *mèrlujingne* (= mélusine), f., *mère ërlujingne*, f., Clairvaux (Aube), Baud.

bëlëto, f., Orcet (P.-de-D.), r. p.

càn soouvèstré, m., Nice, Mistr. — *chien de terre*, *hanneton de terre*, Ardennes, Collin de Plancy, *Reptiles de l'Aube*, 1878, p. 39.

chafouazon, m., blésois, Eudel.

rousse, f., Jura.

caumarengue, f., anc. fr., God., II, 3.

sourd, *jourd*, breton. [E. E.].

salamita, *sarmandola*, *marasandola*, *marasangola*, *bissa de piova*, *piovana*, *galaberna*, *sevestro*, *senestro*, *slester*, *carusola*, *corüzzola*, *cercagrisa*, *cercaria*, *sercaia*, *scigòrbola*, *rosana*, *rosài*, *tarantola*, dial. ital.

salamandra, *salamantegua*, *salamanquesa*, *saramajanta*, *sacavera*, *gallipato*, *tiro*, péninsule ibérique.

furwurn, m. h. all., Wackernagel, *Vocab. optim.*, 1847, p. 45. — *quattartätsch*, *wättarpêtsch*, *wättarguaga*, Davos (Grisons), Bülher.

moll, *mulwurm*, *multwurm*, *molch*, dial. all. — *watter-guege*, f., *olm*, m., Suisse allem. — *tâtr' mandl* (corrupt. du latin *atra salamandra*), Tyrol. — *efeta*, anglo-saxon, —

man-keeper, écoss., JAM. (On lui attribue la vertu d'avertir l'homme de la présence de la vipère). — *eft, newt, yolt, askerd, ask, hask, water ask, wet ask*, angl. dial.
edhaia, sahlîya, arabe.

TOPONOMASTIQUE :

Le Rocher de la Salamandre, triage de la forêt de Fontainebleau, DENECOURT, *Guide à F.*
La Salamandre, local. d'Indre-et-L., CARRÉ.
La Place à la Salamandre, place à Nîmes où on a autrefois érigé une colonne à François Ier, avec une salamandre figurée.

ONOMASTIQUE :

Salamite, nom de famille dans les Alpes-Maritimes.

ENSEIGNES :

A la Salamandre, A la Vieille Sallemande, anc. ens. à Reims, DUCHÉNOY. *Ens. de Reims*, 1904.
A la Salemande, anc. ens. à Nevers, *Bull. de la soc. niv. d. sc.*, 3e série, t. II, p. 7.
A la Salamandre Royale, ens. de Jean Le Clerc, libraire à Paris, rue Saint-Jean de Latran, en 1613.

« *Leus Salamandrins* = sobriquet des gens de Belfort (Aude), MISTR.

« *Boufà coumé uno alabréno* = souffler fort par suite de fatigue. » Provence, MISTR.
« *Talabréna*, m., *talabrénado*, f., = objet moucheté, bariolé comme une salamandre. » Gard, FÉLIX; GAUSSEN, *Fieiro de Chambourigaud*, 1878.
« Méchant comme un *tà*, comme un *té*. » Locution très

répandue. — « Fier comme un ta. » S.-Inf., DELB. — « *Mouron* = injure » Eure, ROB. — « *Gorgi de talôrina* = langue de vipère, mauvaise langue. » Loire, GRAS. — « *Escrépin* = polisson, gringalet, avorton. » Landes, FOIX, 1902, p. 68. — « *Escrépi* = un paresseux, une personne lente. » B.-Pyr., LESPY.

« *Quèto alabrèno* ! = quel fascinateur ! se dit d'une personne placée derrière un joueur en train de perdre constamment. » Menton (Alpes-Mar.), MISTR. — « *Enlabrènà, ènlabrunà* = fasciner quelqu'un comme une salamandre, l'étourdir de paroles, l'endormir, l'ennuyer. » Provence, Dauphiné, MISTR.

« Il flambe des yeux comme un catrépé qui guêche. » M.-et-L., VERR.

« Qui tue un mouron A quarante jours de pardon (indulgences. » Manche, *Soc. d'archéol. d'Avranches*, 1883, p. 126.

« La *rogne* (salamandre) a la gale et donne le poison. » Huy (Belg.), *Rev. d. tr. pop.*, 1902, p. 375.

« *A l'omé dé pèno Ché faï durmido Ni talabréno Ni terro umido* = à l'ouvrier qui fait la sieste (dans les champs) il ne faut ni salamandre ni terre humide. » Ardèche, FRANCUS, *Voy. dans le midi de l'Ard.*, 1884, p. 232.

« Sa morsure est mortelle à moins qu'on n'applique l'animal tué sur la plaie. » Doubs, ROUSS.

« *Madalèna, No sta a scorré alabréna* = à la Madeleine ne poursuis pas la salamandre. » Menton, MISTR., I, 63.

« Pour se guérir de sa morsure il faut faire autant de pélérinages qu'elle a de points noirs sur le dos. » Vosges, RICHARD, *Trad. pop. de la Lorr.*, 1848, p. 259.

« Son souffle fait mourir. » Loire, GRAS.

« Le mouron s'approche d'un dormeur, cherche l'endroit où bat le cœur et y frappe trois fois. Le dormeur en meurt. — Son vlin (*venin*) donne la mort et même son regard.

Il saute à la figure et s'y attache. Il ne faut pas essayer de l'arracher, car l'homme mourrait; le reptile doit se détacher de lui même... Quand elle ne veut pas se détacher de la peau de l'homme on approche d'elle un crapaud. Sentant la présence de son ennemi, elle se détache. » Bocage normand, LECŒUR, II, 31-32. — « Quand elle mord elle ne lâche pas prise. Un homme ainsi mordu fut obligé de se faire un sac de toile pour cacher la maudite bête restée pendue. » Maine, Anjou, *Mém. de la Soc. d'agric. d'Ang.*, 1896, p. 69.

« Si l'on s'asseoit là où il y a une *sourde chaude,* quand on veut se relever on ne peut plus et les jambes restent quelquefois paralysées dans la position d'être assis. » Le Coglais (I.-et-V.), DAGNET.

« Passant sous le ventre d'une vache, elle l'éreinte. » Centre, JAUB. — « Le *soufle* se plait à entrer dans les narines des bestiaux qui paissent; il fait enfler l'animal et le tue souvent. On dit alors *que l'animal a le soufle, qu'il est souflé.* » Haute-Auvergne, *Mém. de la soc. roy. de Chirurgie*, 1782, p. 278. — « La s. peut tuer un bœuf *dins noou bufals* (en soufflant neuf fois) et un homme *dins dous* (dans deux.) » Aveyr., VAYSS.

« Si on va dans les bois, nu-pieds, *l'ablette* (salamandre) vous mord. Les saints seuls peuvent aller nu-pieds. » Naintré (Vienne), r. p.

« A la Passion de N. S. les juifs firent passer devant les yeux de Jésus-Christ tous les animaux immondes. Il les regarda avec compassion, mais quand il vit le *mouron* il détourna la tête avec horreur. De là la répulsion qu'on a contre lui. » Bocage normand, LECŒUR, II, 33.

« Les s. cachées sous les maisons portent malheur. Quand on construit une maison nouvelle, on remédie à cet inconvénient en laissant mourir de faim dans les fondations un pigeon. » Naintré (Vienne), r. p.

« L'homme de bien est comme la salamandre qui naist dans les eaux du baptesme, qui vit dans les flammes des martyres, qui a le cuir tout esmaillé d'estoiles des vertus, et passant par le feu, en sort toujours plus beau et plus vigoureux. » E. BINET, *Consolat. aux malades*, 1642, p. 360.

« Il voulait bien s'encanailler dans ce tripot, mais il comptait y passer comme la salamandre sans être roussi. » DUBRUJEAUD, *Calvaire*, s. d. (vers 1900).

« Il y a ici une température à asphyxier une salamandre = *il fait horriblement chaud.* » D'ARAQUY, *Galienne*, 1860, p. 18.

« Les auteurs orientaux ne s'accordent pas sur le *samandar* (salamandre). Luthfallah Al-Halimi dit que c'est un animal semblable à la fouine, mais de différente couleur, car il est toujours rouge, jaune ou vert et l'on fait de son poil une sorte d'étoffe que l'on peut jetter dans le feu pour la nettoyer, lorsqu'elle est sale, sans qu'elle en reçoive le moindre dommage. L'auteur du *Nâmetullah* dit que c'est une espèce d'oiseau qui s'engendre et se consume dans le feu et que l'on ne trouve que dans les lieux où l'on entretient un feu perpétuel. Enfin d'autres écrivent que c'est un reptile qui ressemble à un lézard. » D'HERBELOT, *Bibl. orient.*, 1776.

« In quadam provincia juxta torridam zonam sunt vermes, qui lingua nostra salamandræ dicuntur. Isti vermes non possunt vivere nisi in igne et faciunt pelliciam quamdam circa se sicut alii vermes qui faciunt sericum. Hæc pellicula a dominabus palatii nostri studiose operatur. Et inde habemus vestes et pannos ad omnem usum excellentiæ nostræ. Isti panni non nisi igne accenso fortiter lavantur. » DU C., VI, 35.

« La salemandre Qui vit ou feu et s'en repaist Et d'icelle une layne naist Dont on fait ceintures et draps Que le feu brusler ne peut pas. » *Mirouer du monde*, 1517.

« Pour le chaut on a aporté un chapel de poil de salemandre, un de guise oisel. » Du C., II, 133.

Sur la salamandre considérée comme un oiseau fabuleux pouvant vivre dans le feu, peut-être par suite d'une confusion avec le phénix, voyez : W. Hertz, *Sage von Giftmädchen* (dans *Abhandl. d. k. bayer. Akad. d. Wiss.*, Kl. I, XX, Bd I, p. 153, en note).

Selon Marco Polo, on appelait de son temps *salamandra* ou *piuma de salamandra*, l'amiante. — « *Poudre de salamandre* = poudre d'amiante. » Ferrand, *Maladie d'amour*, 1623, p. 265.

« Si ele monte sor i. pomier, ele envenime toutes les pomes et muerent tuit cil qui en manjuent ; et se ele chiet en i. puis, la force de son venin ocist touz ces qui en boivent. » Brunetto Latini, *Livres d. tres.*, éd. Chab., p. 195.

Sur les propriétés merveilleuses de la s., voyez : Berger de Xivrey, *Tradit. térat.*, 1836, p. 459-463.

Symbolique. — « *Frigidior salamandra* = plus froit que la s. » Bovillus, 1531, fet 125, ro. — « Une image représentant une s. dans le feu est accompagnée de ces mots : *mea vita per ignem, mort à autruy, à moi vie*. » La Feuille, *Devises*, 1693. — Le roi François Ier a pris la salamandre comme emblème avec la devise : *nutrisco et extinguo*.

Pour la salamandre dans la symbolique, voyez : Menestrier, *Philosophia imaginum*, 1695, 537-553.

Héraldique. Pour la salamandre dans l'hérald., voir Renesse, III, p. 129.

Bibliographie : J. P. Wurfbainius, *Salamandrologia*, Norimbergæ, in-4, 1683.

Triton (genre (LAURENTI). — **LA SALAMANDRE AQUATIQUE.**

sourd, m., Guernesey, r. p. (La salam. terrestre y est appelée *sourd gar*). — *mouron gris*, Orne. — *térane*, f., Manche, LAMARCHE. (*Remuer comme une térane* = remuer beaucoup). — *torss*, m., *gardo-foun*, m., Saint-Ybard (Corr.), LA ROCHE. — *garde-fontaine*, m., Jura. — *lézarde*, f., Le Havre, MAZE. — *tè grivia*, C.-d'Or. — *escourpioun*, m., *arnaoutt*, m., Luchon (H.-P.), c. p. M. B. SARRIEU. — *fotuto*, *taràntola*, ital. dial. — *guardafuentes*, Panticosa (Espagne), BOSCA. — *perro de agua* (la larve), Cabuerniga (Espagne), BOSCA. — *pintiga*, galicien, BOSCA.

kalbe, f., Saint-Gall (Suisse all.). — *arriman*, Shropshire.

Anguis fragilis (LINNÉ). — **L'ORVET.**

cæcilia, lat. de PLINE et de COLUMELLE. — *cæcus serpens*, *amphisbæna*, l. de Pline. — *lusca* (= aveugle), *cælia*, l. du m. â., GOETZ. — *cecula*, *ceculus*, *cecus anguis*, *cecicula*, *cecuba*, *cecubicula*, *cicina*, *cæciola*, *ceculio*, l. du m. â. — *salpinga*, l. du m. â., DIEF. — *scutula*, l. du m. â., WRIGHT.

celice, anc. fr., DU POY-MONCLAR, 1563, f[ot] 73 et f[ot] 104. (Est-ce une faute de lecture ou d'impression pour *cecile*, forme savante qu'on attendrait ?) — *orbètte*, f., Orne. — *orvel*, franç., GOD., docum. de 1581; etc., etc. — *orvier*, m., anc. fr., PALSGRAVE, 1530. — *orver*, m., anc. fr., *orvère*, m., Normandie, Aisne, Marne, Meuse, Ardennes. — *orvari*, m. (accent sur *va*), Var. — *orvé*, m., *orveû*, m., S.-Inf. — *orvîce*, m., Meuse, LAB. — *orvaji*, m., Xertigny (Vosges), r. p. — *arvion*, m., Palaiseau (S.-et-O.), r. p. — *verveu*, m., anc. fr., DU POY-MONCLAR, 1563, f[ot] 73 et f[ot] 104. — *ourghèy'* m., *orghùy'*, m., Provence. — *arànghi*, m., Var.

— *ourghi*, m., *orghéü*, m., *arghéü*, m., Dauphiné. — *arzui*, m., Valensolles (B.-A.), HONN. — *ovère*, m., Orne. — *ôvè*, m., *ôvé*, m., *ovè*, m., Orne, Sarthe, Doubs. — *ôvèl'* f., Fougerolles (May.), r. p.

aveugle, m., Orne, M.-et-L., H.-Marne. — *vèr borgne* (1), m., Marne. — *borgnô*, m., Isère. — *borgne*, m., M.-et-L., Cher, Indre, Nièvre, Côte-d'Or, S.-et-L., Loire, Jura, Doubs, H.-Marne, Suisse rom.

bouorgné, m., Lozère. — *borlhi*, m., Rhône. — *borde*, m., Loire. — *bôgne*, m., Lorraine. — *bouâne*, m., *bouèn'*, m., *bouênou*, m., fr. comtois.

onièdeu, m., Saint-Georges-Lap. (Creuse), r. p. — *nadiuèl*, m., *nadièl*, m., *naduèl*, m., *nadiéy'* m., Gard. — *nadèl*, m., H.-Gar. — *nadëy'*, m., H.-Loire. — *nadè*, m., Creuse, H.-Vienne. — *aduèr*, m., *adèr*, m., Corrèze. — *adeûr*, m., Cantal. — *adëlh*, m., Creuse. — *adeû*, m., Indre, Creuse. — *adou*, m., Indre. — *duèl*, m., L.-et-G. — *dèr*, m., Corr. — *anëlh*, m., Naintré (Vienne), r. p. — *ani*, m., Isère. — *nyeil*, m., fr. dial. au XVIe s., *Romania*, 1904, p. 582; 1907, p. 282. — *nièlle*, f., M.-et-L., VERR. — *nëy'*, f., Indre. — *aveû*, m., Berry. — *areû*, m., P.-d.-D. — *urél*, m., limousin. — *avoye*, f., anc. fr., CL. COTEREAU, *Columelle*, 1552, p. 320; THIERRY, 1564. — *envoye*, f., anc. fr., CH. ESTIENNE, 1561; DU PINET, 1625, II, 411, 414; DUEZ, 1664. — *anvoua*, m., Ille-et-V. — *banvoua*, m., *banva*, m., *danvoua*, m., *danvouè*, m., *danvè*, m., *dan-oua*, m., *dinvoua*, m., fr. comtois. — *lanvaou*, m., Lorraine. — *anvël*, m., *anväü*, m., C.-d'Or. — *anvelle*, f., Bourgogne, LE BON, *Etymologicon*, 1571, fol 11, r°. — *lanvor*, m., Berry. — *anveû*, m.,

(1) Le mot *borgne* signifie souvent *aveugle* : « Un borgne ne peut juger des couleurs. » Jos. DU CHESNE, *Cure des arcbusades*, 1576, p. 191. — « Un *borni dé Prouvénço* = un aveugle; les provençaux l'appellent ainsi. » Marseille, GROS, 1763, p. 168.

L.-et-Ch., H.-Marne, Jura. — *lanveû*, m., Jura. — *daveû*, m., Auxelles (Bas-Rhin). — *inveû*, m., *invaou*, m., *ninvaou*, m., Meuse. — *anvot*, m., anc. fr., Victor, 1609. — *anvô*, m., *lanvô*, m., Berry, Orléanais, Ile-de-Fr., Champ., Bourg. — *lanvoou*, m., Meurthe. — *langoû*, m., *langô*, m., L.-et-Ch., Nièvre, Cher. — *anviô*, m., C.-d'Or. — *lë-viô*, m., Ain, Savoie. — *anvé*, m., *lanvoui*, m., *lanvui*, m., *anvoui*, m., *anvoué*, m., *lanvouë*, m., *lan-oui*, m., Jura, Savoie, Suisse rom. — *lanviu*, m., *anviu*, Savoie. — *oniviu*, m., *ônivî*, m., Rhône. — *âne vieux*, m., Lyon. — *anivèy'*, m., Loire. — *anivè*, m., P.-d.-D. — *anvé*, m., Bas-Val. — *anvin*, m., Anjou, Maine, H.-Bret., Guernesey. — *anvun*, m., *anva*, m., I.-et-V. — *danvin*, m., *dènvi*, m., Doubs. — *anvine*, f., I.-et-V. — *ôvin*, m., Anjou, Maine, Orléanais, Beauce. — *anvrin*, m., *lanvrin*, m., M.-et-L. — *aouva*, m., I.-et-V. — *angruèy'*, m., Menton. — *énghèyou*, m., Monaco. — *doubà*, m., Saint-Girons (Ariège), r. p. — *avròy'*, f., Loire-Inf. — *anvrogne*, f., *anvërouèy'*, f., M.-et-L. — *anbrëvia*, m., Vosges. — *ganghèrvié*, m., Val d'Orbey (Alsace), Lahm.

couleuvrot, m., Ardennes, Belg. wall. — *sourd*, m., H.-Marne. — *reluisant*, m., C.-d'Or. — *lizètt*, m., langued. — *luè*, m., Ineuil (Cher), r. p. — *ahh'cursa*, f., Perloz (Val-d'Aoste). — *scorlò*, m., Namur, Grandg. — *caouèvèr*, m., *cizê*, m., *dizi*, m., *dzi*, m., Belg. wall. — *trato*, f., Isère, Ardèche.

lembrécia, lembresina, lucignola, cecilia, cecigna, bissa orbola, orbiga, orbesino, bisso de verro, tiôrba, vidorbola, tobisoeura, vercia, lanza, anza, sbri, dial. ital. — *uarbile, sgurbisul*, frioulan. — *lucion, culebra de vidrio, culebra vidriosa, gripia*, dial. espagn. — *licranço, licanço*, portug. — *liscancre, bichorro*, galicien. — *escolancio, esculibierzo*, asturien.

blindschleich, streicher, dial. all.

blind-worm, sloy-worm, slorry, lob-worm, dial. angl.

On trouvera d'autres noms gallo-romans de l'orvet dans GILLIÉRON et EDMONT, *Atlas ling.*, fasc. 21, carte 952.

TOPONOMASTIQUE :

Le Naduel, ruisseau dans le Gard, GERMER-DURAND.
Lanvouisset, *L'Anvuissel*, loc. de la Suisse rom., JACCARD.

« *Lanviu*, m., = femme grande et mince. » Albertville (Sav.), BRACH. — « *Frésco coumo un nadèl* se dit d'une fille jeune et fraîche. » H.-Gar., LAMOURÈRE, *Pé l'campestré*, 1899, p. 30. — « Sale comme un lanvô. » S.-et-M., *Rev. de philol. fr.*, 1896, p. 24. — « *Paresseux comme un lanvô! quel lanvô!* se dit d'un paresseux. » Avon (S.-et-M.), r. p. — « *Rond comme un lanviu* = rond, c.-à-d. ivre comme un orvet. » Annecy, CONST.

« On dit à l'orvet, en le plaçant sur la paume de la main : *Banvâ, banvâ, Vour, vour, sé vu pieure Ou sé vu faire tchâ* = orvet, regarde s'il va pleuvoir ou faire chaud. » Envir. de Belfort, LIBLIN.

« Coupé en morceaux l'orvet ne meurt qu'au soleil couché. » Doubs, H.-Saône, r. p.

« Si un orvet vous pique le vendredi, on est certain de mourir; si c'est un autre jour, la piqûre est inoffensive. » Rivel (Aude), c. p. M. ED. EDMONT.

« L'orvet a deux têtes; la preuve c'est qu'on ne saurait distinguer la tête de la queue. » La Malène (Loz.), r. p.

« L'orvet est aveugle, parce qu'un jour le serpent lui emprunta ses yeux jusqu'à la tombée des feuilles de ronce; or comme celles-ci ne tombent jamais, le serpent ne les lui a jamais rendus. » Allier.

Sur les contes du rossignol et de l'orvet, voyez ci-dessus à l'article *rossignol*.

Coluber natrix (Linné). — LA COULEUVRE

coluber, *colubra*, latin. (*Coluber* vient du grec Χέλυδρος; voyez *Arch. f. lat. Lexicogr.*, 1887, p. 142; Berger de Xivrey, *Trad. térat.*, 1836, p. 464.) — *natrix*, *natrex*, *ophis*, *chelydrus*, *chilidrus*, *cylydros*, *celidrus*, *chelyndrus*, *chelnidrum*, *hilider*, *enydros*, *choliorius*, *coliorius*, *boba*, l. du m. â., Gœtz; Du C.; Dief; Papias, 1476. — *ibis*, *ibidis*, l. du m. â., Wright. — *natrix torquata*, nomencl. de Ray. — *natrix vulgaris*, nomencl. de Lacépède.

chelindre, anc. fr., God., I, 279. — *colobré* m., *calobré*, m., anc. prov. — *colobre*, *colubre*, *colovre*, *culovre*, *calovre*, *coleuvre*, *culuevre*, *culeuvre*, *queleuvre*, *cueleuvre*, *cuelueve*, *culoere*, *colure*, *culure*, anc. fr. [Tous ces noms sont *féminins*; cependant J. Bodin, 1597, passim, fait le mot *masculin*.] — *colobré*, m., *coulobré*, m., *couloubré*, m., *calobré*, m., *coulobro*, f., *couloubro*, f., *calobro*, f., *carobro*, f., *coulubre*, f., *colouvra*, f., *coulouvre*, f., *coulovre*, f., *couloviro*, f., *couyuvre*, f., *këyuvre*, f., *këyëvre*, f., *kiovre*, f., *kivre*, f., *kieuvre*, f., *couleûve*, f., *caleuve*, f., *coulòve*, f., *couyeuve*, f., *colieuve*, f., *kéliève*, f., *culeuve*, f., *tchuleuve*, f., *tchuyeuve*, f., *cuyéve*, f., *culinve*, f., *colûve*, f., *coulûve*, f., *couluéfe*, f., *coliëfe*, f., *culëfe*, f., *ki-ëfe*, f., *colufe*, f., *coulaoufe*, f., *couloûfe*, f., *couloro*, f., *coulaoure*, f., *coulure*, f., *colûre*, f., *coleure*, f., *colieure*, f., *couleu*, f., en divers patois, — *cleuve*, masc., H.-Marne. — *counoûfe*, f., *coloou*, f., *couloûou*, f., *caloou*, f., *coloûte*, f., Belg. wall. — *couyô*, m., Palaiseau (S.-et-O.), r. p. — *kuraoule*, f., B.-P. — *kiraoulho*, f., Gers. — *couleuvre à collier*, franç. — *couleuvre des dames*, M.-et-L.

sèrpi, f., Indre. — *sèrp*, f., anc. prov.; H.-Alpes, Hér., Loire-Inf. — *assèrp*, f., Aude. — *sèr*, f., anc. prov.; provenç. mod., langued. — *sär*, f., Char. — *chèr*, f., Lot, Dord., Corr. — *seûr*, f., *sè*, f., *cha*, f., P.-de-D. — *sèrpèssa nèra*, f., Val d'Aoste. — *sèrpin*, m., Isère. — *chèrpin*, m., Ain. — *serpent*, m. ou f., *sarpan*, m., *sarpante*, f., en beaucoup d'endroits. — *serpent grise, serpent brigolée, serpent de fumier*, Côte-d'Or. — *vremine grise, grousse vremine, clairette*, f., Vienne, MAUDUYT.

boba, f., *bobo*, f., *bobë*, f., Auvergne. — *barboto*, f., Limousin. — *barbole*, f., Poitou, Creuse, Indre.

noerresce (= lat. *natricem*), f., anc. fr., DU C. — *naciar*, m., Vallières (Creuse), r. p. — *serpent nageur*, M.-et-L.

anguille de boys, anc. fr., RABELAIS. — *anguille de haie, anguille de buisson*, en divers endr. — *anghièlo dé bartas*, Gard. — *enghilou dé sègo*, m., Gers. — *anguille de Sancerre*, Berry, JAUB. — *frasse à haie*, f., Yonne, JOSS.

sîlan, m., Char.-Inf. — *lóngo*, f., cévenol, SAUV., 1785. (On l'appelle *la longue* pour ne pas l'appeler par son vrai nom, ce qui porterait malheur.)

bissa, f., Contes (Alpes-Marit.), CAUVIN, *Commune de Contes*, 1885, p. 139.

bice, f., *bisse*, f., anc. fr., BEAUNE, *Mém. d'Olivier de la Marche*, I, 28; P. BOREL, *Trés. des rech.*, 1655, p. 577. (Cf. l'italien *biscia*, même sens, du latin *bestia* = la bête, nom qui lui est donné par euphémisme, prononcer son vrai nom portant malheur.)

izipèrô, m., Thiers (P.-de-D.), r. p.

béka, f., Groeden (Tyrol ital.), GARTN. — *biscia, biss, bello, scorzon, madrace, magne, anza*, dial. ital.

vivora, espagn. — *culiebra*, asturien. — *cobra, bicha*, portug.

atere, ôtere, ottere, Suisse all. — *beisswurm*, Tyrol. — *arder*, Sussex.

TOPONOMASTIQUE :

Collobrier, loc. du Var. — *Couloubrier*, loc. du Gard. — *La Colobre*, loc. des B.-du-R. — *Escouloubre*, loc. de l'Aude.

— *La Couleuvre*, lieux-dits dans l'Allier, l'Orne, etc. — *Couloubrou*, B.-Alpes.

Villa Calobrices lat. de 881, *Ecclesia de Calobris* lat. de 1088, *Cobraz* doc. de 1119, *Cantalobre* ou *Cantober* doc. de 1162, *Cantobrium* lat. de 1171, *Couloubres* doc. de 1625, *Coulobres* aujourd'hui, *La Colobre*, *Couloubrine*, Hérault, THOMAS.

La Coloreda doc. de 1451, *Colarède*, loc. de la Dordogne, DE GOURGUES.

Colubrium lat. du moy. â., *Saint-Front-de-Colaury* aujourd'hui, Dordogne, GOUSTAT, *La Linde*, 1884, p. 324.

Lou Trau doou Coulobré, grotte de la Fontaine de Vaucluse, MISTRAL.

Colombre doc. de 1525, *Couloubre* aujourd'hui, nom d'un rocher dans la Drôme, BRUN-DURAND.

Colobrosa en 1400, *La Coulbrouse* aujourd'hui, loc. des H.-Alpes, ROMAN, 1887.

Vallis Coliurosa doc. du moy. âge, loc. du Lyonnais, GUIGUE, *Cartul. lyonn.*, 1893, I, 33.

Colobratis en lat. du m. â., *Colora* aujourd'hui, loc. du cant. de Mornant (Rhône), *Mém. lus à la Sorb.*, 1868, p. 191.

Coulouvron, loc. de la Savoie, VERNIER.

Coulouvray, loc. de la Manche, DUBOSC, *Arch. civ. de la Manche*, 1865, I, 49.

Fons de Colovere doc. de 1145, *Pont-aux-Couleuvres* doc. de 1411, local. de l'Aisne, MATTON.

Monchy-les-Couleuvres, loc. du Pays de Bray, LA MAIRIE, *Rech. s. le Bray*, 1852, II, 160.

Pont à Couleuvre, pont de l'Oise, PEIGNÉ-DELAC., 1873. [PEIGNÉ-DELAC. dit que c'était un pont réservé au seigneur et que c'était à l'origine *Le Pont à qui l'ouvre* devenu *Pont à Couleuvre*, par fausse étymol. popul.]

Villa Colubrosa lat. du xe s., *Couluvreulx* doc. de 1556, village aujourd'hui détruit, LONGNON, 1891.

La Couleuvrière, loc. de la Meuse, LIÉNARD.

Le Pré de la Coulouvrenière en 1514, pré près Genève où l'on faisait l'exercice de la coulevrine, GAUDY-LEFORT, *Promenades dans le cant. de Gen.*, 1849, I, 82.

La Couleuvrière, *Colobray*, Suisse rom., JACCARD.

Naters, *Nares* en 1017, *Natrensi villa* en 1100, *Natria* en 1138, *Narres* en 1210, *Proz de Narres*, Valais, JACC.

ONOMASTIQUE :

Couloubrier, *Coulevrier*, *Couloubrat*, *Coulouvral*, *Coulouvret*, *Couloudre* (Hér.), *Coulorgues* (Gard), noms de famille.

De la Touloubre, auteur de : *Jurisprud. en Prov. s. les droits seign.*, Avignon, 1756.

« Col serpenti = cou délié, mince. » anc. prov., RAYN. — « *Cou de couleuvre* = même sens. » Meuse, VARL. — « La teste colubrine de la tortue. » ANEAU, *Décades des animaulx*, 1549. — « *Couloubrénco* = personne longue et mince. » toulousain, VISNER. — « *Long calobré* = même sens. » cévenol, D'HOMBRES.

« Cuer plus coulant que couleuvre en marage (marais). » anc. f., EUST. DESCHAMPS, I, 309.

« *Colubrosus* = courbe, sinueux. » l. du m. â., DU C.

« *Coulevriner* = ramper par terre. » VICTOR, 1609. — « *Se coulevriner en tapinois* = se glisser comme une couleuvre. » FŒLIX DE LA GRACE, *Chasse du renard Pasquin*, 1603, p. 43.

« *Covériner* = se tordre, se tortiller. » namurois, PIRSOUL. — « De ta langue qui se couleuvre si douillettement quand tu veux... tu me redonneras la vie. » GUY DE TOURS, *Paradis d'amour*, 1598, édit. Blanchem., p. 32. — « Il se débattait, se tordait comme une couleuvre dans les mains de Léon. » A. RICARD, *Petite sœur*, I, 115.

« *S'encouloubrà* = se dresser comme un serpent, se gendarmer. » Provence, MISTR.

« Tu ne scaurois mouvoir la levre que la couleuve. » *Moralité tressinguliere des blasphémateurs*, s. d. (vers 1500).

« *Couleubvre, couleuvre, queuleuvre* = esp. de canon. » GOD., II, 332. — « *Couleuvre de cuivre* = esp. de canon. » anc. wallon, *Chronique de Stavelot*, éd. Borgnet, p. 304. — « *Colobrina, colubrina*, doc. de 1455, espèce de canon. » lat. du m. â., DU C. — « *Coulevrine* = même sens, XVe s. et suiv. — Voir LITTRÉ sub verbo.

« *Couleuvre de pierre* = ammonite, coquille fossile. » LITTRÉ.

« *Bissa* = corde. » argot de Parme, MAL.

« *Couleuvre* = fente dans un mur; cf. *lézarde*. » Bretagne, *Mém. de la soc. des antiq.*, 1823.

« La bise siffle comme une coleure. » Yonne, JOSS. — « Bufà coumo un asserp. » Aude, LAFF.

« *Lenga de colobra* = médisant. » anc. prov., RAYN., s. v° *colobra*. — « *Langue de couleuvre* = mauvaise langue, méchante femme. » MAILLOT, *Madame Angot*, comédie, 1802. — « *Langue de kiraoule* = même sens. » B.-Pyr., LESPY. — « *Colobré*, m. = homme méchant. » Sarlat (Dord.), COLAS.

« Paresseux, fainéant comme une couleuvre. » Locution très répandue.

« D'une personne en colère, on dit : *elle se dresse comme une couleuvre qui veut avaler un crapaud*. » Orne, L. DUVAL, *Croy. pop. et protect. d. anim.*, 1889.

« La poitrine lui gonflait comme à une serpent qui a avalé un crapaud. » Charente, CHAPELET, *Contes balzatois*.

« *Estata beccata da una serpa* = elle a été mordue d'un serpent, se dit d'une femme enceinte. » italien, DUEZ, 1678.

« *Couleuvre* = femme enceinte. » argot, DELVAU, 1883.

« *Boire comme une couleuvre*, se dit d'un ivrogne; la couleuvre est accusée de se gorger du lait des vaches. » Normandie, r. p.

« *Il a une bonne chair de couleuvre* = sa blessure ne tardera pas à se cicatriser, sa chair est saine. » Belg. wall., *Dict. des spots.*

« *Endormeur de couleuvres* = endormeur de mulots, personne qui dit des paroles flatteuses pour mieux tromper. » Furetière, 1708.

« De culuebre nous font anguiles, Aignel de warou et de leu. » anc. fr., Du C., s. v° *varolus.*

« A combien de gens fait-on manger des couleuvres au lieu d'anguilles ! » E. Binet, *Consolation aux malades*, 1642, p. 321.

Avaler des couleuvres = être obligé de subir des désagréments. « Oh ! amour, que de couleuvres tu me fais avaler. » D***, *Le marchand duppé*, comédie, 1688. — « On ne parvient pas à la Cour sans avaler bien des couleuvres. » Caraccioli, *Dictionn. critique*, 1768. — « Et tu donnes dans ces godans-là, toi ? Tu acceptes les frimes pour argent comptant et tu avales ainsi les couleuvres sans les mâcher ? » Sir P. Robert, *Confessions de Pied de fer*, 1875, I, 58. — « J'eus assez de retenue pour dévorer cette couleuvre et me taire. » *Histoire de Laurent Marcel*, 1779, I, 351. — « Que de couleuvres il faut boire ! » *Embarras de la foire de Beaucaire*, 1713, p. 13. — « Méditez sur les couleuvres que vous nourrissiez contre moi et qui sont écloses pour Madame de la Baune. » XVIIe s., Madame de Sévigné. — « Il ne craignait pas d'avaler les crapauds et les couleuvres dont fourmillent les marécages de la politique. » Vigné d'Octon, *Mésange*, 1905.

« *Pati coumo las sers* = être malheureux comme les couleuvres. » cévenol, D'Hombres. — « *Mi bouto aou nis dé la sér* = il me met au nid de la couleuvre, c.-à-d. dans la misère, aux abois. » Marseille, Gros, 1763, p. 53.

« *Pudi coume lous trénte coulobres* = puer comme trente couleuvres. » H.-Pyr., c. p. M. M. Camélat.

« Quand les mules seront sans vice, Les chiens sans puces en juin Et les couleuvres sans venin, Les femmes seront sans malice. » Auvray, *Banquet des muses*, 1623, p. 106.

« Prudens cum colubris sis Simplex cumque columbis. » Proverbe lat. du xie s., *Zeitsch. f. deutsch. Allerth.*, 1878, p. 422. — « Columbæ serpentem miscere. » lat. du m. â., Binder.

« Ja ne pourra trasse Que couleuvre face Sur la pierre bise. » *Dictz de Salomon avec responces de Marron*, s. d. (vers 1510).

« Tuer un soldat est tuer une couleuvre. » Le Bon, 1557.

« Dedans le muid gist la couleuvre. » xvie s., Baïf, *Mimes*, cité par Le Roux de Lincy.

Quand une couleuvre s'est introduite dans l'estomac d'un homme, il faut mettre devant sa bouche une jatte de lait, elle sortira pour le boire et on la saisira. Voyez : *Revue de Bretagne*, II (1833), p. 203.

« On jette à la c. un foulard rouge; elle le mord et se casse les crochets venimeux, ce qui la rend inoffensive. » Luzy (Nièvre), r. p. (En réalité la couleuvre n'a pas de crochets venimeux.)

« Il a les bras retroussés comme un dépouilleux de couleuvres. » Aube, L. Morin.

« Quand les enfants entendent une espèce de coassement dans les haies, ils disent : *Serpent, chante la pluie.* » env. de Semur (C.-d'Or), c. p. M. H. Marlot.

« La couleuvre attire les oiseaux en dardant constamment sa langue. L'oiseau avance et recule petit à petit et finit par se jeter dans la gueule du reptile. Elle attire de même le crapaud, mais ne le mange pas; elle le prend puis le relâche, jouant avec lui comme le chat avec la souris. Finalement, elle le tue. On trouve souvent une couleuvre tenant serré contre elle un crapaud vivant. » Saint-Martin-du-P. (Nièvre), r. p.

« La couleuvre ne fait jamais de mal a une fille qui est pucelle. » Naintré (Vienne), r. p.

« La couleuvre ne mordra jamais un homme tant qu'il sera nud. » xvie s., BOUCHET, *Serées*, II, 49.

« Tu ne scaurois mouvoir la levre que la couleuvre. » *Moralité très singulière des blasphémateurs*, s. d. (vers 1500.)

Pour pouvoir dormir. — « Mais il vous fault prendre la teste D'une couleuvre et se coucher A terre, plat comme une beste Et puis dormir sans resveiller. », *Rec. de poés. franç.*, I (1855), p. 160.

« Pour être bon sorcier il faut avoir vu la couleuvre à poils. » Luxembourg belge, *La Tradition*, 1903, p. 193.

« La couleuvre fuit les chiens par antipathie... Elle s'amuse à manger des mouches. » J. CAMUS, *Homélies festives*, 1625, p. 457.

« Le crapaud, par son haleine, tue la couleuvre et la couleuvre tue le crapaud par son regard. » Naintré (Vienne), r. p. — « Il nous a charmé comme une couleuvre qui regarde une crâpelle. » Char.-Inf., LEMARIÉ, *Fariboles saintong.*, n° 22.

« La couleuvre ne fait pas d'œufs; pour reproduire la race des couleuvres, elle couve des œufs d'escargot. » Clerval (Doubs), r. p.

« La couleuvre ne porte qu'une fois et seulement trois petits, qui, pour sortir, lui fendent le ventre et elle en meurt. » Bocage normand. LECŒUR, II, 33.

« Un œuf de couleuvre trouvé dans le fumier est d'un bon augure; il indique qu'il périra une douzaine de serpents dans les bois. » Naintré (Vienne), r. p.

« Au bout de sept ans les couleuvres se changent en serpents (*vipères*). » HÉCART, *Préjugés pop. de Valenciennes*, 1813, p. 33.

« La couleuvre change de peau tous les sept ans... Sa langue est utilisée pour aiguiser la faux. » Sprimont (Belg.). *Rev. d. trad. p.*, 1901, p. 112.

« Une couleuvre qu'on vient de tuer au moment même, mise dans un pot de lait le fait cailler. » Nièvre, r. p.

« La vache aime à se faire tetter par les couleuvres; la nuit elle les appelle en mugissant. » Orne, r. p.

« La culuevre est de tel afere, Quand elle veut [à] l'homme mal fere De la langue le lèche et oint Et puis de l'aiguillon le point. » JUBINAL, *Jongleurs*, 1835, p. 76. [Cette ingratitude est aussi attribuée au scorpion. *In cauda venenum.*]

« Une couleuvre pendue par la queue avec une cordelette dessus un vaisseau plein d'eau, dedans lequel elle puisse ouvrir la gueule, après quelque temps vomit et jette une pierre, laquelle receue dans ledit vase, boit et consume toute l'eau. Icelle pierre lyée au ventre des hydropics les délivre de leurs eaues. » HOULLIER, *Trois livres de chirurgie*, 1544, p. 62.

« Le soir de la Saint-Jean on fait un feu de joie. Chacun y apporte des fagots dans lesquels on place des couleuvres; ces fagots sont cerclés par des cercles de tonneaux; et on met le feu dedans. » Pyrénées, *Rev. d. trad. pop.*, 1899, 592.

« Les grosses couleuvres s'accourcissent en vieillissant et grossissent d'autant; puis elles prennent des ailes, c'est ce qui s'appelle : *s'acouloubri*. De là vient qu'on dit : *aco es un coulobré* = c'est un dragon, se dit d'une fille effrontée, libertine ou laide. » Languedoc, SAUV., 1785.

« Depuis la malédiction prononcée sur elles par saint Giry, à Brévilly, les couleuvres meurent dès qu'elles touchent le territoire de cette commune. Une fois, mais il y a de cela bien longtemps, un saltimbanque, montrant des couleuvres pour de l'argent, voulut aller les faire voir à Brévilly. On tâcha de l'en dissuader, mais en vain. Il se rendit donc à Brévilly portant ses couleuvres dans un panier qu'il eut l'imprudence de poser à terre. Quand il en souleva le couvercle pour prendre ses couleuvres, elles étaient mortes....... Une autre fois, un différend, pour une question de limites, s'éleva entre les habitants de Mairy et ceux de Brévilly. Ceux de Mairy prétendaient que leur commune s'étendait jusqu'à un ravin creusé par un ruisseau qui s'était détourné sur le territoire de Brévilly. On se procura une couleuvre qu'on déposa sur le terrain litigieux. Elle mourut tout aussitôt, et les habitants de Mairy déclarèrent alors, d'un commun accord, que cette portion de terre appartenait véritablement à leurs voisins de Brévilly. » Brévilly (Ardennes), MEYRAC. (On trouvera dans MEYRAC, p. 204, une autre légende relative aux couleuvres.)

Héraldique. — « *La couleuvre* est une pièce de blason : « *Colbert porte d'or à la couleuvre en pal, tortillée d'azur ;* on l'appelle *bisse* lorsqu'il y a un enfant nud issant de la gueule. » FURET., 1708. — GODEFROY donne *biche* comme synonyme de *bisse*, avec ce sens, en anc. franç.

Pour la couleuvre dans l'héraldique voyez : RENESSE, II, 3-8.

Coluber viridiflavus (LACÉPÈDE).

couleuvre verte et jaune, franç. — *serpent jaune*, Jura. — *jauneau*, M.-et-L. — *charbonnier*, Loire-Inf. — *darbonîre*, f., Savoie. — *fouet*, m., Yonne. — *jon*, m., M.-et-L., VERR. — *sangle*, f., M.-et-L., L.-et-Ch. — *sanglia*, m., *sanlhia*, m., *sanglô*, m., Vienne, MAUDUYT. — *singlan*, m., Charente.

saettone, frustacchione, milordo, miroldo, biss milò, biss amilò, bisson, anda, anza, serpente uccellatore, dial. ital.

« Les habitants de la Vienne prétendent que cet animal a deux pattes qu'il peut à volonté faire sortir de son corps, pour s'en servir au besoin et courir avec plus de vitesse. » MAUDUYT. — « La sangle est un serpent qui, s'il rencontre un homme, s'entortille autour de lui plusieurs fois et l'étouffe. » Sologne, *Mém. de l'acad. celt.*, 1807, p. 217.

Coluber Æsculapii (BOIE).

surcheton, m., *surgeton*, m., Anjou, Maine, Orne. — *sucheton*, m., *suceton*, m., *séton*, m., Anjou. — *chëch'ton*, m., *chich'ton*, m., *chuch'ton*, m., Maine. — *zilyô*, m., Isère. — *sangle*, f., *rouabe*, f., *anfilandre*, f., *estèrlange*, f., Vendée et Loire-Inf., VIAUD-GRAND-MARAIS, 1860. — *bissàn*, m., Provence.

Coluber viperinus (GERVAIS). — L'ASPIC D'EAU.

couleuvre vipérine, français. (Elle ressemble beaucoup à la vipère.) — *aspic d'eau, aspic, aspi*, en divers endroits. — *gisclar*, m., provenç., ACHARD. — *gisclou*, m., Loire. — *gicle*, m., Rhône, Loire. — *giclhou*, m., Rhône.

allant, m., Chef-Boutonne (D. S.), BEAUCH. [On trouve *allant* en anc. franç. dans le passage suivant : « Gentil, gallant Surge et volant Comme un allant. » XVe s., *Œuvres d'Alexis*, éd. Piag., I, 206; Comparez : « *aiant* ou *aieil*, = sorte de serpent. » NORMAND et RAYN., *Aiol*, 1877, p. 344. — GODEFR. donne *aiol, aiaul, aial, aiaut* comme une espèce de serpent ; enfin HAIGNERÉ explique le boulonnais *làyan*, par *esp. de lézard, de salamandre*.]

« On dit : *aspic d'eau n'est pas dangereux.* » Loire-Inf., VIAUD-GRAND-MARAIS, *Note sur les mœurs des vipères*, 1867.

« On croit que le gicle, lorsqu'on le tourmente, fait de son corps un cercle, en se mordant la queue, et roule ensuite pour courir sus à son agresseur. » Loire-Inf.

Pelias berus (MERREM). — **LA VIPÈRE.**

vipera, latin (Contraction de **vivipera;* cet animal est vivipare.) — *vispera, echidna, chilindrum, nepa, scorpio, cocodrillus, curcio, denterses*, plur., l. du m. â., DU C.; DIEF. — *thirus, therus, tyrrus, tyria*, l. du m. â. (de l'arabe *tyros* selon AVICENNE. Le mot arabe vient sans doute du grec θήρ = bête sauvage dangereuse). — *coluber berus*, nomencl. de LINNÉ. — *vipera vulgaris*, nomencl. de LATHAM.

vivra, f., anc. prov. — *vipre*, f., *vivre*, f., *vuivre*, f., *wyvre*, f., *voivre*, f., *givre*, f., *tir*, m., *tyr*, m., *thire*, m., anc. franç. — *tieris*, m., anc. fr., GOD., VII, 712. — *fere*, f., anc. fr., CATELAN, *Nat. de la liçorne*, 1624, p. 64. — *viper*, m., anc. franç. et dans presque tous les patois du Nord. — [CATELAN, *Discours de la thériaque*, 1614, passim, dit : *le vipere masle* et *la vipere femelle*.] — *vipèra*, f., *vipèro*, f., *bipèro*, f., *vipëra*, f., *vipra*, f., *vibro*, f., *vouivre*, f., *ouipëra*, f., *ouivra*, f., en divers patois. — *vipèrò*, m., Char. — *vipèrô*, m. (accent sur *pè*), Rhône, Ain. — *vipèrà*, m., Hér. — *vispèra*, f., Hér. — *vipérí*, f., Isère. — *évipère*, f., P.-de-C., c. p. M. ED. EDMONT. — *pipéro*, f., Gers. — *sèrpe-pipère*, f., Laluque (Landes), r. p. — *ouépahhe*, f., Xertigny (Vosges), r. p. — *vërpi*, m., *vrëpi*, m., Allier, Nièvre. — *vërpiy'*, f., *vouarpe*, f., *vipé*, m., Nièvre. — *vèrpî*, f., *vèrpe*, f., Yonne.

aspic, m., *aspi*, m., *èspi*, m., Normandie, Maine, Berry. — *aspitt*, m., Anjou. — *aspe*, m., anc. fr., GOD., I, 279.

escourchon (escourchoun), m., Provence, J. FONTAINE, *Thériaque*, 1601, p. 59; provenç. mod., MISTR. — *boerti*, f., Albertville (Savoie), BRACHET. — *liroun*, m., La Teste (Gironde), MOUREAU. — *vormine*, f., Anjou. — *varmëniè*, m., L.-et-Ch.

aer-wiber, breton.

vipera, madrasso, marasso, dial. ital. — *aspid*, romanche. — *bibora*, portug.

adder, nedder, hag-worm, long-cripple, dial. angl.

TOPONOMASTIQUE :

Le Guipereux, loc. de Seine-et-O., BERTRANDY, *Arch. civ. de S.-et-O.*, 1897, p. 3.

Le Clos de l'Aspic, loc. du Var, *Soc. des sciences du Var*, 1865, p. 20.

La Vipèrerie, Pourtauvuivre, Roche de la Vuivre, Passage de la Vuivre, Suisse rom., JACCARD.

ENSEIGNE :

Les Deux Vipères, anc. ens. de Jehan de Tournes, imprimeur à Lyon, au XVIe s., LA QUERIÈRE, *Les enseignes*, 1852, p. 84.

ONOMASTIQUE :

De Vipart (Evreux en 1600), *Du Vivray, Viprey, Verpaux, Verpy, Voirpy, Guyvreau*, noms de famille.

Croquevievre, nom de famille en 1475, ROBILLARD, *Archives ecclés. de la Seine-Inf.*, 1866, I, 85. — [On peut rapprocher de ce mot le surnom donné à une certaine époque à un individu de Sisteron : *Manjo-sèrp;* voir *Armana prouvenç.*, 1885, p. 70.]

Lavipardière, nom de famille à Felletin (Creuse), *Biblioth. des propriétaires ruraux*, t. I (1803), p. 257.

« Certaines vipères sont marquées sur la tête d'une fleur de lys. » BOURDELOT, *Vipères*, 1671, p. 77.

Un remède célèbre dans l'antiquité et au moyen-âge, avait pour base la chair des vipères et avait pour principale vertu de guérir leurs morsures. Voici ses noms :

tiriaca, tyriacum, triaculum, antidotum tyriacum, l. du m. â.
tyriaca, f., *triacla*, f., *terriada*, f., anc. prov., RAYN.
thyriaque, f., *thériaque*, f., *tiriague*, f., *tyriacle*, f., *triacle*, f., anc. franç. [Quelques auteurs font le mot *masculin*.]
La thériaque de Venise était célèbre au moyen âge.

« *Plus het l'un l'autre que triacle venin* = ils se détestent l'un l'autre, plus que la thériaque déteste le venin. » DU C., VII, 325.

« *Triaclier* = vase, souvent en métal précieux, qui servait à mettre la thériaque, » franç. de 1380, etc., LABORDE, *Emaux*, 1853, II, 587. — *Triaclier* ou *triacleur* = *marchand de thériaque*, » ID. — *Basteleurs et triacleurs* = charlatans. » HOULLIER, *Trois livres de chirurgie*, 1544, p. 56. — *Triagleû* = charlatan, P.-de-C., c. p. M. ED. EDMONT.

« Mortua dat vitam quæ mortem viva dedisset *se dit de la vipère réduite en thériaque.* » RIGAUD, *Composit. de la thér.*, 1689, p. 19.

« On cognoist la tyriaque à l'espreuve et l'or à la touche. » XVIe s., FROMMENT, *Actes de Genève*, 1854, p. 41.

« On appelle *rage de vipère* le venin qu'une vipère qu'on fouette, verse dans sa colère dans une éponge qu'on lui présente. Cette *rage* sert à faire la thériaque. » MONNIER, *Cabinet des préservatifs contre la peste*, 1666, p. 34.

« *Viper's dance* = danse de Saint-Guy, maladie nerveuse. » anglais des env. d'Oxford.

« *Tirie*, f., = espèce d'elephantiasis dans laquelle la peau du membre malade pèle comme la peau du serpent appelé *tyrus.* » J. MALLARD, *Premier recueil de la muse cosmopolitique*, 1530.

« Les roux ressemblent aux vipères tapinées de tapineures (taches) rousses. » P. LE LOYER, angevin, *Hist. des spectres*, 1605, p. 196.

« On dit d'un chien d'arrêt qui a la queue contournée qu'il a *une queue de vipère.* » *L'acclimatation du 28 sept. 1879.*

« Dans une branche du Roman de Renart les maris complaisants sont assimilés aux *tirs* ou vipères qui se nourrissent de leurs ordures. » G. RAYNAUD (dans *Romania*, 1908, p. 254.)

« Leste comme une vipère. » CH. CHARBONNIER, *Les petites causes*, 1847. — « *Se revarper* = se redresser, se rebiffer. » S.-et-L., FERT. ; Dijon, CUNISSET. — « *Vèrpiyer* = se tordre, se remuer comme la couleuvre. » Nièvre, *Mém. de la soc. académ. du Nivernais*, 1887, p. 150.

« Une petite vipère fait mourir un taureau. » J. P. CAMUS, *Tapisseries hist.*, 1644, p. 123.

« L'aspic jamais de sa loge ne sort Qu'il n'aye un autre aspic qui le deffende Afin que si par l'home est mis à mort Le survivant à venger sa mort tende. » P. COUSTAU, *Le Pegme*, 1560, p. 251.

« L'aer peut estre vipere et arsenic au sang. » LE BON, 1557.

« Cette femme est une vipère mais une vipère qui siffle plus qu'elle ne mord. » E. SUE, *Bonne aventure*, 1854.

« *Crier d'une voix vipârde* = crier d'un ton aigre. » Calvad., BASCAN, *Monol. norm.*, 1906, p. 6.

« *Source de vipère* = injure à une femme. » *Riche en gueule*, 1821, p. 28. — « *Fausse vipère* = méchante femme. » BAUGION, *L'entretien de Fanchon*, 1650, p. 6. — « Cette femme crie comme un aspic. » D**, *Le marchand dupé*, comédie, 1688. — « *C'est un aspi au travail* = il est ardent à travailler. » *Le Tintamarre du 23 juin 1872.*

« Je vois clair comme un aspic. » *Hist. de l'enfant prodigue par personn.*, Lyon, s. d. (vers 1520, p. 53.)

« *Mille vipères!* = juron.» Manche, *Soc. d'archéol. d'Avranches*, 1885, p. 68.

« Vipre est une maniere de serpent de si fiere nature, que quant li masles se couche o la femelle, il met son chief dedans la gorge à la femelle et quant ele sent le delit de la luxure, ele estraint les denz et tranche le chief à son masle. Et quant li fil ont vie et qu'il en vuelent issir hors, il desrompent et brisent le cors de lor mere, et vont hors, en tel maniere que lor pere et lor mere muerent por eulx..... Quant icil serpens a talent de luxure si s'en va as aigues ou la moraine repaire et l'apele de voiz en semblance de flaüt et cele vient à li maintenant et par itel engin est ele sovent prise par les pescheors. » BRUNETTO LATINI, *Livres dou tres.*, éd. Chab., p. 194.

« La lamproye est l'emblème de l'adultère parce qu'elle se joinct à la vipere; la vipere jette son venin premier de se coupler à la lamproye. » DINET, *Cinq livres des hieroglyph.*, 1614, p. 405 (Cette tradition est empruntée à Saint-Basile.)

« Masculus in os fœminæ inserit caput et illic impiam libidinem agitat; quæ exagitata per feminam, cum acriter fuerit hactenus a libidine nimia, comprimitur sicque trucidatur. Cum vero conceperit partum, catuli perforato exesoque lateri matris procedunt, sicque fit, ut utriusque impii generis, vel coeundo vel generando natura depereat. » Latin du moyen âge, GOETZ.

« Can la vibra vol aver paria de sa par el li met son cap en' la terra bayan la femela e la femela estrenh li tan fort lo bec e-l cap al mascle que mantenen mor e la femela reman prenhs de doas vibras, mascle e feme; e can devon naisser, els salhon per l'esquina e la mayre mor e enaysi e-l mon non son mas dos. » anc. provenç., BARTSCH, *Provenz. Leseb.*, 1855, p. 165.

« Jamais vipère n'a connu son père ni sa mère. La femelle coupe la tête du mâle et l'avale. Cette tête opère ainsi la fécondation dans les entrailles, et les petits, pour sortir, rongent le ventre de leur mère. » Fr.-Comté, PERRON, *Prov.*, p. 141.

« *Il est méchant comme la vipère Qui n'a connu ni père ni mère* = la vipère est méchante parce qu'elle n'a pas jamais eu de famille. » Ariège, r. p.

« Les petits de la vipère, pour venir au monde, percent le ventre de leur mère, ce qui fait que celle-ci meurt aussitôt. » Clerval (Doubs), r. p. ; Vern (I.-et-V.), r. p.

« Vous rongeriez comme viperes les costes propres de vos meres. » RABELAIS, *Isle sonnante*, 1562.

« Tout ainsi que la nature de la vipere femelle, subit (*subilement*) apres avoir conceu et se sentant preignée, casse la teste au masle, or, puis, ses jeunes pour venir au monde et par vengeance de leur pere rognent le ventre à la mere. » G. MEURIER, *Similitudes*, 1583, p. 4.

« Pour faire accourir les vipères on place l'une d'entre elles enfermée dans un chaudron sous lequel on allume du feu. La vipère siffle avec fureur, les autres accourent et on les tue. » Baugé (M.-et-L.), *Rev. d. tr. p.*, 1905, p. 362.

« Quand on a vu une vipère en un endroit, il faut y déposer la paille de ses sabots et pisser dessus. Le lendemain on y trouvera la vipère à moitié morte. » Baugé (M.-et-L.), *Rev. d. tr. p.*, 1905, p. 362.

Si on raconte à quelqu'un qu'on vient de voir une vipère à tel ou tel endroit, si on y retourne quelques instants après, elle n'y est plus. » Ineuil (Cher), r. p.

« Pour ne pas être piqué par une vipère, quand on entre

dans un bois, il faut mordre sur pied une fougère femelle. » Baugé (M.-et-L.), *Rev. d. trad. pop.*, 1905, p. 362.

« On présente à la vipère un morceau de drap rouge, elle se jette dessus et le mord ; on tire brusquement et on lui casse les crochets. » Nièvre.

« La vipère surprise se prend la queue avec les dents et se jette en tournoyant sur celui qui l'a effrayée. » Allier. — « La vipère a des pattes, mais pour les voir il faut la jeter dans le feu. » Allier.

« La morsure de la vipère qui vient de faire ses petits, est mortelle. Elle meurt elle-même de la blessure qu'elle vient de faire. » La Malène (Loz.), r. p.

« La vipère attend sa mort ou celle de son agresseur. Elle ne fuit pas. » Deux-Sèvres, Souché, *Croy.*

« Si une vipère mord un chat rouge, elle en meurt et le chat est indemne. » Durtal (M.-et-L.), *Mém. de la soc. d'agricult. d'Angers*, 1896, p. 79.

« Un chien n'a rien à craindre de la morsure de la vipère, s'il lui donne la dernière happée (*coup de dent*) lui-même. » Centre, Jaub. — « Il en est de même pour un homme. » Vendômois, Mart.

« La vipère qui a mordu va boire ; si le blessé peut boire avant elle, il est sauvé. » Guipel (I.-et-V.), *Rev. d. trad. pop.*, 1903, p. 250. — « Quand quelqu'un est mordu par une vipère, si la vipère boit de l'eau avant celui qui a été mordu, elle ne mourra pas et la personne mordue mourra et réciproquement. » Basse-Bretagne, *Rev. d. tr. p.*, 1905, p. 355.

« Contre la morsure de la v. on applique sur la plaie un crapaud du côté du ventre, le crapaud coasse plaintivement et meurt. Le malade guérit. » Lot, Persy, *Reptiles*, 1906.

« C'est un très bon remède que de manger la tête, le col, le cœur, et le foye de la vipère même qui a mordu, ou de quelqu'autre vipère, après avoir fait légèrement griller toutes ces parties. » *Recueil de mémoires académiques*, 1754, p. 304. — Sur la morsure de la vipère guérie par l'application de sa propre tête sur le mal, voyez : RIGAUD, *Composition de la thériaque*, 1689, p. 26; IBN BEÏTHAR, I, 110-114.

« L'érysipèle est appelée *érivipère*. On la guérit en prenant cinq têtes de vipères, chauffées, séchées et mises en poussière, puis placées sur le mal en cataplasme. » Deux-Sèvres, *Rev. d. trad. p.*, 1906, p. 200.

« Un animal domestique vient-il à être malade, on attribue ce fait à un sort jeté. Le remède est de prendre une tête de vipère tuée pendant la pleine lune de mars, l'entourer d'un drap écarlate et faire porter ce talisman par l'animal, caché dans le collier ou dans la queue. » Pont-de-Montvert (Lozère), RÉGUIS, *Mat. médic.*, p. 28.

« Veut-on exempter un fils du service militaire, la mère coud une tête de vipère dans le pantalon de son enfant, mais il faut que nul ne le sache. » RÉGUIS, *Mat. méd.*, p. 28.

« Si l'on donne du pain bénit à une vipère, elle fait de ce morceau de pain un serpent. » Basse-Bretagne, *Rev. d. tr. pop.*, 1905, p. 354.

« Celui qui tue une vipère *charmée* ne peut plus ensuite exercer son talent de charmeur. » Bocage vendéen, *Rev. d. tr. pop.*, 1903, p. 470.

« Le corbeau trouva la vipere Qui dormoit et d'elle veut faire son gibier. Du bec la beca ; elle se réveille bequée Et s'eveillant s'est rebecquée, Mord à mort cil qui la pica. » XVIe s., BAÏF, éd. Blanch., 1880, I, 25.

Symbolique. — « Une image représentant une vipère mangeant une araignée est accompagnée de ces mots : *les mechans usent de leurs semblables.* » LA FEUILLE, *Devises*, 1693. — « Une image représentant une vipère à laquelle ses petits percent le ventre : *on la traite comme elle a traité.* » LA FEUILLE, *Devises*, 1693. — « Une image représ. deux vipères ayant la tête l'une dans l'autre : *l'amour nous tue.* » LA FEUILLE, *Devises*, 1693.

Pour la vipère dans la symbolique chrétienne, voyez : CAHIER, *Nouv. mél. d'archéol.*, 1874, p. 124.

Héraldique. — Pour la vipère dans l'héraldique, voyez : GELIOT, 1660, II, 356.

« Un apothicaire en 1707 avait sur sa boutique comme enseigne une vipère avec ces mots : *terret sed sanat.* » CHASSANT, *Dict. des devises*, 1878, I, 329.

Devinette. — « Qu'y a un bënssilh ou houns dou bos N'ou bourrés pas tourssé-ou lous os = *la vipère.* » Auribat (Landes), FOIX, 1902, p. 38.

Vipera aspis (BONAPARTE). — **L'ASPIC.**

aspic, m., *aspi*, m., *vipère rouge*, f., en divers endroits. — *rossa*, f., Die (Drôme), BOISSIER. — *arpi*, m., Saint-Léonard (H.-Vienne), r. p.

Cette espèce passe pour très dangereuse. Dans bien des endroits on ne la distingue pas de la vipère ordinaire.

« La vipère a un V sur le dos, l'aspic un A. » Ille-et-V.

Les serpents en général.

On confond souvent les diverses espèces de serpents sous les noms suivants :

anguis, *funda*, l. du m. â.

serpe, f., *sarpe*, f., *sèrp*, masc. ou fém., *sèr*, m. ou f., *serpent*, m. ou f., *sarpent*, *sarpin*, *sèrpé*, f., *aspic*, m., *aspi*, m.,

vèrmin, m., *vèrmine*, f., *verminiè*, m., *venin*, m., *velin*, m., en divers pat. — *ranpè*, m., jargon de Razey, près Xertigny (Vosges), r. p. — *aer*, breton.
suge, *sugarrast*, basque.
slynder, *unker*, *unk*, *slang*, anc. h. allem.

L'ensemble de tous les reptiles est appelé :
la serpentaille, anc. fr. — *la verpille*, Nièvre.

Les serpents fantastiques sont appelés :
vuivre, f., *vouivre*, f., *dragon*, m., *ver volant*, *verm*, *ver*, anc. fr.

Une espèce de lutin est appelée :
drac, *drà*, *drakètt*, *drapètt*, languedoc. (Il existe un féminin *drapa*.)
drac, roumain.

Le cauchemar est appelé :
drâch, Luxembourg allemand, GANGLER.

TOPONOMASTIQUE :

Moulin de Trinque-Serp, près Châteaurenard (B.-du-Rh.).
Moulin de Tranche-Serp, en 1460, Dordogne.
Rue de l'Aspic, anc. rue à Nîmes.
Le Puits du Drac, à Cambayrac (T.-et-G.).
Rue de la Serpent, anc. rue de Paris, aujourd'hui *Rue Serpente*; LEBEUF, *Hist. de Paris*, 1883, I, 352.
Canta-Serp, Lot, *Soc. arch. du Tarn-et-G.*, 1906, p. 141.
La Boisserpière, Loire-Inf., QUILG.
La Queue de Serpent, Meuse, *Bull. de la soc. de géograph. de l'Est*, 1887, p. 299.
La Fosse aux Dragons, lieu-dit dans l'Orne, *Mém. de la Soc. des antiq. de Normandie*, 1856, p. 254.
Mons-Dragonis, doc. de 1280, *Gallia christiana*, I, 777.

ENSEIGNE :

Au Dragon, ens. fréquente autrefois, d'où le nom de certaines rues.

ONOMASTIQUE :

Dussert (Gers), *Desserpri* (S.-et-L.), *Desserpents*, *Serpantié* (Aveyr.), *Sarpe*, *Serpette*, noms de famille.
Trancheserp (nom fréquemment écrit à tort *Tranchecerf* ou *Tranchefer*), Marche, au moy. âge, *Mém. de la soc. des antiq. du Centre*, 1885, p. 226.

La langue du serpent, qui passe le plus souvent pour être son dard empoisonné, est appelée :

jaculus, l. du m. â., BENECKE. — *jarson*, m., Aube. — *jèsson*, m., Nièvre, S.-et-L. — *férion*, m., L.-et-Ch. — *fisson*, m., anc. fr.; Poitou, Saintonge. — *hissou*, m., B.-P., H.-P. — *djèrmon*, m., Suisse rom. — *léngoou*, m., Gard. — *lanpar*, m., *pikron*, m., M.-et-L. — *fourchon*, m., fr., *Descript. des vies des peagers*, 1649, p. 7. — *astoun*, m., *astou*, m., *atou*, m., midi de la France, MISTR.
Ce n'est pas avec sa langue que le serpent blesse l'homme; c'est avec un crochet qu'il a à la partie supérieure de la mâchoire, qni fait l'effet d'une véritable *piqûre*. Le mot *piquer* est donc plus approprié que le mot *mordre*. — « On dit de la vipère qui mord *qu'elle donne un coup de pioche*. » BARBERET, *Bohême du travail*, 1889, p. 94.

Du serpent qui agite sa langue ou *pique* avec ce soi-disant *dard*, on dit :

fissé, Char.-Inf. — *hisséyà*, B.-P. — *fissouné*, Poit. — *jéssé*, Nièvre. — *gastà*, prov., MISTR.

« La piquure du serpent est appelée *poincture de serpent*. » L. FOUSCH, *Comment. trad. par Maignan*, 1549, f^{et} 16, r°.

« *Schlange* = terme de chimie, tuyau qui va en serpentant depuis le chapiteau d'un alambic jusqu'au bas..... *Schlangenaugen* = dents de poissons pétrifiées..... *Schlangenspritze* = pompe à feu qui a un tuyau fort long et flexible..... *Schlangenstein* = ophite, roche cornéenne dure, d'un noir verdâtre avec feldspath cristallisé d'un blanc verdâtre..... *Schlangenzungen* = glossopètres, odontoïdes, dents fossiles de requins. » BEURARD, *Dict. des mines.*

« *Serpentina* = la langue. » argot ital., *Modo da intendere il zergo*, 1582.

« *Anguina* = grosse corde, câble. » lat. du moy. â., DU C., I, 257.

« *Serpellaria* = sac de laine. » lat. du moy. â. — « *Serpillière*, franç. mod.

« *La serpentine* et *la couleuvrine* = espèces de canons. » GRATIEN DE PONT, *Controv. des sexes*, 1534, f[et] VIII, v°.

Serpent = instrument de musique employé dans les églises. — Sur cet instrument, voyez VIOLLET-LE-DUC, *Dict. du mobil.*, 1868, II, 308.

« *Serpentin* = matelas de forçat. » argot, VIDOCQ, 1837.

« *Dragon* = espèce de soldat à cheval, au XVIIe siècle ; mot créé par l'imagination populaire, le soldat à cheval avec son manteau ne faisant qu'un être ou animal fantastique. On a prétendu, sans preuves, que les dragons avaient été appelés ainsi parce qu'ils avaient *un dragon* sur leur drapeau.

L'espèce de petit ballon que les enfants lancent dans les airs, est appelé :

cerf-volant, m., franç. (Devrait être orthographié *ser-volant.*) — *sèr-voulànto*, f., provenç. — *dragon*, m., Nord-Est de la France. — *flying-dragon*, *dragon*, angl. — *dracher*, Strasbourg. — *draak*, Flandre et Hollande.

« L'arc-en-ciel est un serpent qui descend sur la terre pour boire de l'eau. » Croyance roumaine et albanaise.

Une trombe ou ouragan porte les noms suivants :

cuda di drau, dragunaru, draunaru, Sicile.

L'érysipèle, la pélade, l'alopécie et autres maladies semblables sont appelées :

ophiasis, tiria, triaca, l. du m. â.

serpige, f., anc. prov., RAYN. — *sèrpèntino*, f., B.-Alpes, Vallées vaudoises.

Quand le serpent *mue*, il se sépare de son ancienne peau, qui alors est appelée :

exuviæ, reduviæ, induviæ, strepiæ, sterpiæ, senectus, senecta, vernatio, l. du m. â.

despouille, f., *dépouille*, f., *mue*, f., *rafle*, f., anc. fr. — *coadiss*, m., B.-P. — *toilette*, f., Somme. — *chemise*, f., Doubs.

scoglia, scoio, italien.

silkh el-haiya, arabe, IBN BEÏTHAR, II, 277. (IBN B. parle de ses vertus curatives extraordinaires.) — *tôb el-hayé, qamîs el-hayé*, arabe de Syrie, BERGG.

« Quando dracones senescunt, senectutem cum pelle deponunt. » *Not. et extr. des ms.*, 1906, p. 639.

« A quelqu'un dont la peau pèle par suite de dartres ou d'autres maux analogues, on dit : *tu es comme le serpent, tu fais peau neuve.* » Nièvre, r. p.; Marne, c. p. M. MAUSSENET.

« *Vieille despouille de serpens* = injure à une vieille femme. » CADET ANGOULEVENT, *Satyres bastardes*, 1615, p. 53. — « *Espéoulho-serps* = mauvais sujet, gredin. » Limousin, BOMBAL, *Le conte de Champalimaou*, 1893, p. 84.

« On appelle *serpent neuf* celui qui vient de quitter sa vieille peau. » NICOT, 1606.

« *Serpens que menja maurela Tot mantenen renovela* = serpent qui mange l'herbe appelée morelle (*Solanum nigrum*) tout aussitôt se renouvelle », anc. prov., RAYN.

« Aussi sage que le serpent Il vient de faire peau nouvelle. » LA GIRAUDIÈRE, *Joyeux épigrammes*, 1634, p. 41. — « *Il a changé de peau*, se dit d'un homme qui a changé sa manière de vivre. » MARC FOURNIER, *Nuits de la Seine*, 1842.

« Les serpents changent de robe à chaque nouvelle lune. » Vosges, SAUVÉ, *Folkl. d. V.*

« La dépouille de serpent infusée dans une tisane sert à guérir les clous, furoncles, crevasses du sein chez les femmes, brûlures. » Usage populaire très répandu.

« La despouille du serpent aide à enfanter la femme qui en a le ventre environné pendant son travail. » OLIV. DE SERRES, 1600, p. 849. — « La peau de couleuvre portée en guise de cravate guérit les maux de gorge. » SAUVÉ, *Folkl. d. V.* — « La peau de couleuvre guérit les clous, si on l'applique sur la partie du corps opposée à celle où le clou se trouve. » Belg. wall., MONSEUR, *Folkl. wall.*, p. 13.

« Une dépouille de serpent portée sur soi porte bonheur, fait gagner au jeu, etc. » Croyance très répandue. — « Une peau de serpent trouvée un vendredi, porte bonheur. » Bigorre, ROSAPELLY, *Au pays de Big.*, 1891, p. 54. — « Une dépouille de serpent trouvée et conservée à la maison porte bonheur, mais si quelqu'un vient à mourir dans cette maison, il faut s'en débarrasser, car l'âme du mort pourrait se loger dans cette peau. » Naintré (Vienne), r. p.

Sur les légendes concernant le serpent changeant de peau, voyez *Zeitsch. f. rom. Philol.*, 1888, p. 59; *Archiv. f. Kunde œsterr. Geschichtsquellen*, Wien, V (1850), chap. XI.

« Le sang qui coulait dans ses veines était froid comme celui du serpent. » A. RICARD, *Celui qu'on aime*, 1834.

« Sa main était froide et gluante comme la peau d'un serpent. » ASSOLLANT, *Brancas*, 1860, p. 80.

« Tu t'agites comme un serpent coupé. » DUQUESNEL, *La duchesse Eve*, 1906.

« Serpent coupé ne mord plus. » EUG. SUE, *Les sept péchés capit., La Colère.*

« Au printemps, les vipères se réunissent en grand nombre pour frayer, s'entrelaçant les unes dans les autres; c'est ce qu'on appelle une *paillassée de serpents.* » Ineuil (Cher), r. p.

« *S'amolar* se dit du serpent qui s'amasse, se grossit, prêt à s'élancer : *Graisans* (crapaud) *ni sers que s'amola No m fai espaven* (épouvante) ». anc. prov., RAYN.

« *Vi agré coumo uno serp* = vin aigre comme serpent. » Limousin, *Lemouzi*, journal, février 1895.

« *Serpent* = crachat. » argot, FRANC. MICHEL, *Etudes sur l'argot.*

« Pour guérir les animaux piqués par les serpents on leur fait boire un liquide appelé *aïgo de beré* (eau de venin). On le prépare en plongeant dans l'eau bouillante une corne de cerf que l'on conserve précieusement dans ce but dans certaines maisons. » H.-Pyr., c. p. M. P. TARISSAN.

On employait au moyen âge certaines pierres contre le venin. On les appelait *langues de serpent.* « Après avoir bonnement cru que la langue du serpent pouvait dénoncer la présence du poison, on s'est imaginé que cette même langue pulvérisée agirait comme contre-poison. Cette confiance a abandonné la médecine sérieuse seulement depuis un siècle, elle règne encore dans la médecine empirique. » LABORDE, *Emaux,* 1853, II, 497. — « On appelait *languiers* des langues de serpent réunies sur une pièce d'orfèvrerie en forme d'arbre ou autrement. On rencontre dans les inventaires les languiers décrits dans le chapitre des salières, et la plupart des salières sont accompagnées de langues de serpent. Au nombre de toutes les choses qu'on essayait pour s'assurer qu'elles n'étaient pas empoisonnées, il faut compter le sel, et les langues de serpent servaient à faire cet essai. » IDEM, p. 384. — « Toute l'antiquité a cru, à la vertu de certaines pierres, de certaines cornes ou dents d'animaux, pour reconnaître la présence du poison dans les boissons et dans les aliments ; le moyen âge ne lui a rien cédé sur ce point, ni en crainte de l'empoisonnement, ni en crédulité dans les moyens de le prévenir. Je ne m'occuperai de ces superstitions qu'en tant qu'elles se traduisent en ustensiles d'or et d'argent richement ornés, et c'est, en effet, le résultat le plus net et le seul positif de ce qu'on appelait l'essay, c'est-à-dire la prétention de connaître si un mets, une boisson ou un ustensile de table étaient empoisonnés, rien qu'en les touchant avec une épreuve faite de corne de licorne, de langue de serpent ou de certaines pierres précieuses. Cette pratique, continuée pendant le XVIe siècle, a été maintenue à la cour par l'étiquette ; on la trouve dans l'ordonnance de 1681 sur le cérémonial, et elle n'a été mise de côté qu'avec la révolution de 1789. » IDEM., p. 303.

« Dans un inventaire, on voit figurer *une langue d'aspic sans garniture et cinq autres attachées à un collier d'argent*. Ces langues d'aspic étaient des *belemnites* et passaient pour un merveilleux talisman contre toutes espèces de maléfices. » *Soc. belfortaine d'émulat.*, II, 1874, p. 73-76.

« *Draconita, draconica, draconia* = pierre au serpent, espèce de minéral. » lat. du moy. âge, DIEF. — Sur la pierre qui guérit les morsures de serpent, voy. Du PINET, *Comment. de Matthiole*, 1660, p. 527.

« *Adder-bead, adder-stane* = espèce d'amulette en verre ou en pierre dure. » Ecosse, JAM.

« *Adjer el-haïya* = pierre de serpent », arabe, IBN BEÏTHAR, I, 472 (IBN B. décrit ses vertus médicales extraordinaires).

« La *couresse* (Coluber cursor), serpent des Antilles, bataille avec le *trigonocéphale* (autre espèce de serpent), et quand elle est mordue, elle va se frotter à une certaine herbe, pour se guérir de ses blessures. » RUFZ, *Enquête sur le serpent*, 1845. — Sur les serpents et les lézards mordus par d'autres reptiles et cherchant certaines herbes pour se guérir, voy. : R. KOEHLER, à la suite de WARNKE, *Lais der Marie de France*, p. CIV-CVIII.

« *Votre serpent mord toujours sa queue* = vous vous contredites toujours. » *L'ombre de Nécrophore*, 1622, p. 142.

« Les femmes du monde et les femmes légères affectent aujourd'hui tenue pareille; ça se touche maintenant comme un serpent qui se mord la queue. » SAINT-GENEST, *Octave*, roman, s. d. (vers 1880), p. 102.

« Les femmes sont babillardes et indiscrètes comme la queue du serpent de Saint-Michel, qui leur a fait jadis manger des pommes dans un jardin, auxquelles il était défendu de toucher. » *Album comique*, IX (1849), p. 173.

« Faire prendre un serpent pour un œuf = *tromper grossièrement.* » J. P. CAMUS, *Deux conférences par escrit*, 1642, p. 79.

« Pour guérir l'esquinence, il faut étrangler une serpent avec un filet de lin et mettre ce même filet au col du malade. » Mme FOUQUET, *Suite du Recueil de remèdes*, 1701, II, 84.

« Pour certaines maladies des yeux, on place un serpent sur des charbons ardents et l'on reçoit la fumée qui s'en dégage, en tenant la tête au-dessus du foyer. » Deux-Sèvres, SOUCHÉ, *Prov.*

Sur l'usage que l'on fait des reptiles en médecine, dans le midi de la France, voy. : M. RÉGUIS, *Matière médicale popul.*, 1897, p. 25-29.

« Pour procurer le dévoiement à quelqu'un. Avant le lever du soleil, on porte trois fois au cimetière un serpent jaune et trois fois on le rapporte sur le pas de la porte de la personne à qui l'on en veut. Finalement, on le laisse devant cette porte, en disant trois fois : *Tu l'auras !* Dès lors, l'habitant de cette maison est sûr d'avoir la foire. » Saint-Martin-du-Puits (Nièvre), r. p.

« Les œufs serpentins se sechent et se pourrissent plustost que d'éclorre, s'ils sont veus d'une femme souffrant ses ordinaires. » FUSI, *Mastigophore*, 1609, p. 122.

« Les putains sont semblables aux œufs de l'aspic, belles en apparence, mais toutes corrompues au dedans. » P. DE LA NOUE, *Synonyma*, 1618.

« Un verre d'eau claire touché par un serpent se tourne aussitost et se corrompt. » J. P. CAMUS, *Homélies sur la passion*, 1623, p. 148.

« La veue du serpent fait avorter la femme et la semence de l'un mise sur le ventre de l'autre, la rend stérile. » FUSI, *Mastigophore*, 1609, p. 90.

« A la Saint-Mathias (24 février) Les *vlins* sortent de la hâ (haie). » I.-et-V., *Mélusine*, III, 178.

« D'un rire d'emprunt que teniét dé la ser. » Marseille, DÉCARD, *Revouiro de justici*, 1878, p. 21. — « Il riait comme un serpent qui se mord la queue. » Charente, CHAPELOT, *Contes balzatois*. — « C'est le rire des serpents dans un sac de chaux vive. » Locution arabe, KAZIMINSKI, *Dict. arabe*.

« Les gens de bien doivent estre sages comme le serpent, quand on veut le charmer, il s'assourdit et eschappe la mort. » E. BINET, *Consolat. aux malades,* 1642, p. 117.

« Il y a des serpents qui frappez mollement meurent bien tost apres ; mais si on recharge coup sur coup et avec un peu de rigueur, ils ne s'en portent que mieux apres..... Il y a des serpents qui frappez mollement meurent et s'enveniment eux mesmes, mais si on les charge rudement et à plusieurs reprises ils ressuscitent et se remettent en vigueur. » E. BINET, *Consolat. aux malades,* 1642, p. 17 et p. 42.

« Le serpent mordra celui qui rompt la haie. » Proverbe biblique, *L'Ecclésiaste,* chap. IX, verset 8. — « Souvent celuy qui fait une fosse trebusche dedans et qui desfait la *scop* (*haie*) il est mors d'une couleuvre. » anc. fr., *Bullet. du bouquiniste,* 1864, p. 25.

« Vos voldriez par altrui-main Le serpent traire del buisson. » anc. fr., SALVERDA DE GRAVE, *Eneas,* 1891, p. 256. — « Tirer le serpent du buisson par la main d'autrui. » COTGR., 1650.

« La fam faï sourti la serp doou bouïssoun. » Provence, *Arman. prouvenç.,* 1887, p. 65.

« Estant poursuivi de quelqu'un qui le vueille tuer, le serpent expose franchement tout son corps aux coups pour sauver sa teste, ne taschant que de la mettre à couvert. » J. P. CAMUS, *Traité du chef de l'église,* 1630, p. 385.

« Le serpent s'accrochant de la dent tire apres tout son corps par replis. » J. P. CAMUS, *Homél. fest.,* 1625, p. 448.

« Si vous crevez ou arrachez les yeux au serpent, comme aux petits des hirondes, ils ne laissent de revenir. » J. P. CAMUS, *Homél. fest.,* 1625, p. 450.

« La plus-part des serpents ont la veue basse. » J. P. CAMUS, *Homél. fest.,* 1625, p. 449.

« Le serpent, au printemps, cherche le fenouil pour rendre

veue à ses yeux. » A. DE GADOU, *Livre des paysages*, 1573.

« Lou témps és clar coumé un uéy' dé serp. » Provence, MISTR.

« Le serpent fuit la musique qui le fait crever. » J. P. CAMUS, *Homél. fest.*, 1625, p. 462. — « Il se bouche l'ouye de peur d'entendre la musique qui l'endort. » J. P. CAMUS, *Hom. fest.*, 1625, p. 449.

« Venenum aspidum sub labiis eorum. » *L'ombre de Necrophore*, 1622, p. 3.

« Aiguisez votre aspic sur sa queue. » *L'ombre de Necrophore*, 1622, p. 18.

« Qui prendroit le plus perilleux serpent qui soit au monde et le mettroit en ung vaissel, qui ne seroit pas de verre, quinze jours, et luy donneroit à manger pain ou chair ou aultre chose qui point ne fust terre, il perdroit son venin et ne pourroit dommager nully si de la terre puis apres ne mangeoit. » SIDRAC, *Demandes*, 1531, chap. CCIX.

« Pour bien tremper l'acier, il faut mettre dans l'eau servant à l'opération, toutes sortes de *venins*, crapauds, grenouilles, vipères, couleuvres. » M.-et-L., *Rev. d. tr. p.*, 1907, p. 87.

« Si on veut *donner du coupant* à la faux, il faut en l'aiguisant se servir d'eau dans laquelle on a fait infuser une tête de serpent. » Clerval (Doubs), r. p.

« La corne d'un serpent mise sur le sel en presence d'un poison, s'environne de petites gouttes d'eau en forme de rousée. » LA LUCE, *Nouv. deffences contre poisons*.

« Toutes les espèces de serpents ont des pattes qui ne deviennent apparentes que lorsqu'on les met dans le feu. » M.-et-L.

« *Patì coumo las serps* = endurer le mal, souffrir comme les serpents. » Alais, HAON. [Il s'agit sans doute des serpents qui se tordent longtemps après qu'on les a coupés en deux.]

« Mettre un peu de salive sur la langue du serpent ou du lézard le fait crever à l'instant. » Se dit en divers endroits. — « Avant de frapper sur un serpent, crachez d'abord sur le bâton dont vous voulez vous servir en ce but. » Sud-Ouest, Languedoc.

« Les chiens ne redoutent tant l'eau bouillante, les serpents la salive de l'homme à jeun. » A. Fusi, *Le franc archer de l'église*, 1619, p. 101. — Sur la salive humaine dans ses rapports avec les serpents, voyez : Schurigius, *Salivæ humanæ consideratio*, 1723, *passim*. — Sur le serpent enfermé dans un cercle tracé avec de la salive d'un homme à jeun et y crevant, voy. : W. Hertz, *Sage vom Giftmädchen* (dans *Abhandl. d. k. bayer. Akad.*, Cl. I, XX, Bd. 1, p. 105, en note.)

« Lorsqu'on frappe un orvet avec un brin de fougère, on le tue raide. » Loire-Inf., *Mélusine*, I, 555.

« Le serpent fuit le noisetier. » Ineuil (Cher), r. p. — « Une branche de noisetier dont on frappe la tête d'un serpent, le tue infailliblement. » Saint-Martin-du-P. (Nièvre), r. p.

« Le serpent ne peut supporter l'odeur de la rue. » J. Camus, *Homélies festives*, 1625, p. 461.

« Non facile manibus vacuis occiditur anguis. » lat. du m. â., *Altdeutsche Blätter*, 1836, p. 10.

« Et dit que qui vouloit tuer premier le serpent il li devoit escacher (*écraser*) le chief. » XIIIe s., *Mém. de Joinville*, cités par Le Roux de L. — « Il ne faut jamais frapper à la tête, les serpents en meurent; *dicton facétieux dans les luttes d'enfants.* » Limousin, Champeval. — « Il faut que je les frappe sur la teste comme les serpens, autrement ils se tourneront incessamment pour mordre. » *La Contrelesine*, 1618, fct 58, r°.

« *Uno fénno qué mor Sèn avé tuà dé sèr Mérita l'énfér* = Une femme qui meurt sans avoir tué (pendant sa vie) de serpents mérite l'enfer. » Corrèze, GORSE, p. 181.

« Il y a trois ans d'indulgences pour celui qui tue un serpent. » Naintré (Vienne), r. p.

« La morsure du serpent qui est à jeun, faite sur l'homme qui n'a mangé de ce jour, est dix fois plus dommageable que celle qui arrive apres le repas de l'un ou de tous deux. » FUSI, *Mastigophore*, 1609, p. 137.

« La terre ne veut jamais plus voir le serpent dans son sein apres qu'il a mordu ou piqué quelque homme. » FUSI, *Mastigophore*, 1609, p. 203.

« Imiter les serpents qui, ayant la teste brisée, menacent encore de la queue. » ALLARD, 1605, f^{et} 225, v°. — « Si vous coupez un serpent en deux, prenez garde, il peut aussi bien vous piquer par la queue que par la tête. » Luzy (Nièvre), r. p.

« Il sautait comme un serpent coupé par morceaux. » A. PONROY, *Le vieux poète*, 1847, II, 95.

« La vibra can ve home nut, ela non l'auza regardar de paor; e cant lo ve vestit no-l preza e sauta li dessus. » anc. prov., BARTSCH, *Provenz. Leseb.*, 1855, p. 163. — « Le serpent craint l'homme nud et assaut le vestu. » J. P. CAMUS, *Homélies festives*, 1625, p. 462. — Sur le serpent fuyant l'homme complètement nu, voyez : *Zeitsch. f. roman. Philol.*, 1888, p. 59 et p. 83; *Archiv f. Kunde œsterreich. Geschichtsquellen*, 1850, p. 566 ; CAHIER et MARTIN, *Mélanges d'archéologie*, II, 144.

« Il ne faut pas porter de vêtement couleur de serpent, les serpents se jetteraient sur l'imprudent qui le ferait. » Naintré, (Vienne), r. p.

« *Emmascarié lis serps* ou *éndourmirié lis serps* = c'est un charmeur, un beau diseur. » Provence, MISTR.

« Avec le bouillon du mardi gras on asperge l'étable en disant : *sarpan, sarpan, Va-t-en, Voiqui le bouillon de quarmentran*. Cette cérémonie a pour but d'éloigner les serpents de l'étable. » Nièvre, CHAMB., p. 139.

« Il faut cacher sa quenouille la veille de Noël, si l'on ne veut pas voir de serpents pendant l'année. » Suisse rom.

« On met en fuite les serpents qui tettent les vaches, en lâchant un coq blanc dans les pâturages. » Doubs, J. B. MUNIER, *Les fromageries*, 1858.

« Formule contre la piqûre du serpent : *Notre aide soit au nom de Dieu qui a fait le ciel et la terre..... mauvaise grape, vermine, aneuil* (orvet), *grapaou*, en un mot toutes les bêtes vrimeuses et venimeuses.... » Poitou, TIFFAUD, *Exercice illég. de la médec. en Bas-Poitou*, 1899.

« Celui qui naît le 21 janvier sera à l'abri des morsures du serpent. » Liffré (I.-et-V.), *Rev. d. tr. p.*, 1904, p. 245. — « Une gorgée d'eau bénite avalée le jour de Pâques, à jeun, garantit de la morsure des serpents. » Doubs, ROUSS. — « Tuer le premier papillon aperçu au printemps et le conserver par devers soi, fera qu'on sera à l'abri des morsures de serpent toute l'année. » Naintré (Vienne), r. p. — « Un mai planté dans le fumier, au 1er mai, éloigne les serpents. » Yonne, *Annuaire hist. de l'Y.*, 1864. — « Si une femme voit un serpent, elle n'a qu'à tordre le coin de son tablier, le serpent ne pourra se traîner et elle l'assommera facilement. » Deux-Sèvres, SOUCHÉ, *Prov.*

« On arrête un serpent en le conjurant par ces mots : *Adjuro te per eum qui creavit te, ut maneas ; quod si nolueris, maledico maledictione qua Dominus Deus te exterminavit.* » THIERS, *Traité des superst.*, 1697, I, 477. — « Pour arrêter un serpent, dites-lui, jetant un morceau de papier : *arrête, belle, voilà un gage.* » *Grimoire du pape Honorius*, sans date. — « Une femme rencontrant un serpent n'aura rien à craindre si elle lui dit, tout en saisissant le coin de son tablier : *je t'endors, ma belle demoiselle !* » Deux-Sèvres, *Rev. d. tr. p.*, 1906, p. 196. — « Quand on rencontre un serpent, on lui dit pour le rendre inoffensif, tout en lui jetant un morceau de drap rouge : *abrin, dabrin, débridez-moi, bridez la serpent.* » Clerval (Doubs), r. p. — « Formule pour se préserver des serpents : *Et prumè dio de mars Touto cuco que llevo et cap, Era serp mes que cap. Serps, serpatous, noum pousquets picà, Autant que moun coude baisà* = le 1er mars tout reptile redresse la tête et le serpent plus que les autres. Serpents, serpenteaux, puissiez-vous ne pas plus me mordre que je ne peux baiser mon coude. » Luchon (H.-Gar.), *Bull. de la soc. ariég. des sciences*, 1896, p. 425.

« Quand quelqu'un est mordu par un serpent, on commence par cautériser la plaie au moyen d'un tison rouge que l'on passe dessus par trois fois. Malheur si le tison s'éteint pendant l'opération ! Ensuite, l'opérateur prend le membre blessé sous sa main droite et passe sur la plaie la paume de sa main gauche ; il répète cet acte en changeant de main, fait un signe de croix sur le membre malade et se signe lui-même en soufflant trois fois sur la plaie, disant : *mon Dieu, ayez pitié de cet homme qui vient de se brûler, faites-le guérir.* Il recommence trois fois toute la cérémonie et il termine en disant ; *ayez pitié de cet homme que le démon a piqué.* » Naintré (Vienne), r. p.

« On désigne sous le nom d'*angoulouses* les piqûres des serpents et les serpents eux-mêmes. Pour obtenir la guérison des *angoulouses*, il faut réciter les paroles suivantes : *Le pouvoir de guérir les piqûres de l'angoulouse fut donné à Saint-Simon par Jésus-Christ, un jour que Saint-Simon avait passé trois jours et trois nuits sans rien tuer ni trouver qu'une angoulouse qui angoulousa tous ses chiens. Saint-Simon, guéris-nous de la morsure de l'angoulouse, in nomine patris, etc.* — Tout en faisant cette prière, on frotte la plaie avec un morceau de bois rond. L'enflure s'aplatit immédiatement. — Voici une variante plus complète de la prière : *Saint Hubert et Saint Simon s'en vont à la chasse par les rues et par les champs. Saint Hubert dit à Saint Simon : nous avons bien chassé trois jours et trois nuits sans rien tuer ni trouver qu'une couleuvre et un* verpi (*vipère*) *qui a mordu nos chiens et nos lévriers et ils en sont restés sur la place. Jésus-Christ dit à Saint Hubert et à Saint Simon : allez-vous-en, vous prendrez des feuilles de ronce traînante et des feuilles de* rendlit (?) *avec de la graisse de porcelain et de porcelette ; vous en frotterez la plaie du haut en bas et en descendant ; le venin en sortira. Nos chiens et nos levriers en reviendront et la couleuvre et le verpi en périront.* Puis on souffle trois fois sur la plaie en disant : au nom du Père. » Nièvre, *Mém. de la soc. acad. du Nivernais*, 1887, p. 149.

« Saint Simon s'en va à la chasse; A chassé trois jours et trois nuits. N'a trouvé qu'une mauvaise couleuvre Qui l'a mordu lui et ses chiens. Simon fit un cri ; Dieu l'entendit : Simon, qu'as-tu donc? — Seigneur, voilà trois jours et trois nuits que je chasse, Je n'ai trouvé qu'une mauvaise couleuvre Qui m'a mordu moi et mes chiens. — Simon, prends de la graisse de porc Et tu t'en graisseras neuf fois, Et tu prendras neuf feuilles de ronce Avec lesquelles tu t'essuieras, » Ain, GABR. VICAIRE, *La poés. popul.*, 1902, p. 160.

Contre la morsure des vipères : « St Simon et N.-S. étant à la chasse, N.-S. dit à St Simon : Simon, passez de l'autre côté, il y a du gibier. St Simon passe et revient tout effrayé. — Simon, qu'avez-vous rencontré? Hélas ! seigneur, un blessé, peut-être est-il mort, il est comme un tonneau gros. N.-S. lui dit : non, il vit encore, sa blessure ne sera pas mortelle, retournez-y, prenez du saindoux et de la feuille de ronce, vous l'en frotterez de haut en bas; en mon nom sa blessure guérira. — St Simon y courut aussitôt, prit du saindoux et des feuilles de ronce, qu'il employa par cinq ; il les passait auparavant dans le saindoux ; à chaque fois il passait la croix sur la morsure, passait au devant de l'enflure, ramenait du côté de la morsure, disant : enflure, retire-toi, et, toi, vipère, tu crèveras; au nom de Jésus je te conjure ta morsure et ton venin. Il avait donc employé cent feuilles de ronce qu'il n'avait eu aucun résultat. Il en emploie encore une en répétant toujours de même. Aussitôt le blessé se réveille et dit : Merci, mon brave ami, vous m'avez sauvé la vie. St Simon lui répond : merci, ce n'est pas moi, c'est le Seigneur. Une fois terminé, on met les cent et une feuilles de ronce en terre. » Couavoux, *Prières et conjurat.*, s. d., p. 4.

« *Il faut dire trois fois sur la personne tenant un verre d'eau à la main :* O Notre Sauveur et Rédempteur J.-C. qui envoyant prêcher votre Saint-Évangile par vos apostres et disciples, leur donnant à eux et à leurs successeurs qui feront confession de votre saint Nom, puissance sur les démons et de guérir toutes sortes de maladies, et qui avez, à la supplication de Saint Patrice, l'un des confesseurs de votre saint Nom, exempté la province d'Irlande ou Hibernie, de l'habitation et infection de toutes bêtes venimeuses et donné santé à plusieurs personnes, qui auraient été mordues et blessées de serpents, vipères, loups, chiens enragés et autres animaux venimeux, plaise à vous, par les prières et mérites dudit Saint Patrice, d'envoyer santé et guérison à votre serv. N. qui a été mordu par N. et que la morsure ou blessure ne lui puisse non plus faire de mal que la blessure du vipere à Saint Paul prédicateur de votre saint évangile en l'Isle de Malte, lorsqu'il étoit mené à Rome pour la confession de votre saint Nom et par les mérites de votre mort et passion..... (Le patient alors boit toute l'eau du verre dans laquelle est une dent fossile ou glossopètre.) » Beaujolais, *Journal œconomique d'octobre 1757*, p. 97.

Voir d'autres formules contre les serpents dans *Rev. de trad. p.*, 1903, p. 299, et 1904, p. 491 et *Archives suisses de tradit. pop.*, 1908, p. 109.

Sur saint Amable, qui commande aux serpents et guérit les gens piqués par eux, voir : BAYLE, *Dict. hist.*. 1734, I, 253; FAYDIT, *Vie de saint Amable*, 1877, 215-236.

Le *mégeyeur* (médecin-sorcier) trace sur la morsure faite par une vipère, une croix de la main gauche et récite une prière à saint Amable (1), puis prononce gravement les paroles du psaume : *super aspidem et basilicum ambulabis, conculcabis leonem et draconem.* » Anjou, A. DE SOLAND, *Études sur les Ophidieus*, p. 32.

« En Italie il y a des personnes qui se disent de la race de Saint-Paul; ils portent, empreinte en leur corps, la figure d'un serpent; ils manient les serpents sans danger. » A. DULAURENS, *Œuvres*, 1621, 3e partie, p. 8.

« Durand nous dit, dans son *Rational de l'office divin*, qu'on avait coutume, la veille de la Saint-Jean, de brûler des os d'animaux pour que la fumée de ce feu pût éloigner les dragons qui volaient dans l'air et qui auraient pu, dans ce temps où les chaleurs sont grandes, infecter par leur sperme les puits et les fontaines. Le Docteur Beleth, plus ancien que lui, dit la même chose. Voici ses termes : *sed quando in aere ad libidinem concitantur......... sæpe ipsum sperma vel in puteos, vel in aquas*

(1) Le regard de saint Amable, dit la légende, suffit pour guérir toute morsure de serpent

fluviales ejiciunt; ex quo lethalis sequitur annus. Adversus hœc ergò hujus modi inventum remedium, ut videlicet rogus ex ossibus construeretur, et ita fumus hujus modi animalia fugaret. » DOM GRENIER, *Hist. de Picardie*, 1856, p. 395.

Les dictons suivants indiquent les degrés de nocuité que le vulgaire attribue à chaque espèce de reptile :

« Si lou bourgné ti mordis Y o pas dé rémédis, Sauf dé coupà lou bouci (*morceau*). » La Malène (Loz.), r. p. — Piqué par un lanvô La pelle et la pioche pour le crô (*trou*). » Saint-Martin-du-P. (Niév.), r. p. — « Mordu par l'anvô Conduit au tombeau. » Sully (Loiret), r. p. — « L'anvô meune au trô. » Aube, BAUD. — « Au lanviô Le crô. » Niév., CHAMB. — « Anviô, Le crô. » C.-d'Or, JOIGN.

« Si l'orghéü Aviè des oéüx Et la chiura (*chèvre*) dints dessus, Tot le mondo sarit perdu. » Dauphiné, PILOT, *Proverbes dauph.*, s. d., p. 29.

« Serpent, ruban; Danvin, rasoir; Vipère, cimetière; c'est-à-dire qu'on enlève la morsure de l'orvet en enlevant la partie mordue avec un rasoir; celle du serpent en l'entourant d'un ruban; pour la vipère il n'y a rien à faire, il n'y a que la mort, le cimetière. » Bournois (Doubs), ROUSS.; Clerval, Cubry (Doubs), r. p. — « Serpent, ruban; Anvoi, la croix (1); Vipère, cimetière; Scorpion, pas de guérison. » Fr.-Comté, *Mélusine*, I, 370. — « La sarpan, le rueban; Lou lhisor, lou gouyor (*la serpette*); La trata, la polla (*la pelle pour la fosse*). » Saint-Maurice de l'Ex. (Isère), *Rev. d. l. rom.*, 1897, p. 42. » — « Après l'aspic et l'escorpion La pieuche et le pieuchon. » La Puysaie (Yonne), JOSSIER. — « Après le tac Le drap. » Berry, LAISNEL DE LA S.

(1) Il suffit de faire une croix dessus.

« Si l'anvô voyait, Si la vipère entendait, Un homme ne vivrait. » Aube, L. MORIN.

« Si le borgne voyait, Si le sourd entendait, L'monde bientôt finirait. » Centre, JAUB. — « Si le nieul voyait Et le sourd entendisse, O n'y auroit homme qui se sauvisse. » Char.-Inf., JÔN. — « Si l'anveu voyait, La fin du monde arriverait. » Vendômois, MART. — « Si l'anveu voyait clair Il n'y aurait plus personne sur terre. » Blaisois, THIBAULT. — « Sé lou nadièl y vésiè, Sé la vipèro y énténdiè, Davalarieou soun cavaliè. » cévenol, D'HOMBRES. — « *L'areû, chë vëjò clhar Fàyò davalà quatre ômes dë tsava* = l'orvet, s'il voyait clair ferait tomber quatre hommes de cheval. » Besse (P.-de-D.), r. p. — « Sé l'arguéy Avié d'uéy Et lou serpent dé cambo, Dévalarién lou premié chivalié de Françо. » Provence, MISTRAL.

« Si anvin vëyè, Si sourd ëyè, Si bœuf connaissait sa force, Pas homme au monde ne vivrait. » Mayenne, DOTT. — « Si le langon avait des yeux, Si la rouâche (*tique, pou de bois*), avait un cul Tout le monde serait perdu. » Charost (Cher), COUD. — « Sé l'adèr Avio l'ér (œil) Et lou serpèn Lo dèn, N'y aourio pu d'homme vivèn. » Bas-Limousin, CHAMP. — « Si l'adeu avait des yeux Et le serpent des dents, y n'y aurait ni bêtes ni gens. » Berry, Tissier, *Suppl.*

« Si le loup sentait, Si l'anis voyait, Si la chèvre avait des dents dessus Tout le monde serait perdu. » Isère, LAURENT, *L'avocat de l'Isère*, 1873, p. 116.

« Er pentefėw pe welehè, Er zors pe glawehè, Dèn er béd nè badehè = *L'orvet s'il voyait, la salamandre si elle entendait, Personne au monde ne durerait.* » Guéméné-s.-Sc. (Morbihan), c. p. M. J. LOTH. — Cf. SAUVÉ, *Proverbes*, n° 924.

« Un serpent peut téter une nourrice endormie et lui sucer

tout son lait sans la réveiller. » Marseille, GELU, *Œuvres*, II, 332.

« On a vu un serpent qui s'était introduit dans l'estomac d'un enfant ayant bu du lait. On l'en retira; mais en sortant il a arraché avec lui le foie de l'enfant qui en est mort. » Clerval (Doubs, r. p.

« Le goût des serpents pour le lait est si vif, dit-on, qu'ils en boivent, lorsqu'ils le peuvent, au point d'en devenir ivres. D'un autre côté, on assure dans nos campagnes que loin de repousser ces odieux nourrissons les vaches les accueillent sans difficulté, les recherchent même parfois avec ardeur. Lorsqu'elles ont beaucoup de lait et ont déjà été tétées par eux, ces pauvres bêtes les appellent en mugissant comme elles le feraient pour leurs veaux. » Nièvre, CHAMBURE.

Un fait certain, c'est l'amour des couleuvres pour le lait. Il est possible qu'elles cherchent à boire le lait resté au bout du pis des vaches, mais il n'est pas croyable qu'elles puissent les téter véritablement.

« Nou t'amourrés is valats, qué poudriès avalà 'no serp = *ne bois pas à même le ruisseau......* » *Armana prouv.*, 1890, p. 92.

« Les cheveux des femmes deviennent des serpents. » DANT, *Mépris des cheveux*, 1621. — « Fourez ces cheveux, que vous idolatrez, dans un chaud fumier et, deux ou trois mois après, vous y trouverez autant de petits serpents, avec des becs jaunes, fourmillant l'un dans l'autre, que vous y aurez mis de poils. » L. DE BOUVIGNES, *Miroir des mondaines*, 1675, p. 39. — « Les cheveux et les crins se changent en serpents quand on les abandonne en plein air. » Deux-Sèvres, SOUCHÉ, *Croy.* — « Un cheveu de femme mis sous une pierre dans l'eau se change en serpent. » Nièvre, r. p. — « Un poil de bœuf mis dans l'eau, se remue dans les vingt-quatre heures et devient une couleuvre. » Castelnaudary, c. p. feu AUG. FOURÈS.

« Certain cheveu du diable devint un jour un dragon volant. » P. GRAS, *Evang. des quen. foréz.*, 1865, p. 34.

« Le vin se tournera en l'année quand en temps de vendange, on trouvera un serpent entortillé en la vigne. » OLIV. DE SERRES, 1600, p. 42.

« Il ne faut pas dire en parlant d'un serpent qu'il est gros comme la jambe, le bras, etc., parce que le serpent vous entendrait et ne manquerait pas de venir se mesurer au membre auquel il a été comparé. » Deux-Sèvres, L. DESAIVRE, *Croy.* — « On ne doit pas dire d'un serpent qu'il est gros comme le bras, parce que votre bras se transformerait en serpent. Il faut dire : *gros coumé lou bras d'un judiéou.* » Provence, MISTR., II, 167.

« Il faut dire d'un serpent qu'il est gros comme un arbre ou autre objet naturel, mais non comme un membre de l'homme. » H. Bret., c. p. M. E. ERNAULT.

« Il faut cacher sa quenouille la veille de Noël, si l'on ne veut pas voir de serpents pendant l'année. » Haute-Gruyère (Suisse), *Arch. suisses des trad. p.*, 1908, p. 119.

« Qnand un serpent grimpe sur un arbre, c'est signe qu'il mordra quelqu'un dans les deux jours. » Naintré (Vienne), r. p.

« Si le premier serpent qu'on voit au printemps est mort, c'est signe que l'on n'en verra pas de vivant le reste de l'année. » Deux-Sèvres, SOUCHÉ, Prov. — « Tuer un serpent dans une maison qu'il habite d'ordinaire, anéantit la fortune de la maison. » BELLEFOREST, *Cosmogr.*, 1575, II, col. 1641.

« Quand on meurt par suite de la morsure d'un serpent on ne va pas au ciel. » Naintré (Vienne), r. p. — « Si, dans un cimetière, on trouve un serpent sur une tombe, c'est signe que celui qui est enfermé dans cette tombe n'est pas avec Dieu. » Naintré (Vienne), r. p.

« Qui en soinge voit serpens, c'est signe de veoir ses anemis, et qui soinge qu'il tue serpens ou batte, c'est signe qu'il sourmontera et sera maistre de ses annemis. » J. CAMUS, *Songes au moyen âge*, 1895. — « Songer qu'on bataille contre serpents et couleuvres signifie *vaincre ses ennemis.* » *Récréat. galantes*, 1671, p. 231. — « Voir en songe plusieurs serpens signifie *déception de femme.* » *Récréat. gal.*, 1671, p. 231. — « Tel voit en dormant le serpent Qui n'en doit doubter l'adventure. » XVe s.; *Œuvres d'Alexis*, éd. Piaget, I, 98. — « Rêver serpent c'est signe de trahison ou de perte d'argent. » Naintré (Vienne), r. p. — « Rêver qn'on écrase une vipère est signe que vos ennemis seront vaincus ou que des ennemis travaillent à votre perte. » Vendée, *Rev. d. trad. p.*, 1902, p. 286. — « Rêver aux serpents est signe qu'on a des ennemis qui veulent vous nuire. » Deux-Sèvres, SOUCHÉ.

« L'aspic a un *A* sur la tête, la vipère un *V*, la couleuvre un *C.* » Eure-et-L., CHAPISEAU, I, 285. — « La vipère a un V sur la tête. » Normandie, Bourgogne.

« Vous vous damnez comme une sarpe. » RABELAIS, *Pantagr.*, 1533, ch. XII. — « Damnez comme vieilles serpes. » SOUSNOR, *Dial. de trois vigner. du Maine*, 1629, p. 134.

L'enfant à qui un camarade reprend ce qu'il lui a donné, lui dit :

« *Tu as donné, tu reprends, Tu passeras par la main du serpent ;* en disant ces paroles le menaceur fait semblant de se mettre en quête d'un serpent. » Guernesey, r. p.; Marne, c. p. M. E. MAUSSENET. — « *La main du serpent Qui donne et qui reprend, Rien n'est plus à sé De ce qu'on a donné.* » Manche, *Soc. d'archéol. d'Avranches*, 1885. —

« C'est l'enfant du serpent. Qui donne et qui reprend. » Belg. wall., Bourgogne. — « La mère à la serpent qui donne et qui reprend. » Chaussin (Jura), GROSJ. et BR.; Mâcon, *Lexique*, 1903.

« Je ne lui mesdis pas ung mot, encore il se print à moy comme à ung serpent. » PALSGRAVE, 1530.

« Retirez-vous au frere des serpens = *allez au diable.* » RABELAIS.

« *Sarpent de gamin!* = maudit gamin! » Marne, HEUILLARD. « *Sèrpent vert* = injure. » Bordeaux, MISTR.

« La guerre monstre sa queue de serpente. » Gringore, *Œuvres*, I, 36.

« Si un serpent peut arriver à s'enrouler autour de votre jambe, il avale sa queue et forme ainsi un lien sans bout qui serre toujours de plus en plus, jusqu'à ce qu'il ait brisé ce membre. » Deux-Sèvres, SOUCHÉ, *Prov.*

« Un serpent qui poursuit un homme dans les champs saute sept sillons d'un coup. Quand on est pourchassé par un serpent il faut suivre les sillons en long et ne pas chercher à couper à travers. » Poitou, L. DESAIVRE, *Croy.*, 1881.

« L'aigle et le serpent vivent plus que chose qui soit; l'aigle volle en hault et l'air et le vent le refroide et le tient freschement et pour ceste raison il doibt plus vivre. Le serpent demeure tousjours soubz terre et soubz les pierres et boyt la froydure de la terre et est tousjours frais et nouveau et pour tant il vit encore plus que l'aigle. Le serpent vit plus de mille ans et chascun cent ans luy naist une goutte en la teste du grand d'une lentille au plus et quand il a accomply mille ans, il devient un fier dragon. » SIDRAC, *Demandes*, 1531, chap. CI.

« Quand un serpent peut se soustraire sept ans à la vue de l'homme, il lui pousse des ailes. » Deux-Sèvres, DESAIVRE, *Croy.* — « Quand un serpent a sept ans, sans avoir été vu de personne, il lui pousse des ailes et le jour même il va se rendre à la tour de Babylone. Cette tour est remplie d'animaux de toute espèce ; l'on ne peut l'approcher que de sept lieues tant ces animaux sont méchants. » Sologne, LÉGIER (dans *Mém. de l'Académie celtique*, 1807, p. 204). — « Quand une couleuvre est arrivée à l'âge de sept ans sans avoir été vue par quelqu'un, elle grossit énormément, prend quatre ailes, sa queue devient brillante comme une comète et elle se promène pendant la nuit. » env. d'Orthez, c. p. M. L. BATCAVE.

« Tous les ans, au 13 mai, toutes les espèces de serpents se réunissent en un seul monceau. Chacun dégage une liqueur brillante qu'il a sous la langue. Les deux plus habiles reçoivent cette liqueur qui se durcit et ils la pétrissent, et puis chaque animal se traîne dessus pour polir cette pierre par le frottement du corps. C'est alors un diamant que les serpents jettent dans l'eau, afin de le soustraire à la convoitise du geai, qui, s'il le trouve, s'en sert pour nuancer les couleurs de ses ailes. » Sologne, LÉGIER (dans *Mém. de l'Académ. celt.*, 1807, p. 215). — « La *vouivre* porte un diamant au cou; on ne peut s'en emparer qu'au moment des foins. On prépare neuf cuchons de foin que l'on met l'un sur l'autre et l'on guette le moment où la vouivre s'éloigne pour boire. Pour cela, elle est obligée de déposer son diamant. Si l'on peut s'en emparer et arriver sous les cuchons avant d'être atteint par l'animal, on est sûr d'avoir fortune faite. Quant à la vouivre, elle dévore huit des cuchons et meurt aussitôt. » GUILLON, *Chants pop. de l'Ain*, 1883, p. XXV.

« On donne le nom d'*œuf codrille*, à un œuf qu'on croit pondu par un coq. Il est rond et gros comme un œuf de pigeon ; il n'a que du blanc et point de jaune. Cet œuf contient un serpent; il n'éclôt que par la chaleur du soleil ou du fumier. Le serpent éclos se cache dans une fente de muraille. Toutes les personnes qu'il voit le premier meurent : s'il est vu au contraire le premier, il meurt lui-même. Il y a quinze ans, on fit brûler des ossements humains déposés dans le cimetière d'Ardon, parce que, dit-on, ils recélaient un *codrille*, et que tous les habitants, en allant à l'église, mouraient. » Sologne, LÉGIER (dans *Mém. de l'acad. celt.*, t. X (1808), p. 95).

« On appelle *cocadrille* un serpent né d'un œuf de coq. Tant que la cocadrille n'est pas sortie de l'œuf, elle y vit sous la forme d'un serpent très délié, mais fort long (1). Si vous avez l'imprudence de casser cet œuf pour en connaître le contenu, et que le serpent qu'il renferme vienne à vous apercevoir avant que vous le voyiez, vous tombez aussitôt raide mort; si le contraire arrive, c'est la mort du reptile qui est instantanée. Mais la subtilité de son regard est telle qu'il y a toujours folie à tenter cette expérience. La cocadrille n'acquiert tout son développement qu'au bout de sept années. Au sortir de l'œuf, ce n'est toujours qu'un serpent dont le regard a conservé sa propriété homicide. Un peu plus tard, il lui vient des pattes, ce qui accroît encore son funeste pouvoir, à tel point, qu'il lui suffit alors de passer sous le ventre d'un bœuf pour l'éreinter. » Berry, LAISNEL DE LA SALLE, I, 198.

« Un homme né le 15 janvier peut tuer un serpent par la puissance de son regard. » H. Bretagne, SÉBILLOT (dans *Archivio. d. trad. pop.*, 1888, p. 225).

« Le *basilic* vient d'un œuf éclos dans le fumier. Si on le voit le premier, il meurt aussitôt; mais si c'est lui qui vous

(1) L'œuf de coq ou œuf manqué conserve toujours sa chalaze, espèce de filament que le vulgaire prend pour un serpent.

voit le premier, il vous tue par son regard. Si vous aviez un coq auprès de vous, vous seriez sauvé. On dit quand on se trouve dans une position périlleuse : *n'avi pas jaï!* = je n'ai pas de coq ! » env. d'Ambert (P.-de-D.), GRIVEL, *Chroniques de Livradois*, 1852, p. 51.

« Li cos basiles ocist les gens de son regart. » DU CANGE, VII, 57. — « Il me lança, par dessus ses bésicles, un regard, misère de moi !... le regard d'un basilic, au fond de son puits. » A. MULÉ, *Maison de Fourcat*, 1900, p. 55.

« *Co'l basilesc qu'ab joi s'anet aucir Puant el miral se remirel e s'vi* = comme le basilic qui avec joie alla s'occire, quand il se mira et se vit dans un miroir. » anc. provenç., RAYNOUARD.

» Les femmes ont visage d'ange, teste de diable et *œil de basilic.* » JOUBERT, 1600.

« Serpens, ni serpentem edat, draco non fiet. » *L'ombre de Necrophore*, 1622, p. 2. — « Si le serpent serpens ne mange Il ne devient jamais dragon. » XVIe s., BAÏF, éd. Blanch., 1880, II, 215. — « *La serpen et le dragon Mettront Grenoble en savon* = Le serpent et le dragon, c.-à-d. l'Isère et le Drac, mettront (un jour) Grenoble en savon (*sable, sablon* ?). » Dauphiné, BLANC LA GOUTTE, *Grenoblo malhérou*, éd. 1864, dans les notes de la fin.

« Il n'y a pas encore longtemps, l'usage était, à Amiens, de faire porter aux processions de Saint-Marc, des Rogations, de l'Ascension, un dragon monstrueux appelé *Papoire.* » DOM GRENIER, *Hist. de Picardie*, 1856, p. 386.

« Les plus vieux serpents vont à Rome pour faire le Saint-Chrême. Ils sortent des vieux chênes et s'envolent vers Rome. On les entend quelquefois se plaindre d'avoir à entreprendre un si long voyage. » env. d'Ambert (P.-de-D.), GRIVEL, *Chroniques du Livradois*.

« Un paysan sauve un serpent du feu; pour récompense, l'animal s'entortille autour de son cou et veut l'étrangler.

Étonné, l'homme lui demande la raison de cette ingratitude. « C'est, dit le serpent, pour faire comme tout le monde, je rends le mal pour le bien. » « Eh! bien, soit! mais auparavant demandons leur avis à trois personnes que nous rencontrerons. » Chose convenue. Ils rencontrent d'abord la fontaine qui dit fournir sa belle eau claire à l'homme qui, en revanche, la remplit d'ordures. Puis, c'est un figuier qui donne de si bons fruits, pour qu'après on lui taille toutes ses branches. Enfin passe un renard. Consulté, il demande à voir comment les choses se sont passées. Le serpent, pour lui faire voir, desserre le col de l'homme et descend à terre. « Eh! bien! dit l'homme, que décides-tu? » « Imbécile, répond le renard, ton ennemi est à terre et tu me demandes conseil, écrase-lui la tête. » Résumé d'un conte marseillais publ. dans *Armana marsihés*, 1894.

« Souvent, dist li serpens, avient Que de bien faire grand mal vient. » XIIIe s., *Castoiement d'un père à son fils*, conte IV, cité par LEROUX DE L.

Sur le conte du serpent réchauffé qui tue son bienfaiteur, voyez : L. HERVIEUX, *Fabulistes latins*, passim; LECOY DE LA MARCHE, *Et. de Bourbon*, 1877, p. 195; GUILLAUME, 1822, p. 28.

Un berger laisse un serpent s'enrouler autour de sa houlette et le sauve ainsi du feu qui a pris dans le bois. Pour récompense, le serpent apprend au berger le langage des oiseaux. Voir *Wallonia*, 1896, p. 115.

« Formicæ elegerunt sibi lignum in regem, et minxerunt super illud, et elegerunt serpentem et devoravit illas. » HERVIEUX, *Fabul. lat.*

« Comme les *ciroulanos* (espèce de serpents), il n'ouvrait la bouche que pour mordre. » Lectoure, DURRIEUX, *Belh.*, 1832, p. 130.

« On dict que la foudre qui tombe sur le serpent, au lieu de le tuer, ne faict que luy oster le venin. » J.-P. CAMUS, *Relat. morales*, 1631, p. 257.

« En sarpent ne puet on donner venin, car trop en i a. » XIIIe s., LEROUX DE L. — « Les serpents convertissent toute leur nourriture en poison. » *Harangue du capitaine La Carbonnade*, 1615, p. 7. — « C'est le propre des serpens de convertir toute chose en venin. » DESLAURIERS, *Nouv. imagin. de Bruscambille*, 1615, p. 30. — « Les serpents, par la malignité de leur nature, convertissent les plus douces fleurs en venin. » *L'ombre de Necrophore*, 1622, p. 58. — « La vipère vomit en hyver tout son venin. » J.-P. CAMUS, *Homélies festives*, 1625, p. 451. — — « Le serpent vomit sitost qu'il sent s'approcher l'eau d'où il veut boire, afin de jeter son venin qui le pourrait infecter. » A. DE GADOU, *Livre des paysages*, 1573.

« La vipere vomit son venin jouxte le rivage d'un fleuve, se lave, se frotte à des pierres et se seiche au soleil quand elle veut se joindre à la murene; mais après elle retourne ravaller son vomissement. » J.-P. CAMUS, *Homélies festives*, 1625, p. 451. — « N'ayez pas comme serpens vomy vostre venin, pour pires apres le r'engorger. » J.-P. CAMUS, *Homélies quadrag.*, 1615, p. 417. — « Estant affamé et ne trouvant aucune pasture le serpent se remplit de terre qu'apres il revomit quand il a rencontré quelque proie. » J. CAMUS, *Homélies festives*, 1625, p. 447.

Sur le serpent déposant son venin avant d'aller boire, voyez : *Zeitsch. f. rom. Philol.*, 1888, p. 59 et p. 83 ; *Arch. f. Kunde oesterreich. Geschichts-Quelle*, 1850, p. 566.

« A l'île Maudès, débris d'une chapelle dédiée au saint du même nom, la tradition populaire rapporte qu'on ne trouve dans cette dernière île ni couleuvres, ni salamandres, ni crapauds, et qu'un peu de terre de ce lieu jetée sur un de ces reptiles suffit pour le faire mourir. Cela vient, nous dit encore la tradition, de ce que saint

Maudès ayant été dévoré par des reptiles de toute sorte, il demanda à Dieu, comme grâce spéciale, que la terre qui renfermerait ses restes mortels possédât cette vertu et ce privilège. » LUZEL, dans *Revue de Bretagne*, 1893, p. 346. — « L'Angleterre n'a point de loups et les serpents ne sçauroient vivre sur la terre d'Irlande, quelque part mesme qu'elle soit transportée. » *Aventures de Jacques Sadeur*, 1692, p. 231.

Jeux. — « *Le jeu de la serpent* = espèce de jeu enfantin. » Lausanne, *Arch. suisses d. tr. p.*, 1906, p. 120. — « *Serp dis améndos* = esp. de jeu enfantin. » Provence, MISTR. — *Slinge-slange* = jeu enf. » Flandre, DE COCK, *Kinderspel*, I, 268.

Devinette. — « Qui est-ce qui s'escorche soy-mesme, n'en meurt point pour cela et chemine sans avoir pied. — *Le serpent.* » *Questions énigmatiques*, 1574, p. 14.

Symbolique :

« Une image représentant un serpent quittant sa peau entre deux pierres est accompagnée de ces mots : Je serai plus beau Quittant ma vieille peau. » LA FEUILLE, *Devises*, 1693. — « Même image avec ces mots : *Spoliato lux major.* » LE NOBLE, *Travaux d'Hercule*, 14e partie, 1694, p. 25.

« Un enfant dévoré par un serpent est un symbole, qui a passé dans les armes de la maison des Visconti, et par eux, dans celles de la maison d'Autriche, se trouve presque toujours sur les vieux monuments du Temple ; ne représenterait-il pas l'âme du chrétien attaquée par le *dragon* que les Templiers combattaient en Asie ? » *Mém. de la soc. arch. de l'Orléanais*, IV (1858), p. 220.

Au moyen-âge on a figuré les péchés et les vices sous différentes formes, la représentation des péchés capitaux a principalement exercé la verve des sculpteurs. La luxure est représentée par une femme nue dont les seins sont déchirés par des serpens enlacés autour des cuisses.

Pour le serpent dans la symbolique, voyez : MENESTRIER, *Philosoph. imag.*, 1695, 816-821.

Le serpent couronné était autrefois la marque de certain papier. » *Mém. de l'acad. des sciences de Toulouse*, 1903, p. 335.

« Dans les emblèmes de l'alchimie *le serpent vert* figurait la dissolution de la matière. » E. H. LANGLOIS, *Ess. sur les danses des morts*, 1851, I, 125.

Marque d'imprimeurs. « Un ancien imprimeur de Paris, N. Chesneau, avait pour marque : Un serpent qui entortille son corps autour du tronc d'un chêne ; sa queue forme un nœud qui lie cinq flèches ; à côté un vieillard barbu debout, avec ces paroles : *Concordia vi- nescia vinci.* » *Journal de l'amateur de livres*, 1850, p. 160.

« Un imprimeur de Paris, au XVIe s., Michel Sonius, avait pour marque une main d'homme dont le doigt medius était engagé dans la gueule d'un serpent, avec ces paroles : *quis contra nos ?* » *Bull. du bibliophile*, 1848, p. 107.

Temporal, imprimeur à Lyon, en 1558 avait pour enseigne l'image d'un vieillard ailé, sur une roue, tenant d'une main une serpe dentée et de l'autre un serpent menaçant la bouche ouverte.

On trouve, en tête d'une thèse de médecine de 1749, une gravure représentant le serpent d'airain élevé par Moïse dans le désert, avec cet exergue : *noxius reptando, excelsus spes certa salutis.*

Sur les emblèmes et devises, concernant le serpent, en tête des livres de médecine, voyez : A. BENOIST, *Le serpent emblème des médecins* (dans *Revue nouvelle d'Alsace-Lorraine*, Colmar).

Héraldique. — « En blason le serpent est appelé *la givre* ou *le serpent ondoyant.* » J. Boisseau, *Promptuaire armorial*, 1658, 1re partie, p. 21. — Sur le serpent dans l'héraldique, voy. Renesse, II, 3-8, 11-21, 23-25 et III, 123-141.

Bibliographie :

On trouvera encore d'autres renseignements sur les serpents dans les livres suivants :

Brunetto-Latini, *Livres dou tresor*, éd. Chabaille, p. 190-195.

Aldrovandus, *Serpentum et draconum historia*, 1640.

Du Cange, II, 935-937 (pour les différents sens du mot *dragon*.)

Félicie d'Ayzac (dans *Revue archéol.*, 1855, 1re partie, p. 19-23 et 32-34, et dans *Revue de l'art chrétien*, 1864.)

A. Maury, *Croyances du moyen âge*, 1896, p. 216-240.

Die Attribute der Heiligen, Hannover, 1843, in-8 de 244 p., p. 40-43 et p. 154-155. (L'auteur est anonyme.)

Bulletin de la Société d'agricult. de Poitiers, 1838, p. 157-167.

E. Salverte, *Dragons et serpents dans les récits fabuleux*, 1826.

De Reiffenberg, *Chronique de Philippe Mouskes*, 1838, t. II, p. cxlvi-cl.

Porte (J.-B.-F.), *Fêtes de la Tarasque* (dans *Mém. de l'acad. d'Aix*, 1840.)

Bossi (Luigi), *Dei basilischi, dragoni*, etc. Milano, 1791, in-16.

Dorfeuille, *Diss. s. l'existence des dragons*, 1799.

A. de Bastard, *Symbole du basilic* (dans *Bull. du comité de la langue*, IV (1857), p. 776-780.

Cahier et Martin, *Mélang. d'archéolog.*, IV (1856), 185-235.

Cahier, *Caractérist. des saints*, 1867, I, 315-322 et II, 746-752.

Didron, *Annales archéol.*, 1845, p. 63-64.

W. Hertz, *Sage vom Giftmädchen* (dans *Abhandl. d. k. bayer. Akad. d. Wissensch.*, Cl. I, XX, Bd. I, p. 113-115.

Revue des langues romanes, 1883, p. 58.

Mélusine, IV, 142, 257; X, 256.

Monnier et Vingtrinier, *Croyances pop.*, 1874, p. 98-140.

G. Musset, *La Charente-Inf. avant l'histoire*, 1885, p. 123-137.

Clément-Janin, *Trad. pop. de la Côte-d'Or*, 1884, p. 10-17.

A. Floquet, *Hist. du privil. de Saint-Romain*, 1833.

Jubinal, *Danse des morts*, 1841, p. 16-17.

Ch. Schœbel, *Mythe de la femme et du serpent*, 1876.

Bangert, *Tiere im altfr. Epos*, 1885, 220-225 et 231-232.

Allard, *Légende du dragon de Saint-Méen*, 1894.

Goldstaub, *Zwei Beschwörungs-Artikel der Physiologus-Literatur* (dans *Abhandl. z. Feier des Dr A. Tobler*, 1895, 355-389).

Viollet-le-Duc, *Hist. de l'archit.*, 1873, IV, 494. (On y voit une gravure représentant un dragon sans aile, ressemblant à un lézart vert, avec deux pattes.)

Jules de Saint-Genois, *Les dragons au moy. âge* (dans *Messager des sciences historiques de Belg.*, Gand, 1840, I, 58-83.)

Ophiolatria, 1889, in-8°, 103 p., sans lieu ni date.

Bufo (genre) (Laurenti). — **LE CRAPAUD.**

bufo, latin. — *botta*, l. du m. â., Du C. — *bul'ca, rospus, bruscus, crapoldus, crapollus, carpodus*, l. d. m. â., Du C.; Dief.; Wright; etc. — — *spalangus*, l. du m. â., L. Duvau, *Gloss.* (dans *Mém. de la soc. de ling.*, 1889).

rana bufo, nomencl. de Linné.

bufo, f., toulous., Doujat, 1637. — *bouhètt*, m., Landes, Beaurr. — *graissan*, m., *graixant*, m., anc. prov., Rayn. — *grazàn*, m., Gard.

crape, f., Archiac (Char.-Inf.). — *grape*, f., Moncontour (C.-

du-N.). — *grapout*, m., *grappaux*, plur., *crapout*, *crapoud*, *crepault*, *crapot*, *crapoit*, anc. fr., God. — *crapoude*, mascul., fr. du XVIIe s. en Anglet., Skeat. — *grapal*, m., *gropal*, m., *cropal*, m., *grapar*, m., Lozère, Lot, Tarn-et-G., Cantal, Corrèze. — *grapaoutt*, m., *crapaoutt*, m., *carpaoutt*, m., *grapaou*, m., *gropaou*, m., *crapaou*, m., *cropaou*, m., *crapiaou*, m., *grapiâ*, m.. *grapâ*, m., *grapô*, m., *crapiô*, m., *crapieû*, m., *crapò*, m., *crapoû*, m., *crapâ*, m., *crapé*, m., *crèpé*, m., *crapë*, m., *cropò*, m., en div. patois. — *crapèlô* (accent sur *pè*), m., Uzès (Gard), r. p. — *craponô*, m., Senlis (Oise), r. p. — *capulô*, m., Coulombs (S.-et-M.), r. p. — *crapàyass* (= gros crap.), m., Gard. — *rabô*, m., Malmédy (Prusse wall.), Grandg. — *crapô-vèlin*, m., Namur, Pirs. — *v'lin*, m., Calvad. — *tossèk*, m., provenç.

calapaoutt, m., Collioure (Pyr.-Or.), c. p. M. Ed. Edmont. — *graboulhaou*, m., Replonges (Ain), c. p. M. Ed. Edmont. — *grola*, f., La Biolle (Sav.), c. p. M. Ed. Edmont.

sapaou, m., Oloron (B.-P.), c. p. M. L. Batcave. — *sapou*, m., Lescun (B.-P.), Lespy.; Arrens (H.-P.), c. p. M. Camélat; Luchon (H.-G.), c. p. M. B. Sarrieu. — *sabaou*, m., *sobaou*, m., Gard. — *savà*, m., Thénésol (Sav.), r. p. — *sabatas*, m., *sabatà*, m., *sobotà*, m., H.-Alpes, Drôme, H.-Loire. — *grapaou sabatié* (esp. de gros crap.), Provence, Mistr. — *sibò*, m., Nièvre. — *chatou*, m., Landes. — *cholo*, f., Gers. — *tcholou*, m., *cucass*, m., *cucarrou*, m., Luchon (H.-P.), c. p. B. Sarrieu.

babi, m. (accent sur *ba*), anc. prov., Levy. — *babé*, m. (acc. sur *ba*), Perloz (Val. d'Aoste), r. p. — *bobo*, m., lyonnais, Puitsp.

box, m., anc. fr., Couraye du Parc, *Mort Aymeri*, 1887, p. 187. — *bot*, m., *boterel*, *botereau*, m., anc. fr., God. — *botte*, f., anc. fr., Du C.; Aube, Guénin. — *bô*, m., *bå*, m., *ba*, m., *bò*, m., Champagne, Lorraine, Fr.-Comté, Bourgogne, Savoie, Suisse rom., Dauphiné. — *bàyou*, m., Vallée d'Aspe (B.-P.), LESPY. — *baou*, m., Meuse. — *bokin*, m., Semur (C.-d'Or). — *bôtrè*, m., *botrè*, m., Meuse, Aube, Nièvre, C.-d'Or. — *botriô*, m., *boutron*, m., S.-et-L.

putal, m., anc. fr., *Romania*, 1907, p. 288. — *poutao*, m., *potao*, m., May., DOTT. (D'où *poutë* = *coasser*, en parlant du crap.) — *poutchou*, m., Montory (B.-P.), LESPY. — *pélyò*, m., jargon de Razey, près Xertigny (Vosges), r. p.

tette-vache, m., en div. endr. — *posse-vachi*, m., Rhône.

bourso, f., Limagne (P.-de-D.), POMM. ; Orcet (P.-de-D.), r. p. (Le crapaud ressemble à certaine bourse appelée d'ailleurs *crapaud*). — *crapaud boursier*, M.-et-L.

harri (accent sur *ha*), m., H.-P., B.-P., Landes, Gers.

pauvre homme, m., Vosges. (Il semble prononcer ces mots.)

règa, m., Vosges. — *crak*, m., Mayenne, M.-et-L. — *cank*, m., Vaudioux (Jura), THÉVEN.

kýirp, f., *týirp*, f., *tchirp*, f., Mimizan (Landes), BEAURR. — La Teste (Gir.), MOUR. — *kýirpou*, m., *yirboutt*, m., Marensin (Landes), c. p. M.V. FOIX.

janò, m., env. de Civray (Vienne), LALANNE.

éscàmbarlatt, m., *éscàmbarlhatt*, m., *espàngarlhatt*, Aveyr., MISTR. (ainsi appelé parce qu'il écarte les jambes pour marcher.)

maja, m., *majè*, m., Mont-Saint-Sulp. (Yonne), JOSS,

grisè, m., Marne.

tômé, m., Ille-et-V., COULABIN.

rossignou de flou (= rosssignol de mare), nom facétieux, Somme, LEDIEU.

krapaot, *tousek*, *tosek*, breton. Voir ERNAULT, *Notes d'élymol. bret.*, nº 127, p. 267-270. — *ouser terk* (= mangeur de terre), argot breton de La Roche, IDEM, *id.*, p. 268.

zapo, *zapoa*, *apo*, basque.

rosco, *rospo*, *rospaccio*, *ropat*, *rapatu*, *crota*, *tosco*, *botta*, *bula*-

razu, buffa, pabi, babi, baggio, paciana, sava, savaton, sciatt, salt, zicagna, zambaldo, fada, dial. ital.
sapo, sapiño, sapo-concho, sapo de olla, calapot, galapet, escuerzo, péninsule ibérique.
unk, utse, krota, krifan, padde, anc. h. all. — *krappe, kradde, pûkrad, podde, pogge, aucke, nauck, lork, hotl, hoppen, düts, tachsen, tuuz, taasche, hecking, broating, boke, moke, molle, wersche, prickel, ackerplaugge,* dial. all.
padde, podde. pedda, parre, porre, krod, kroddel, kreuddel, treze, trezeken, dial. flam. et holland. [A. DE C.].
creopan, anglo-sax. — *toad, pade, paddock, puddock, horny-wink, farmer* (terme plaisant), dial. angl.
tudse, padde, danois.
gereli dschampa (= grenouille pustuleuse, galeuse), tsigane, LIEBICH.
On trouvera d'autres noms gallo-romans du crapaud dans GILLIÉRON et EDMONT, *Atl. ling.*, carte 346.

Un lieu rempli de crapauds est appelé :

grapaudère, f., anc. fr. — *crapaudière,* f., franç. (Au figuré : lieu bas et humide, vieux donjon entouré de fossés, par ironie.) — *grapaoudarié,* f., Gard.

TOPONOMASTIQUE :

Le Crapaud, La Crapaudière, La Crapauderie, La Crapaudine, noms de div. local.
Cantagraissan, localité près Bernis (Gard).
Le Grézan, loc. du Gard, BESSOT, *Arch. de Nîmes,* 1879.
Le Bloc du Crépa, loc. de la Savoie, VERNIER.
Le Crapéou, loc. de l'Ain, GUIGUE.
Le Crapaud-Sellé, loc. de la Mayenne, MAITRE.
L'Etang de Crapaud, loc. de la Sarthe, BELLÉE, *Arch. de la S.,* 1870, I, Série E, p. 23.

Le Fort des Crapaux, au Croisic (L.-Inf.).

La Crapautière, Eure-et-L., Merlet.

Le Bois des Crapotières, loc. de l'Eure, Blosseville.

La Craponnière, Le Crapon, Craponville, Calvados, Hippeau.

Crapeaumesnil, Port à Crapauds, L'Isle-Crépaux, Oise.

La Vallée à Crapauds, lieu-dit du Cambrésis.

La Fontaine aux Crapauds, Aisne, Jean d'Orléans.

Crapaut-Fontaine, anc. lieu-dit à Estinnes-au-Val (Belgique).

Les Botteraux, près Evreux, God., I, 693.

La Tso is Bots (= La Chaux aux Crapauds, *La Pierre à Bot* (mégalithe qui ressemble à un gigantesque crapaud), Suisse rom., Jacc.

Le Dolmen du Crapaud, dolmen de Carnac (Morb.), qui par sa forme ressemble à un crapaud.

Le Creux aux Bots, Vallée de Joux (Suisse).

Onomastique :

Crappe, Crapeau, Crépeaux, Crapet, Crapart, Crapier, Crapoulet, Boterel, Bottereau, Boutrois, Boutrais, Boutraye, Boutrin, Boutry, Boutrouche, Sabard, Sabatou.

Dans les *Mémoires* de Claude, préfet de police, il est question (VII, 86), d'un voleur de profession appelé *le Crapaud Céleste.*

« On appelle *Bas* les gens de Bonfol. On dit là aux naïfs que le *gros ba* est enchaîné à une arche d'un pont sur un étang et qu'on doit le saluer en entrant sur ce pont. » Jura bernois, *Arch. Suisses d. trad. p.,* 1904, p. 50.

« *Saouto-grapaou* = sobriquet des gens de Boulbon (B.-du-Rh.), qui autrefois faisaient, au carnaval, sauter un mannequin en forme de crapaud. » Mistr. — « Les *Grapaudiers* (c.-à-d. chasseurs ou mangeurs de cr.), sobr. des gens de Modène (Vaucluse). » Mistr.

« On appelle *Crapaous* les habitants de Jersey. » c. p. M. Ed. Edmont.

« Le cri du crapaud est *poure homme! poure homme!* qu'il pousse à l'adresse du pauvre paysan. » Broye-l.-P. (Côte-d'Or), Perron.

Se tenir accroupi comme un crapaud se dit :

grapaoudé, grapôdé, acrapôdé, s'acrapôdé, s'écrapôdi, Poitou, Berry, Nièvre. — *grapaoutéjà*, Luchon (H.-G.), c. p. M. B. Sarrieu.

« *Pescà à la grapaoudino* = pêcher près de l'eau étant accroupi. » Provence, Mistr.

« Lié, il s'élance vers la porte en sauts de crapaud. » *Hist. de Laurent Joubert*, 1769, IV, 244. — « Traînant son pied bot, elle fait très passablement le saut de crapaud. » *École de l'homme*, 1752, I, 203.

« *Sauteler comme crapaux qu'on mene en lesse* = locut. facét. » Allard, 1605, f[et] 72, v[o].

« *Il saute comme un crapaud*, se dit ironiqu. de quelqu'un qui se prétend leste et qui ne l'est pas. » Chambaud, 1776.

« *Cade crapaout Hè son saout* = chacun agit à sa manière. » B.-Pyr., Lespy.

« Chi segue il rospo Cade nel fosso. » Prov. ital., Buoni, *Proverbii*, 1604.

« On dit d'un enfant dont les bas sans jarretières retombent sur les talons : *il a les bas en échelle de crapaud.* » Guernesey, r. p.

« Il est leste comme un crapaud dedans la mélasse. » Bourney (Doubs), Roussey.

« Subtile comme un crapaud d'éteule *ou* comme un crapaud dans la menue paille. » Aisne, c. p. M. L.-B. Riomet.

« Dégourdi comme un crapaud dans les vesces *ou* dans une mitaine. » Champagne.

« He sits like a toad upon a chopping-block. » locut. anglaise.

« Jamais crapaust ne mangera De ton vilain corps, s'il ne volle = *tu seras pendu.* » *Le pionnier de Seurdre* (16e s.), éd. par E. Picot, 1896, 344-345.

« *Danse des crapauds* = a state of government wherein knaves and fooles are supported. » Cotgr., 1650. — « Comme en la danse des crapauds en laquelle chacun veut estre maistre. » anc. fr., Littré.

« *Sé lé grapaout cuco à féouré Nou cerquets cap l'hibèr débant que derré* = si le cr. chante en février, cherchez l'hiver autant devant que derrière, c.-à-d. l'hiver n'est pas fini, il y a encore du mauvais temps à subir autant qu'on en a supporté. » Massat (Ariège), Ruffié, *Massat*, 1889, p. 15. — « Quand les bôs chantant, Les merles floutant Avant la Notre-Dame (de février), Ils se recaichant ché (*six*) semaines de temps. » Fr.-Comté, Perron, *Prov.*, p. 11.

« Il chet des martiaux, c'est la fête aux crapaux. » I.-et-V., Sébillot, *Folkl. de Fr.*, I, 88. — « *Pluie de crapauds* = ondée chaude par un ciel ensoleillé. » Chaussin (Jura), Grosj. et Fr.

Sur les *pluies de crapauds* après lesquelles on voit sur le sol quantité de petits crapauds qui n'y étaient pas auparavant, voyez : *Revue scientifique du Bourbonnais*, 1899, p. 52-53; *Bull. de la soc. philomat. de Perpignan*, 1834, p. 54-56.

« *Crapaud de cave* = employé des droits réunis, rat de cave. » *18e lettre bougrement patriotique du père Duchêne.*

« *Grapaous dé croto* (= cr. de cave), surnom donné aux tisserands. » Provence, Mistr.

« *Crapaud* = bourse de soldat qui pend entre cuir et chair sur la poitrine. » *La chanson illustrée*, 1re année, no 9. — « *Crapaud* = petite bourse de soie dans laquelle les soldats, dans les temps passés, enfermaient leurs cheveux par derrière. » LITTRÉ.

« *Grapaut de fer, crapault* = morceau de fer qui sert de gâche à une serrure. » anc. gascon et anc. franç., Levy; DU C., II, 646. — « *Crapaud* = cadenas. » argot, G. MACÉ, *Lundis en prison*, 1889, p. 260.

« *Crapaudine* = morceau de fer ou de cuivre dans lequel entre le pivot sur lequel tourne une porte cochère. » CHAMBAUD, 1776.

« *Crapaudine* = pièce de fer carrée qu'on met à chaque bout du seuil des grandes portes pour les soutenir. » HULSIUS, 1616.

« *Crapaudine* = plaque de plomb qui se met à l'entrée d'un tuyau de bassin, de réservoir, etc., pour empêcher que les crapauds n'y entrent. « CHAMRAUD, 1776.

« *Crapaudin* = plaque creuse en fer dans laquelle on tourne les fers à friser l'étoffe. » LITTRÉ.

« *Crapaud* = pièce de fer coudée qui, fixée à l'extrémité de la barre du gouvernail, a été comparée à un crapaud au repos et prêt à s'élancer. » JAL, *Gloss. naut.*, 1848. — « Les pêcheurs de nos côtes emploient une ancre économique et primitive, nommée *crapaud* dans quelques localités, et dans d'autres simplement *pierre*. Elle consiste en une pierre plate et allongée, à laquelle on fixe par des liens, vers le milieu de sa longueur, et perpendiculairement à ses grandes faces, un ou plusieurs morceaux de bois. » *Congrès scientif. tenu à Bordeaux*, 1861, II, 610.

« *Crapaudin* ou *crapaudel* = espèce d'obusier. » anc. fr., GOD.

« *Crapaud* = affût de mortier plat et sans roue. » LITTRÉ.

« *Cacho-grapal*, m. = pressoir de vendange à vis unique, presse à vis. » Aveyron, MISTRAL.

« *Crapaud* = terme d'imprimerie, morceau de fer sur lequel est placée la grenouille. » LITTRÉ.

« *Crapaud* = récipient en grès dans lequel les moissonneurs renferment leur boisson. » Rozoy (Aisne), BRACONNIER, *Rozoy*, 1904, p. 16.

« *Pattes de crapaud* = épaulettes. » argot militaire, L. MERLIN, *Langue verte des troupiers*, 1888. — « *Patte de crapaud* = perruque. » argot, LERMINA, 1897.

« *Pigeons à la crapaudine* = terme de cuisine, pigeons ouverts, applatis et rôtis sur le gril et qui ainsi accommodés ressemblent à des crapauds. » CHAMBAUD, 1776. — On appelle aujourd'hui *artichauts à la crapaudine*, des artichauts cuits avec la même assaisonnement que les pigeons ci-dessus.

Crapaudine = supplice qu'on fait subir aux militaires dans les colonies. — On trouvera une image représentant ce supplice, dans le journal *Le Matin* du 31 juillet 1906. — « Foutez-moi ça à la *crapaudine!* grogna le gradé... En un clin d'œil, on me colle par terre, on me tire les bras derrière le dos, on me plie les jambes comme pour me mettre à genoux, on me ficelle les poignets avec les chevilles. Puis on me laisse là sur le flanc, la figure contre terre, incapable de faire un mouvement... Les bourreaux — on ne peut pas les appeler d'un autre nom, Deibler fait moins souffrir qu'eux — les bourreaux avaient tellement serré les cordes, qu'elles me rentraient dans la viande... et au bout d'une heure, je gueulais de souffrance... Alors un sous-off vient près de moi : — Tu vas pas taire ta g...? — Chef... Pitié! Faites-moi desserrer les liens! — Non, peut-être que tu te figures qu'on va prendre du velours pour t'amarrer les abatis?... Et le sergent tourna les talons... Comme je continuais à me plaindre — j'avais déjà la crampe qui me prenait dans le dos et dans les hanches — le gradé rapplique : — Foutez-le sur le ventre... Et, s'il continue, bâillonnez-le!... On obéit, et alors, j'étais obligé de rester la tête tournée, la joue contre le sol, pour pouvoir respirer... Et je me mordais les lèvres pour ne pas crier, afin qu'on ne me bâillonne pas... Ils m'ont laissé comme cela jusqu'au lendemain, midi !... — La nuit, ce n'était trop rien encore... Peu à peu, mes membres ankylosés, devenaient insensibles, Mais quand, le matin, le soleil a monté sur l'horizon, j'ai cru que j'allais « clamser ». GORON, *Coco*, etc., 1906.

« J'ai marché sur les mains et je me suis mis *à la crapaudine*. » H. THIERRY, *Ecoliers en vacances*, vaudev., 1860

« *Crapaud, crapauderie*, = défaut dans la trame des tissus; *au figuré*, défaut moral. » Lyon, *Journal de Guignol*, 1887, numéros du 9 juill., du 25 sept., du 30 oct., du 11 déc., du 18 déc.

« *Crapaud* = pierre grossière qui se trouve dans un bloc de marbre. » LITTRÉ. — « *Crapé*, m. = pierre-ardoise dans les ardoisières. » SAUVAGE, *Statist. minéral. des Ardennes*, 1842, p. 176.

« *Crapaud* = mucosité dans le nez. » argot, DELVAU, 1883. — « *Avoir un crapaud dans la gorge* = être enroué. » Belg. wall., *Rev. d. tr. p.*, 1903, p. 232; Paris, r. p.

« *Saucé comme un crapiau* = mouillé comme un crapaud. » Genève, J. M., *Nos joyeusetés*, 1858, p. 78.

« Coiffé en crapaud. » CH. DE LIVRY, *La Salamandre*, comédie, 1834, p. 10.

« *Sciatt* = adjectif appliqué à un objet qui est gros et large sans être haut. » Milanais.

La forme du crapaud est courte et ramassée. « *Oh! le gros bô!* se dit en parlant d'une personne obèse. » Marne, GUÉNARD. — « Boutron = individu gros et court. » Mâcon, *Lexique*, 1903. — « *Cropet* = homme trapu et de petite taille. » anc. fr., DU C., VII, 115. — « *Crapu* = trapu. » Loir-et Cher, THIBAULT. (Voilà le mot français *trapu* expliqué.) — *Crapaud* = esp. de fauteuil court, ramassé. — « *Botte*, f., *sabot*, m., chaussures courtes, ramassées. » français, — « *Haut comme une botte* = petit de taille. » français. — « *Pied bot* = pied contracté, ramassé. » français.

« D'une personne grosse et de petite taille on dit : *elle est grosse comme un crapaud de Champagne qui n'a que le sac.* » Aisne, c. p. M. L.-B. Riomet.

L'enfant est petit de taille à l'égard de l'homme fait. « Aux dernières courses il y avait un petit *crapaud* de douze ans qui fumait des cigares et qui pariait. » *Paris-Caprice*, 1869, p. 308. — « As-tu faim, crapaud? » A. Ricard, *Le viveur*, 1839, I, 362. — « *Crapoussin* = gamin. » franç. — « *Crapouya*, m., gamin. » Marne, — *crapasson*, m., *cropètt*, m. = gamin. » M.-et-L. — « *Crapaout* = drôle, polisson ; *crapaoute* = drôlesse, polissonne. » B.-Pyr., Lespy. — « *Grapaou, grapàyoou* = drôle, voyou. » Gard, D'Hombres. — « *Crapion, Crapàyon* = enfant. » Avon (S.-et-M.), r. p. — *crapaou, crapotin* = enfant, gamin. » P.-de-C., c. p. M. Ed. Edm. — « *Sapoulott, cucass, cucarrou* = gamin. » Luchon (H.-G.), c. p. M. B. Sarrieu.

« *La crapaoudalho*, f. = l'ensemble des petits enfants. » midi de la France, Mistr.

« *Crapaud* = petit garçon ; *crapaude* = petite fille, maîtresse de quelqu'un. » wallon, *Bull. d. Folkl.*, 1892, p. 346. — « La bonne amie d'un jeune homme est *sa crapaude.* » Liège, *Rev. du traditionn.*, 1906, p. 273.

« *T'escabeilli, grapaout, Jamès béngueras més haout* = je t'étête, crapaud, jamais tu ne deviendras plus haut. Formule usitée en passant la jambe par dessus le tête de petits enfants, ce qui d'après la croyance populaire les empêche de grandir. » Bladé, *Prov. de l'Armagnac*, 1880, p. 112.

Le crapaud est le type de la laideur. « Vilain crapaud. » Injure. — « Crapeaudau est une injure de Bourgogne, God., II, 357. — « *Figure de crapaud* = injure. » *Riche en gueule*, 1821, p. 64. — « *Gueuse à crapaud* = injure à une femme, II. » LÉCLUSE, *Poissarderies*, XVIIIe s., p. 5. — « *Bot-oisloux* (lisez *botoilau*) = injure en Lorraine, DU C., VII, 68. — « *La crapaudaille* = ramassis de gens méprisables. » XVe s., LITTRÉ. — « Pas possible ! s'exclama-t-il en fendant sa bouche de crapaud jusqu'à ses oreilles de chien. » BERNÈDE, *Clara, histoire d'une fille de joie*, s. d. (vers 1900).

« Des ordes loudieres crappaudes. » MARTIN LEFRANC, *Champion des dames*, 1530, fet 18, ro. — « *crapaudin* = lourd, vicieux. » BILLON, *Fort du sexe féminin*, 1555, fet 169, ro. — « Femmes sont à l'église sainctes, és rues anges, en la maison diablesses, *crapaux aux fenestres* (1), pyes à la porte, aux jardins chèvres. » G. MEURIER, 1582.

« *Les crapaux de papaux qui mangent Jean le Blanc* = les papistes, les catholiques. » BOULAESE, *Thresor de la Victoire*, 1578, p. 169.

« J'aime mieux voir un crapaud que lui. » ED. BONNET, *Revanche d'Orgon*, s. d. (vers 1890). — « *Crapë* = sale, paillard, avare, vilain; *crapëssete* = paillardise, propos obscène. » Valenc., HÉC. — *Crape*, f., prostituée de bas étage. » D'HAUTEL, 1808.

« *Les crapauds méprisent les grenouilles* = se dit des gens de basse extraction qui méprisent leurs camarades. » Savoie, CONSTANTIN.

« Moi ! dit-elle, comme si elle avait marché sur un crapaud. » DURANTY, *Le malheur d'Henriette Gérard*, 1860.

« Il n'y a pas jusqu'au crapaud qui ne fasse son semblable. » D***, *La fille sçavante*, comédie, 1690.

« *Faire avaler un crapaud à quelqu'un* = lui faire croire

(1) Cf. « Les femmes sont saintes en l'église, anges emmy les rues, malins esprits à la maison, *sereines à la fenestre*, espies à la porte et chèvres aux jardins. » WODROEPHE, 1625, p. 252.

une chose mensongère, lui causer de la peine. » Locut. connue. — « Les crapauds et les couleuvres que vous nourrissez contre moi. » Mme DE SÉVIGNÉ. — « Il ne craignait pas d'avaler les crapauds et les couleuvres dont fourmillent les marécages de la politique. » VIGNÉ D'OCTON, *Mésange*, 1905.

« Je te connais, tu vas encore lâcher un crapaud (= une méchanceté), c'est plus fort que toi, il faut que tu débines ! » MONTCLERC, *Maman Bouche d'Or*, 1906.

« *Ventre de crapaud* = olivâtre sale ou jaune olivâtre, terme de teinture. » DAMBOURNEY, *Sur les teintures*, 1786, passim. — « Gants couleur crapaud mort d'amour et crapaud saisi = *nuances de couleur*. » Lille, A. CAPON, *Marie-Claire*, 1896, p. 139.

« Des souliers camus, boufiz comme un crapault. » doc. de 1485, LABORDE, 1873, sub verbo *souliers*. — « Plus est anflez vers lui que botereaus n'iraigne (*lisez ni raigne*). » GOD., I, 693. — « Plus enflé qu'une graigne. » anc. fr., G. PARIS, *Mystères de la Passion*, 1878, p. 458. — « Lucifer, si ton gros cueur enflé comme un crapault. » *Catholiques œuvres*, 1541, I, fet IV, v°. — « *Enflé comme un crapaud* se dit d'un homme qui a bien bu et bien mangé. » *Bragardissime testament de la bière*, 1611, p. 8. — « *Plus enflé qu'une botte.* » anc. fr., MÉNAGE, 1750. — « Ils sont plus enflés de boullon Que n'est un crapaut esboulé. » xve s., G. LECOCQ, *Théâtre de Picardie*, 1880, p. 209.

« *Botreau* = 1° gros cadenat; 2° beignet boursouflé. » M.-et-L., VERR.

« Avoir les mains enflées comme des crapauds. » M.-et-L.

« Se redresser comme un crapaud sur une palette, comme un crapaud qui a reçu un coup de pierre ou un coup de poing. » Vendée, *Rev. du traditionn.*, 1906, p. 238.

« Quand Turquet sera dessus celle Qu'il doit en mariage avoir, il pourra dire : il fait bon voir Un crapault sur une douelle. » *Muses incognues*, 1604, réimpr. Gay, 1862, p. 80.

« Le crapaut irrité se bouffit si fort de venin qu'il en crève ou s'en suffocque. » J. P. CAMUS, *Homélies quadrag.*, 1615, p. 224. — « Crapauts crevent pour se vouloir grossir et bouffir comme les bœufs (1). » J. P. CAMUS, *Homélies quadrag.*, 1615, p. 117. — « Enfler le dos comme un crapaud qui a reçu un coup de pierre. » Poitou, SAINT-MARC. — « La fierté du crapaud. » XVIe s., A. PARÉ, éd. Malg., III, 735. — « Fier comme un crapaud. » Suisse, Savoie. — « Insollans et enflez comme grappaux. » BRANTÔME, *Grands capit. estr.* — « *Abbottare* = s'enfler comme un crapaud; s'enfler de dépit ou de gloire. » italien, OUDIN, 1681. — « Bouffy d'orgueil comme un crapaut de venin. » P. DE LA NOUE, *Synonyma*, 1618, p. 369.

« *Eclafer quelqu'un comme un bô* = écraser quelqu'un comme un crapaud. » Bex (Suisse), VERSEL, *Ed. Randon*, 1883, p. 9. — « *Escrapouchinà* = même sens. » Provence, *Armana prouvençau*, 1885, p. 85. — « *Esgrapaouti* = même sens. » Gascogne, MISTR. — « *Enastà coumé un grapaou* = embrocher (quelqu'un) comme un cr. » Provence, MISTR.

« *Crapaout è bibe* = (être) crapaud et vivre tout de même. » B.-Pyr., LESPY.

« Tu fais une grimace comme un crapaud qui mange de la graine de charme. » Clerval (Doubs), r. p.

« Le crapaut est l'excrément et le poison de la terre. » FUSI, *Mastigophore*, 1609, p. 10.

« Les Huguenots et les crapaux ne se logent jamais qu'en bonne terre. » GARASSE, *Doctrine curieuse*, 1624, p. 977.

---

(1) Dans la fable connue de LA FONTAINE, il devrait être question d'un *crapaud* et non d'une *grenouille*; celle-ci *ne s'enfle pas*. L'erreur vient de ce qu'en latin *rana* signifiait *crapaud* et *grenouille* en même temps.

« C'est une risée de voir l'avare mourir de faim, aupres des biens qu'il a tant de peine d'amasser et ressembler au crapault, que quelques naturalistes tiennent ne vivre que de la terre, et toutesfois il a si grand peur qu'elle luy manque, qn'il n'en mange à sa suffisance, et en retient ordinairement sous ses pieds de peur de n'en trouver. » JOSSE, *Deroute de Babylone*, 1612, p. 164. — « Il est de la race du crapaud qui craint qu'à manger, la terre ne lui manque. » Prov. breton, SAUVÉ (dans *Revue celtique*).

« *As avalà 'n grapaou*, se dit d'une personne toujours altérée. » Provence, MISTR.

« On dit du soldat qui boit seul au cabaret, *qu'il fait suisse, qu'il fait crapaud.* » FR. DE REIFFENBERG, *Vie de garnison*, 1683, p. 76.

« On tireroit le miel d'un crapaud avant que... » D'ESTERNOD, *L'espadon satyr.*, 1860, p. 157.

« *Hérès sourti lou carpaout dou hourat* = tu ferais sortir le crapaud de son trou, c.-à-d. tu ferais perdre patience à un saint. » B.-Pyr., *Coundes biarnés*, 1890, p. 214.

« Tu as la teste plus pesante qu'un crapaud. » FUSI, *Mastigophore*, 1609, p. 105.

« Doun lou babi pesca L'aïga és frésca. » Nice, TOSELLI.

« S'il geloit jusques aux crappaux Je ne craing froidure qui viengne. » G. PARIS, *Myst. de la Pass.*, 1878, p. 62.

« *Elle ne piétra (piétinera) pas sur les crapauds,* se dit d'une personne qui se lève tard. » Ardennes, *Revue d'Ardenne*, 1895, II, 143.

« *Tourner les crapauds à revers* = labourer. » Pléchatel (I.-et-V.), DOTT. et LANG. — « *Assommer les crapauds* = cultiver la terre. » Manche, *Rev. de l'Avranchin*, 1889, p. 552. — *Cabossoû de crapaous* = paysan, cultivateur. » Coglais (I.-et-V.), DAGNET. — « *Eborgneux de crapauds* = vigneron, allusion au mode de culture des vignes avec le crouet, instrument à pointes très aiguës. » M.-et-L., L.-et-Ch., Yonne.

« *Poussebots* = vignerons de Bourgogne. » GARASSE, *Recherches de Pasquier*, 1622, p. 289.

« *Pousse-bò* (= pousse-crapaud), *bousse-bò* = individu de petite taille, pousse-caillou, gamin. » Fr.-Comté. « A la moisson, lorsque le broqueur n'est pas assez robuste pour enlever d'un seul effort la gerbe qu'il a prise avec le broc, il appuie ou pique à terre le manche du broc pour le redresser et passer la gerbe au calvenier monté sur la voiture. Cela s'appelle *piquer le crapaud.* » Vendômois, MART.; Berry, LAISNEL DE LA S.

« *Crapôdin* = douleur de reins chez les moissonneurs qui travaillent avec la faucille. » Vendômois, MART.

« *Faire un crapiô*, se dit quand le laboureur dirige mal sa charrue et que le soc vient à sortir du sillon. » env. d'Annecy, CONST.

« Celui des javeleurs qui se trouve ramasser la dernière javelle d'un champ de blé, est toujours l'objet des plaisanteries de ses camarades : *Tu mangeras le crapaud !... tu mangeras le crapaud !...* lui crie-t-on joyeusement de toutes parts. — De là l'habitude où nous sommes de dire, en général, d'un ouvrier qui finit sa tâche le dernier : *Il a mangé le crapaud.* » Berry, LAISNEL DE LA S.

« *Fày'ré un travày à la grapaoudino* ou *grapaoudéjà* = faire mal un ouvrage, le faire mal et trop vite, bousiller. » Provence, MISTR. — « *Saboter un ouvrage* = même sens. » franç., locut. connue.

« Vérinous coumé un grapaou ràyà. » Provence, MISTR.

« *Aou païs doou grapaou* = en terre, dans la fosse. » Provence, MISTR.

« De congnoissance des antiquitez ilz en estoient chargez comme un crapault de plumes. » RABELAIS, *Pantagr.*, 1533, ch. IX. — « Il n'y en a pas plus que de plumes sur un crapaut. » FUSI, *Le franc arch. de l'égl.*, 1619, p. 825. — « Ça n'a pas plus de raison qu'un crapaud de plumes. » *Journal de la Rapée*, 1792, p. 1. — « Quand lous gropals aourou dé ploumos = *jamais.* » Lozère, *Armanac de Louzero*, 1905. — « Tu feras cela quand les crapauds auront des plumes. » Somme. — « Il a de l'esprit comme un crapaud a de la plume. » Somme. — « Il a de la patience comme un crapaud a des plumes. » H.-Pyr. — *Véndé dé plumos de grapaou* = c'est un individu qui exerce un métier vague, peu honnête. » Provence.

« Il est chargé d'argent comme les crapauds de puces. » Calvados.

« Sé lous grapaous ant pas ges dé caouétas, n'es pas l'éncaousa = *il n'a pas inventé la poudre, c'est un sot.* » Grabels (Hér.), CHASSARY, *En terra galesa*, 1895, p. 173. — « Il n'est pas cause que les crapauds n'ont pas de queue. » Calvados, r. p. — Ils seront patriotes quand on pourra happer les crapauds par la queue. » Perche, *Le diseur de vérités*, 1844, p. 46.

« Rouiller des yeux comme un crapaud qui est amoureux. » Char.-Inf., *Arch. hist. de Saint.*, 1886, p. 337. — « Tu es amoureux comme un crapaud qui va dans l'iau. » P.-de-C., c. p. M. B. DE KERHERVÉ.

« Donne moi la main et viens, au lieu de rester là à buter les yeux comme un crapaud. » Poitou, CAILLOT, *Michelle*, 1868, p. 164.

« *Yeux de crapauds* = pièces d'or, monnaie d'or. » franç., SIGNOL, *Le Chiffonnier*, 1831, V, 151; Normandie, Champagne, Berry, Limousin. — « *Ouéls de harri* = louis d'or. » Gers, H.-Gar., c. p. M. B. SARRIEU.

« *Vous tournerez de l'œil comme des crapauds* = vous périrez. » W. COX, *Le prince Mouffetard*, 1876.

Juron. — « Qué dé crapaous! = sous entendu, me pissent

dans les yeux, que je perde la vue si... » Dauphiné, MISTR.

« Si dans la journée on a tué un crapaud il viendra la nuit vous taquiner dans votre lit. » Basse-Bret., *Rev. d. tr. p.*, 1905, p. 355.

« Si vous blessez un crapaud sans le tuer raide, il reviendra la nuit, montera sur votre poitrine et même vous étouffera. Et même, tout crapaud qui pourraît pendant le sommeil se poser sur votre poitrine, vous ferait mourir étouffé. » May., DOTT.

« On dit aux enfants qui maltraitent les crapauds, que ceux-ci viendront pendant la nuit compter leurs orteils. » Pays flamands, c. p. M. A. DE COCK.

« Lorsqu'on veut tuer un crapaud, il faut avoir soin de l'*achever;* s'il en réchappait il viendrait vous tuer avec son venin pendant votre sommeil. C'est pourquoi les gens prudents ont coutume d'embrocher l'animal avec un bois pointu qu'ils plantent solidement en terre par le bout opposé. » Loire-Inférieure, *Mélusine*, I, 555.

« On dit du crapaud suspendu au bout d'une baguette *qu'il fait de la toile.* » Ain, r. p.

« Le crapaud n'aime pas les personnes qui ont la peau fine et blanche et se jette sur elles. » Naintré (Vienne) r. p.

« Il faut aller dans leurs maisons les faire sauter comme des crapauds et jeter tout par les fenêtres. » *Mercure de la Cour*, 1652, 3e part., p. 21.

« *Je vous feray faire le saut de crapaut* = je vous punirai. » CRAMAIL, *Comédie des proverbes*.

Quand un enfant reprend à un camarade un objet qu'il lui a donné, ce dernier lui dit : *crapaud pelé* (ou *pilé*) *Qui m'a donné Qui m'a ôté, Tu iras en enfer Avec les crapauds verts !* ». Sarthe, Vendée. Cf. *Mélusine*, III, 59.

L'enfant qui fait un serment à un camarade fait un signe de croix sur sa langue, lève la main et dit : *Ma grande foi damnée, Si ce n'est vrai, J'aime mieux aller en enfer Avec les crapauds verts !* » Vendée, *Revue du Traditionn.*, 1907, p. 137.

« Quand on voit un crapaud, on ne tarde pas à voir une couleuvre. » Spa (Belg.), *Rev. d. trad. pop.*, 1901, p. 112.

« Le crapaud par son haleine tue la couleuvre et la couleuvre tue le crapaud par son regard. » Naintré (Vienne), r. p.

« Le crapaud fascine les enfants et les attire vers lui, même sans qu'ils le voient. » Ineuil (Cher), r. p.

« Le crapaud *pompe*, c.-à-dire fascine la belette. » Centre, Jaub. — « Les crapauds ont une vertu si attractive que les belettes, après bien des résistances, sont forcées à se précipiter dans leurs gueules béantes en prêtant leurs corps pour s'y insinuer. Ils semblent exercer la même influence sur les abeilles. » *Traité sur les abeilles par un curé comtois*, Besançon, 1763, p. 169. — « On tient pour asseuré qu'un crapaut blessé d'un serpent, attire une belette, pour luy servir d'antidote à sa blessure, de plus de cent pas, sans que la belette aye moyen de fuir ni éviter la vertu attrayante et aimantine du crapaut. » P. J. Fabre, *Traité de la peste*, 1629, p. 47. — « Quand un crapaud rencontre une belette, il la regarde fixement et décrit en sautant un cercle autour d'elle. Il est impossible à celle-ci de dépasser la limite tracée par le crapaud et, de guerre lasse, poussant des cris, elle vient se fourrer tout droit dans la gueule du batracien. » Deux-Sèvres, Souché, *Prov.*

« Vous avez veu ou leu, comme la belette, si elle se rencontre proche de quelque grappau, elle est tellement enchantée que, de quelque costé qu'elle se tourne, quoy qu'elle fasse, il faut à la fin qu'elle se vienne rendre dans la bouche de ce vilain animal. » Chaissy, *Oeconomie evangelique*, 1625, p. 52.

« Le crapaud par une vertu secrète voyant la bellette avant

qu'elle l'aye veu ouvre sa gueule et quelle resistence que fasse la bellette, il faut qu'elle vienne entrer dans la gueule du crapaud qui l'avale tout entière, » MARTINE DE MARTEREAU, *Restitution de Pluton*, 1640, p. 114.

« Le crapaud va près des ruches et là il *pompe les abeilles*, c.-à-d. les force à entrer dans sa gueule, par fascination. » Ineuil (Cher), r. p.

« L'araignée empoisonne par sa piqûre le crapaud qui s'en guérit en se frottant à du plantain. Un jour l'araignée, ayant vu ce manège, alla couvrir de son venin la plante dont le crapaud avait fait provision et réussit ainsi à le faire périr. » Voy. ce conte intitulé *li dis de l'iraigne et du crapot* dans *Dits de Watriquet de Couvin*, édité par SCHELER, 1868, p. 65-74. — « Le crapaud fascine l'araignée au point de la faire choir de sa toile et tomber dans sa gueule. » Arlon (Belg.), *Rev. d. trad. pop.*, 1903, p. 399. — « Le crapaud tremble devant l'araignée. » Corrèze, *Le Tour du Monde*, 1899, p. 512.

« Le fourmi mange les crapaus. » XVIe s., *Baïf*, éd. Blanch., 1880, I, 24.

Sur l'homme tuant par son regard le crapaud, voyez : L'abbé ROUSSEAU, *Secrets et remèdes eprouvez*, 1697, p. 154-156.

« Le crapaud est l'ami de l'homme et l'ennemi de la femme. On prétend que dès qu'il aperçoit cette dernière, il se gonfle de colère » Spa (Belg.), *Rev. des tr. p.*, 1898, p. 576.

« Le crapaud est appelé *l'ami de l'homme*, en quelques localités de la Normandie, parce qu'il avertit les gens endormis de l'approche des serpents. » PLUQUET, *Contes de Bayeux*, 1834, p. 40.

« Pour qu'un crapaud ne puisse plus bouger, il faut le renverser sur le dos, lui tracer une croix avec un brin d'herbe et lui poser ensuite ce brin d'herbe sur le cou. » Baugé (M.-et-L.), *Rev. d. tr. p.*, 1905, p. 362.

« Si un crapaud vous pisse aux yeux, il peut vous rendre

aveugle; de jeunes crapauds naissent dans l'œil où l'urine de crapaud s'est introduite. » Deux-Sèvres, SOUCHÉ, *Prov.*

« Toqués pas lou grapaou, qué, sé té pisso dins lis iués, véndras avuglé. » (*Armana prouvençons*, 1890, p. 92.

« La salive d'omme jeun vault Pour tuer araigne ou crapault. » *Mirouer du monde*, 1517. — « Cracher dans les yeux du crapaud le rend aveugle. » Gironde.

« Sî bot veez en une place Faites li cerne del topace; Ja ne purra del cerne issir; Iloc li convendra morir. » anc. fr., PANNIER, *Lapidaires*, 1882.

« La crapaudine qu'on appelle en latin *bufonites* ou *batrachites*, est une pierre qui se trouve dans les montagnes ou dans les champs; on a cru quelle se trouvoit dans la teste des vieux crapaux, ou qu'elle estoit vuidée par la bouche de cet animal lors qu'on la mettoit sur un drap rouge; mais Boot et ceux qui en ont fait des recherches exactes, assurent que cette pierre se forme dans la terre; on en voit ordinairement deux espèces, sçavoir la ronde et la longue; on fait monter la crapaudine surtout la ronde sur des bagues; mais c'est plutost pour ornement que pour les vertus qu'on luy attribuë, car elles sont très-incertaines, sur-tout celle qu'on prétend qu'elle a d'abbattre l'inflammation survenuë à l'occasion d'une piqueure de mouches à miel ou de quelques autres animaux. Il est faux qu'elle change de couleur et qu'elle suë quand on l'approche du goblet où il y ait du poison, quoyque Boot et quelques autres assurent que la crapaudine se trouve dans la terre, je ne voudrois pas neanmoins contester qu'il ne s'en trouve dans la teste des vieux crapaux. » POMET, *Hist. des drogues*, 1694.

« *Crapaudine*, *trepadine* = pierre qui est dans la tête du crapaud. » D'ABANO, 1593, p. 94.

« *La crapaudine* est une sorte de pierre hémisphérique que l'on a cru se trouver dans la tête du crapaud et qui est en réalité une dent de poisson marin..., ce sont des dents fossiles dont quelques unes ont de la ressemblance avec les dents mousses de loup marin; on les appelle encore *yeux de serpents.* » BEURARD.

« *La crapaudine* est une pierre qui se trouve dans la teste des vieux et gros crapaux; broyée et réduite en poudre et avalée dans l'eau elle est merveilleuse contre la peste. » P. J. FABRE, *Traité de la peste*, 1629, p. 94. — « Pour estre bien congneue la pierre appelée crapaudine doit estre présentée au crapault et si elle est bonne et naturelle, incontinent s'approche d'elle et quand elle est mise près d'un poison elle change et varie de couleur et quand on la porte en un anneau d'or, en sorte qu'elle soit descouverte dessus et dessoubz et que le dessoubz touche au doigt, s'il y a aucun poison present, le doigt s'eschauffera si fort qu'il ne pourra endurer l'anneau. Le semblable est si on a desja le poison. » LALUCE, *Nouv. deffence contre poisons*, 1537. — Si l'esmeraude est bonne contre le poison, presentée au crapault, elle l'aveugle. » ID., *id.*

« Les joyalliers donnent une enseigne pour recognoistre si une crapaudine est contrefaitte ou naturelle en la monstrant à un crapant; si elle est contrefaite, il n'en tient conte, si elle est naturelle, il se dresse incontinent et court après. Mais il se faut garder de luy laisser toucher, d'autant que, s'il la pouvoit happer de la bouche, il l'absorberoit portant envie au genre humain de la propriété vertueuse dequoy elle leur sert; car si on présente du poison à celuy qui la porte, elle devient moite, elle tressue toute, ains du costé qu'elle touche la chair, elle se fait sentir aussi cuisante que si elle estoit toute de feu. » FUSI, *Le franc archer de l'église,* 1619, p. 778.

« Pour la certification de la naïveté d'une emeraude, il la faut que presenter à un crapaut; aussitost il devient boufli et ébloui. » FUSI, *Mastigophore*, 1609, p. 314.

« *La crapaudine*, cette pierre qui ornait le bouton du couvercle d'une coupe dans le trésor de Louis d'Anjou, est, selon les uns, une pierre fine, selon les autres, un fossile. On lui attribuait la vertu d'indiquer, en suant, la présence du poison, et cela parce qu'elle était censée se trouver dans les têtes de crapauds, et même, selon Albert le Grand, conserver, empreinte à sa surface, la la figure de cet animal. » LABORDE, *Emaux*, 1853, II, 232. — « *Pierre crapaudine, crapaudin* = même sens. » anc. fr. — « *Crapaudine* = partie de la dent d'un poisson du Brésil, extrêmement dure, propre à être taillée par les lapidaires. » RÉGIS DE LA COL., *Produits*, 1828, p. 129.

« Lapis borrax e bufonis capite extrahitur. » ANT. NEBRISSENSIS, *Lexicon cathalanum*, 1587.

« Pour obtenir la pierre de la teste du crapaud, il faut le faire consommer dans un pot qu'on enfouit en terre. » P. DE LANCRE, *Inconst. des mauv. anges*, 1613, p. 132.

Sur la pierre crapaudine, voyez encore : A. DU PINET, *Miracles de nature de Lemne*, 1566, p. 365; MURRAY, II, p. 1140.

« Ouvrez la tête d'un crapaud âgé de sept ans, vous y trouverez un diamant, » HÉCART, *Préjugés de Valenciennes*, 1813, p. 33.

« Il nous arrivera bonheur, si nous rencontrons le matin un crapaut. » THIERS, *Traité des superst.*, 1697, I, 209. — « Rencontrer un crapaud est de mauvais augure. » Naintré (Vienne), r. p. — « Si dans la même matinée, vous rencontrez un crapaud et une araignée, c'est signe que vous ferez une grande perte dans la journée. » Naintré (Vienne), r. p. — « Si, quand on a les pieds dans l'eau, il vous passe un crapaud dessous, c'est qu'il vous avertit du voisinage d'un serpent. » Naintré (Vienne), r. p.

« Si vous désirez tirer un bon numéro à la conscription, attachez au coude du bras dont vous devez vous servir, un crapaud vivant que vous gardez, mort ou vivant, un nombre de jours égal au numéro que vous désirez. » Poitou, LOURADOUR.

« Un crapaud dans une maison absorbe toutes les choses nuisibles. » H.-Gar., FAG. — « Le crapaud *tire à lui le venin*, Aussi trouve-t-on habituellement, quand on soigne un typhique, un crapaud attaché sous le lit ou sous l'oreiller du malade ou même maintenu sur la tête du patient. » Midi de la France, Docteur M. RÉGUIS, *Mat. médic.*

« Par les fortes chaleurs, les moissonneurs placent un crapaud sur leur poitrine; *il tire*, disent-ils, la transpiration. » HAROU, Folkl. de Godarville (Belg.), 1893, p. 18. — « Gardé en domesticité dans une maison, le crapaud en fait disparaître l'humidité. » Arles, RÉG., *Mat. méd.*

« Un crapaud vivant ou desséché enfermé dans un sachet et suspendu au cou d'un pestiféré, le guérit en quelques heures. » DIEMERBROECK, *De peste*, 1646, p. 141 et p. 189; Vaucluse, RÉGUIS, *Mat. méd.*

« Contre l'érysipèle, prenez un crapaud que vous faites bouillir et que vous appliquez sur le mal. » Nièvre, *Mém. de la soc. acad. du Nivern.*, 1887, p. 159.

« Un crapaud entier desséché, tenu dans la main, ou sous l'aisselle, ou derrière l'oreille, arrête le saignement de nez. » Dr H. COULON, *Curios. de l'hist. des remèdes* [ED. EDM.].

« Un crapaud desséché dans un four, puis moulu et bouilli dans du bon vin constitue une potion usitée contre les rhumatismes. » Pompignan (Gard), RÉGUIS, *Mat. méd.*

« Tousjours est auprès de quelque maladie spirituelle, presse et s'estend comme un crapauld, sur toutes les parties du cœur infectées et allumées de vilaine chaleur. » DU SAIX, *Touche naïve*, 1545.

« Arresterés le flux de sang coulant du nez, mettant sur la nuque du col, un sachet dans lequel y ait de la poudre de crapaut : laquelle se fait d'un gros crapaut, de ceux qui se nourrissent sur terre, non humide, qu'on enferme, vif, dans un pot de terre, et icelui mis après, dans le four avec le pain, pour y dessécher le crapaut; dont il est réduit en poudre. Et sert aussi ladite poudre, à la dissenterie; au flux menstrual; et pour arrester le sang des plaies, l'appliquant à l'opposite de la partie blessée. » OLIV. DE SERRES, 1600, p. 816.

« Pour arrêter le flux de sang menstruel, prenez un crapaud et le liez avec une petite bande au col de la femme qui a telle infirmité et en peu de temps, elle en sera délivrée. » LÉMERY, *Nouv. rec. des plus beaux secr.*, 1737, II, 189.

« Si vous couppez les pieds d'un grand verdier (1) ou d'un crapault, lorsque la Lune est en decours et commence à se conjoindre au Soleil, et que vous les appliquiez à l'entour du col de celuy qui a les escrouelles, c'est un souverain remède pour les escrouelles. » XVIe s., *Maison rustique.*

« Pris dans son trou, avant le lever du soleil, appliqué vivant sur le pouls du bras droit d'un homme qui a la fièvre et laissé jusqu'au premier frisson le guérit sûrement. » Bocage normand, LECŒUR, II, 102.

« Deux crapauds placés sous le lit du malade, guérissent le cancer. » Drôme, RÉGUIS, *Mat. méd.*

« Le crapaud vivant est employé dans le traitement du chancre; on dépose l'animal au siège du mal. » HAROU, *Folkl. de Godarv.* (Belg.), 1893, p. 18.

Guérison des chancres : « Quand le chancre est ouvert, il faut

(1) *Le grand verdier*, la grosse grenouille.

prendre un crapeau tout vif, sans lui couper quoi que ce soit, et l'apliquer immédiatement sur la plaie; un gros si la plaie est grande, et un petit si la plaie est petite. Quand il sera apliqué, il le faut bien bander avec un linge pour le faire tenir, et tacher que le crapeau ne vous nuise en le prenant; il le faut prendre avec un linge par dessus le dos et l'apliquer avec le même linge qui vous servira pour le couvrir, et vous le laisserez sur la plaie l'espace de 24 heures. Quand vous l'ôterez, il faut prendre garde s'il est mangé; car s'il est mangé, c'est une marque que le chancre est mort, et pour lors, vous panserez la plaie avec l'onguent ou l'emplâtre noir. Pour bien connaître si le chancre est mort, il y faut apliquer d'autres crapaux, jusqu'à ce que vous remarquiez qu'ils ne soient plus mangés; car lorsqu'ils ne le sont pas, c'est une marque infaillible que le chancre est mort. » Mme FOUQUET, *Recueil de remèdes*, 1704, p. 341. Cf. RÉGUIS, *Mat. méd.*, p. 29.

« Pour guérir *le doigt blanc* (le panaris ?), on place le membre malade dans la gueule d'un crapaud. » Harou, *Folkl. de Godarv.* (Belg.), 1893, p. 18.

« On fait passer la moiteur habituelle des mains en y étouffant un crapaud vivant jusqu'à ce qu'il meure. » Belg. wall., MONSEUR, *Folkl. w.*, p. 28; Sarthe, r. p.

« Ayant mal aux yeux, il s'est appliqué sur les paupières des crapauds ramassés dans un cimetière une nuit de pleine lune et fendus en deux. » *La Gaudriole du 28 août 1893.*

« Si vous avez mal aux yeux, allez le matin à la rosée, jusqu'à ce que vous trouviez un crapaud mâle aux yeux rouges. Vous le prendrez, le ferez cuire dans le four, le pilerez, le mettrez dans du vin blanc; puis vous vous en frotterez les yeux et boirez le reste. Vous serez guéri. » Mayenne, DOTTIN.

« Les tares de la cornée sont traitées par l'insuflation de la poudre d'excréments de crapauds. » Fontvieille (B.-du-Rh.), RÉGUIS, *Mat. méd.*

« Un collier de pattes de crapaud favorise la dentition des enfants du premter âge... Quatre pattes de crapaud ou de grenouille que l'on porte sur soi préservent du mal de dents. » Provence, RÉGUIS, *Mat. m.* — « Prenez la patte gauche de derrière d'un crapaud séché au soleil, mettez-la entre deux linges fins et l'appliquez sur la joue à l'endroit de la dent qui vous fait mal et la douleur cessera. » Mme FOUQUET, *Rec. de remèdes*, 1712, II, 67. — « Une patte de crapaud glissée à son insu dans la coiffure de quelqu'un, le guérit du mal de dents. » M.-et-L., *Rev. d. tr. p.*, 1905, p. 274.

« Contre la migraine, mettre sur la tête, recouvert par le chapeau, un crapaud vivant, jusqu'à ce qu'il meure. » Provence, RÉGUIS, *Mat. m.* — « Un cr. vivant, enfermé dans un sac et placé sur la tête, guérit la méningite. » BIDAULT, *Superst. médic. du Morvan*, 1899.

« De la poudre de crapaud desséché portée au cou dans un sachet, guérit les enfants de la maladie des vers. » Sud-Ouest, *Era bouls dera mountanho*, 1906, p. 204.

« Pendu par une patte dans un poulaillier, le crapaud garantit de la vermine les oiseaux domestiques. » H.-Alpes, RÉGUIS, *Mat. méd.* — Trois crapauds fixés par les pattes contre le mur d'une bergerie, préservent les troupeaux de la gale. » Drôme, RÉGUIS, *Mat. méd.* — « On traite la clavelée, maladie des moutons, en faisant griller un crapaud et en le fixant ensuite dans la *sounayo* (sonnette) d'un des moutons. » Remoulins (Gard), RÉG., *Mat. m.*

« Un crapaud enfermé dans un chalet rustique empêche les rats d'y venir causer des déprédations. » Allanch (Drôme), RÉG., *Mat. m.*

« Un crapaud pendu vivant, par le cou, au plafond d'une

maison, guérit de la peur celui qui l'habite. » Arles, Rég., *Mat. m.*

« *Secret pour faire veiller ou dormir.* Il faut couper subtilement la tête à un crapaut tout vif et tout d'un coup, et laisser sécher cette tête en observant qu'un œil est fermé et l'autre est ouvert; celui qui se trouve ouvert fait veiller et le fermé dormir, au contraire, en le portant sur soi. » XVIIe s., *Bullet. du bouquiniste*, 1864, p. 412.

« Quand les raisins commencent à mûrir, on les badigeonne avec de l'eau qui a servi à faire bouillir des crapauds. Si un maraudeur s'avise d'en manger, ses lèvres enflent considérablement. » Ariège, r. p.

« Pour faire l'*eau de crapaud*, on coupe en deux un crapaud, qu'on met à bouillir dans une chopine d'eau. Si l'homme le plus méchant de la terre avalait ce breuvage, il deviendrait de suite doux comme un mouton. » Dinan (C.-du-N.), *Rev. d. tr. pop.*, 1903, p. 45.

« Si vous avez perdu un objet, vous prenez un crapaud, que vous suspendez à un fil et vous vous mettez à sa recherche. Quand le crapaud tournera, il indiquera la direction de l'objet perdu. » Cubry (Doubs), r. p.

« C'est nourreture du crapaud Qui ne scet rendre ne baillier Que pur venin en son paillier. » anc. fr., P. Heyse, *Romanische Inedita*, 1856, p. 100.

« Il vous jette du venin comme un crapaud = *il vous dénigre.* » Seine-Inf., r. p. — « Un crapaud blessé jette du *v'lin* (venin) par tous les pores. » E.-et-L., Chap., I, p. 280. — « Avec une poignée de sel, on fait pisser le crapaud pour en obtenir un poison mortel. » B.-Pyr., Lespy.

« Quand un crapaud fait de la bouche un mouvement d'aspiration et de déglutition, et fixe, en même temps, une personne, il lui suce le sang de loin, même à travers ses sabots. » M.-et-L., Verr.

« Jésus demande à bouére, Quand survient la minuit; Y avont

fait son verre D'une peau de crapaud. » MILLIEN, *Chans. pop. de la Nièvre*, 1906, I, 12.

« On croit qu'on n'a pas de pluie à espérer, pendant une longue sécheresse, tant qu'un crapaud enfermé dans un pain ne l'aura pas entièrement mangé. » Robache (Vosges), RICHARD, *Trad. d. la Lorr.*, 1848, p. 98.

« Pour savoir le secret d'une fille, mettez-lui, pendant qu'elle dort, le cœur d'un crapaud sur la mammelle, elle racontera ses secrets, » XVIIe s., J. COUSIN, *Secr. mag.*, 1868, p. 41. — *L'Almanac paloués de l'Ariéjo*, 1905, donne la même recette.

« *Pour se faire aimer*. Ayez un crapaud en vie, un vendredi, avant le soleil levant, à l'heure de Vénus. Attachez-le par les deux pattes de derrière dans votre cheminée. Quand il sera bien sec, vous le mettrez en poudre dans un mortier et vous l'envelopperez dans une feuille de papier et vous le mettrez sous un autel par derrière pendant trois jours et l'irez retirer le troisième jour, à la même heure. Notez qu'il faut qu'on dise la messe sur cet autel. Et quand vous l'aurez retiré, vous le mettrez sur quelque fleur et les filles vous suivront partout. » XVIIe s., J. COUSIN, *Secr. mag.*, 1868, p. 11.

« Quand les crapauds se mettent sous le seuil de l'écurie des vaches, ils les font périr. » E.-et-L., r. p.; Ardennes, MEYRAC, p. 155. — « Quand les vaches avortent, c'est qu'on a mis un crapaud sous le seuil de l'étable. Le remède est de tuer le crapaud. » Bocage normand, LECŒUR, II, 30. — « Quand le bétail périt dans une étable, c'est qu'un malintentionné y a mis des crapauds. » Aisne, c. p. M. L.-B. RIOMET.

« Si on laisse, pendant la nuit, les canes hors de la maison, elles se font chaucher par les crapauds et, les jours suivants, leurs œufs sont, à l'intérieur, rouges de sang. » Cher, Deux-Sèvres. — « Aucune poule ne pond plus dans le poulailler où l'on a mis un crapaud. » Dinan (C.-du-N.), *Rev. d. tr. pop.*, 1904, p. 162.

« Il ne faut pas manger de *russeroles* (gâteaux de carnaval), le mercredi des cendres, il y a des crapauds dedans. » Vouêtre (I.-et-V.), *R. d. tr. p.*, 1904, p. 108. — « L'alise pacaude, sorte de galette, ne doit être entamée que le jour de Pâques; si on l'entame la veille, elle se trouve être pleine de crapauds. » Vendée, De la Chesnaye, *Le Paysan du Bocage,* 1900, p. 4.

« Au Sabbat on fait baptiser des crapaux; ils sont habillés de veloux rouge ou noir, avec une sonnette au col et une autre aux pieds. Un parrain tient la teste du crapaud et une marraine les pieds. » P. de Lancre, *Inconst. des mauv. anges*, 1613, p. 131. — « Le diable, au Sabbat, fait paroître des demons en forme de crapaux et oblige les sorciers à les garder avec soin, les faire paistre, les allaiter et tenir en délices. » P. de Lancre, *Inc. des m. anges*, 1613, p. 76. — « Les troupeaux du Sabbat sont un monde de crapaux qu'on garde avec de petites gaules blanches. » P. de Lançre, *Inc. d. m. a.*, 1613, p. 129. — « Au Sabbat on donne aux enfants des crapaux à garder. » P. de Lancre, 1613, p. 72. — « Au Sabbat un crapaud, avec deux petites cornes en la teste, se tient souvent sur l'épaule gauche des sorciers. » P. de Lancre, 1613, p. 128. — « Au Sabbat on fait du poison avec des crapaux. » P. de Lancre, 1613, *passim.*

« *Estre du serment du crapaud* = fréquenter le Sabbat. » P. de Lancre, 1613, p. 188.

« Dans la messe dite à rebours, au sabbat, l'hostie est remplacée par un petit crapaud..... Les nouvelles recrues du diable, au sabbat, sont rebaptisées avec du sang de crapaud. » Belg. wallonne, *Wallonia,* 1901, p. 173.

« Dans une maison où les enfants étaient souvent malades, on fit venir le curé pour rebénir l'habitation qu'avaient dû envahir les mauvais esprits. Le prêtre dit que la cause de tout le mal se trouvait sous le seuil de la maison. Quand on le souleva, on mit à découvert un gros crapaud. » *Wallonia*, 1906, p. 118.

« *Il y a un loup ou un crapaud* = il y a quelque chose de nouveau. » H.-Pyr., c. p. M. M. CAMÉLAT.

« On croit que le crapaud est le mâle de la grenouille. » Belg. wall., MONSEUR, *Folkl. wall.*; PIRSOUL; HAROU.

« Traha semel transivit super bufonem; unus dens fregit sibi caput, alius dorsum, tertius tibiam, ita quod miser totus confringeretur et ait : maledicti tot domini ! » L. HERVIEUX, *Fabulistes latins.*

« Dehet ait tant de maistres ! dist li crapoz à l'erce. » anc. fr., G. PARIS (dans *Journ. des savants*, 1885, p. 50; voir le commentaire de G. P. en note. Voir ce même *Journal des savants*, 1890, p. 568, où se trouve ce proverbe sous une forme latine.) — « *Aci, que y-ha trop de mestes Disè lou harri debat l'arrascle* = ici, il y a trop de maîtres, disait le crapaud sous les pointes du sarcloir. » B.-Pyr., LESPY.

« *'vel eun tousek 'tre treid an hogejou* = comme un crapaud entre les pieds (les dents) des herses, c.-à-d. en mauvaise posture, dans une situation difficile. » ERNAULT, *Notes d'étymol. bret.*, 268.

« Ki crapaut aimme lunete li samble. » prov. du XIIIe s., ULRICH, 1902. — « *Qui crapot aime ymage li semble* = bufo saporatus sentitur cum sit amatus. » anc. fr., *Zeitsch. f. d. Alterth.*, 1859, p. 126. — « *Buffo curetur? jam buffo luna videtur* ou *Sit buffo carus ? fiet luna mage clarus* ou *Buffonem cura? fiet, te judice, luna* ou *Sit buffo quod amas? hunc lunam vincere clamas.* » Proverbes latins du moy. âge, P. MEYER (dans *Arch. des missions*, 1868, p. 177.) — « Quisquis amat ranam, ranam putat esse Dianam. » *Carm. proverb. loci communes*, 1670, p. 8.

« Demandez à un crapaud ce que c'est que le beau, le *to kalon?* Il vous répondra que c'est sa crapaude, avec deux gros yeux sortant de sa petite tête, une gueule large et plate, un ventre jaune, un dos brun. » VOLTAIRE, *Dict. Philos.* au mot *Beau.*

« Le crapaud a pissé sur les yeux de la taupe qui a perdu la vue. » Landes.

« Au temps de Moïse, c.-à-d. il y a longtemps, la taupe prit au crapaud sa queue et lui donna ses yeux en échange. Depuis lors la taupe est restée aveugle. » H.-Pyr., CORDIER, *Dial. du Lav.* — « Qu'a hèt ètch cambi déra boutro, qu'a cambiadj és gouéls pé ra couo = Il a fait l'échange de la taupe, les yeux pour la queue, il a fait un marché de dupe. » Saint-Girons (Ariège), r. p. — « La taupe a échangé ses yeux avec le crapaud qui lui a donné sa queue en échange. Quel est celui qui a fait la meilleure affaire? C'est la taupe, parce qu'elle aurait toujours fini par perdre la vue, vivant sous terre en ne se servant pas de ses yeux. » Landes, c. p. M. DUBALEN. — Sur la facétie de l'Auvergnat avalant un crapaud croyant que c'est une prune ou un hareng, voyez *Mélusine,* II, 443, 496; III, 190; *Wallonia,* 1893, p. 183.

Symbolique. — On a cru à une certaine époque que les fleurs de lys des rois de France représentaient trois crapauds : « On dit que les crapauds armerent autres fois, avant les fleurs de lys, l'écusson de nos roys. » FOURNIER, *Var. histor.*, IV, 18. — « Les Flamands donnoient aux François le surnom de *crapauds franchets* à cause des armes qu'ils avoient sur leurs écussons. » FAVYN, *Hist. de Navarre,* VIII, 399.

Pour le crapaud dans la symbolique chrétienne, voyez : CAHIER, *Caractèr. des saints,* 1867, I, 274-276.

Héraldique. — « Pour le crapaud dans l'héraldique, voyez : RENESSE, III, p. 166.

Bufo obstetricans (LAURENTI). — **LE CRAPAUD ACCOUCHEUR.**

crapaud des pierres, crapaud des murs, Bourgogne. — *crapaud de crô*, m., Champagne, Bourgogne. — *sourd*, m., Loiret. — *petit potier*, Orne. — *coulouk*, m., *clouktê*, m., *clouktrê*, m., Belg. wall. — *clouk*, m., Somme; M.-et-L. — *clok*, m., *clhok*, m., *clhott*, m., Poitou, Vendée. — *clousse*, f., *clouss*, m., Somme. — *clhopô*, m., Manche. — *clhouclhou*, m., Corrèze. — *groul*, m., T.-et-G. — *chocholle*, f., Vosges. — *tchok*, m., gascon. — *cuco*, f., Gers, T.-et-G. — *poupoult*, m., M.-et-L. — *toutou*, m., C.-d'Or, Yonne. — *tutàn*, m., *tutà*, m., B.-P. — *tutt*, m., Landes. — *tuètt*, m., Châtelleraud (Vienne). — *cutt*, m., P.-de-D. — *petit bû*, Deux-S. — *dô*, m., Nièvre. — *gouglin*, m., Yonne. — *sapel*, valencien, BOSCA. — *guarro*, Cuenca, BOSCA. — *töser*, allemand.

« Ce crapaud dit : *n'y a prou ! n'y a prou !* (= il y en a assez); la grenouille répond : *pas énquèrou ! pas énquèrou !* (= pas encore). » Lot-et-G., PERBOSC (dans *Rev. du traditionn.*, 1907, p. 309.)

Bufo igneus (LAURENTI). — **LE CRAPAUD SONNEUR.**

rubetra, rubeta, rutela, ulula, l. du m. â. — *rana rubeta*, nomencl. de LINNÉ. — *bufo bombinus*, nomencl. de DAUDIN.

rubette, f., anc. fr., *Grant Albert*, s. d. (vers 1500); RABELAIS,

Pantagr., 1533. « Il regarda si la lettre estoit escrite de sang de rubetes. » RABELAIS.

moumou, m., *mou*, m., Berry, L.-et-Ch. — *nonô*, m., Nièvre. — *nunu*, m., Ain. — *lulu*, m., Nièvre, Yonne. — *lupô*, m., Berry, Nièvre. — *lutô*, m. — *cuti*, m., P.-de-D. — *coti*, m., H.-Gar. — *loutô*, m., Berry, Yonne. — *lurtê*, m., wallon. — *nunce*, f., Yonne. — *pon-hû*, m., *sourd*, m., M.-et-L. — *toujou*, m., Annecy. — *nadou*, m., *nadô*, m., Yonne. — *liron*, m., Char.-Inf. — *kinô*, m., dauphin. — *briou*, m., anc. gascon. — *raoufé*, m., Corrèze. — *crapaud rouge*. — Jura.

rospo-cucco, *roschetto*, *budolo*, *mucolo*, dial. ital.

güllengügger, *guggermörli*, *gugger*, Suisse all. — *marröchsl*, *mooskua*, Tyrol.

croinoc, anc. cornique, ZEUSS, *Gramm. celt.*, 1871, p. 1075.

Ce que dit ce crapaud : « Nu ! nu ! — Qu'as-tu ? — J'ai vu le pêcheur. — T'a-t-il pris ? — Non. — Ni moi ! — Ni toi ! — Ni moi ! nu ! nu ! » Ain.

« *Lous téous ! Lous méous ! Lous, tous, tous !* » Corrèze, G. DE LÈPINAY (dans *Lemouzi*, 1897, p. 268.) — « *Jan? As lous esclots ? — Nou, et tu ? — Jou tapoc.* » Puységur (Gers), *Armanac de Gascougno*, 1905. — « *As esclops ? — Nàni. — E tu tapoc.* » Arrens (H.-P.), c. p. M. M. CAMÉLAT. — « *Clic-cloc, que m'éy perdut ets esclops, qui-m troubats, clic-cloc.* » Arrens (H.-P.), c. p. M. M. CAMÉLAT. — « Ce crapaud imite, la nuit, les coups de battoir des lavandières. » G. SAND, *Promenades*. — « Le paysan breton prétend que le crapaud imite à volonté le chant de la chouette. » AMÉZEUIL, *Récits bretons*, 1863, p. 28.

Bufo calamita (LAURENTI) et **Bufo viridis** (LAURENTI).

calamites, lat. de PLINE. (Rana quam Græci *calamitem* vocant, quoniam inter arundines fruticesque vivat.) PLINE, *Hist. natur.*, lib. XXXII, cap. XLII. — *calamita*, l. du m. â. — *bufo mephitica*, nomencl. de SHAW. — *bufo terrestris fœtidus*, nomencl. de ROESEL.

crapaud d'eau, crapaud des joncs, crapaud des marais, franç. — *crott malos*, frioulan. — *natterjack*, anglais.

purre, allemand du Nord-Est.

Rana (genre) (LINNÉ). — LA GRENOUILLE.

botrax, botracha, rana, ranunculus, l. du m. â. — *granolha, granoilla*, anc. prov. — *raine*, f., *raigne, renoule, renouille, gregnoule, gregnouille*, anc. fr. — *rana, rano, rane, ràỳ'na, ragne, rin-ne, réne, rèn', rôna, régne, rënali, rënoulhi, renèlhè, rënôlhe, rënouòy', rënouèy', rënôy', rënouy', grénoûle, ghérnoûle, granoulha, granoulho, granolhe, gournëlha, granouyo, gourniyo, grëgnole, ghèrnòy', crenouy', ganouy', ghénouy'*, en divers patois. [Tous ces noms sont féminins]. — *randoulhe*, f., Isère. — *éngranoulho*, f., limousin. — *gramoulho*, f., gascon. — *graoulha, graoulho, graoulhé, graoulhe, griaoulhe, groulhe, graouélha, grabèlha, gargoulho, gourgoulho, graboulho, gragoulhe, graououlhe*, en divers patois du Sud-Ouest. — *éngargoulho*, f., Gurmençon (B.-P.) — *gragnaoude*, f., anc. gasc. — *gournôde*, f., Allier. — *ghèrnaoude*, f., Orne. — *ghénaode*, May. — *ghèy'raoudo*, f., Dord. — *galhaoudo*, f., Char. — *èngolhaoudo*, f., limousin. — *gragnoto*, f., langued., Ariège. — *éngragnolo*, f., H.-G., Aude. — *gréoutÿo*, f., *gréoudÿo*, f., Pays d'Albret, DARDY, I, 308.

gréoutÿ, f., nord-ouest des B.-Pyr. — *grôzoulô*, m., Coulombs (S.-et-M.) — *groazèl'*, f., May.

crâ, f., H.-Marne. — *crankèto*, f., dauphin. — *sereine du Pré aux Clercs*, ancien mot parisien facétieux, *Comédie des proverbes*. [Le *Pré aux Clercs*, à Paris, était entouré d'un grand nombre de fossés.] — *oiseau de boutasse*, m., nom facétieux lyonnais, CANARD, *Mém. de l'acad. de Gourguillon*, 1887, p. 226.

louètiotte, f., jargon de Razey près Xertigny (Vosges), r. p. — *sauteuse*, f., argot, BRUANT, 1901.

negela, igel, ihel, basque.

rana, arrana, ranonchia, giurana, cirana, pisci-cantannu, dial. ital. — *crott*, frioulan. — *rauna, rangla*, romanche. — *broasca*, roumain.

granota, granot, catalan.

frosch, padde, pobbe, pogge, quaket, höpper, höpser, lork, werre, dial. all. — *puit, pui, puut, pu, vorsch*, dial. flam. [A. DE C.] — *kikker, kikkert*, dial. holl. [A. DE C.]

frosk, frog, frosher, leap-frog, paddock, paddick, spreckled-belly, straddle-back, Lankister-lowp, martch-bird, fen-nightingale, dutch nightingale, irish duck, dial. angl.

guilschin, anc. cornique, ZEUSS, *Gramm. celt.*, 1871, p. 1075. — *uillichid, sonasan, bealbham ruadh, maig, magag, oslosgann, leumach, cnadan, cranag, craigean*, gaélique écossais.

tchamba, bâter, capni, tsigane.

Voir d'autres noms gallo-romans de la grenouille dans GILLIÉRON et EDMONT, *Atlas ling.*, carte 668.

Sur les noms bretons de la grenouille, voyez : E. ERNAULT (dans *Revue celtique*, 1904, p. 60-63.)

« On appelle *orgues de Marchémont* (Oise) les grenouilles de Marchémont qui est un pays marécageux. » *Comité archéolog. de Senlis*, 1875, p. 42. — « *Orgues de Muizon* = grenouilles et crapauds de ce village marécageux. » Marne, c. p. M. E. MAUSSENET.

La larve de la grenouille et du crapaud, qui est munie d'une queue, est appelée :

gyrinus, latin de Pline, 9, 61, 74.

têtard, m., franç., Richelet, 1710; etc., etc. — *tétā̄*, m., *tètò*, m., fr.-comt. — *tetô*, m., *této*, f., *této niro*, f., *grosso tésto*, f., P.-de-D. — *tèté*, m., Char. — *téton*, m., Nièvre. — *tëtoche*, f., Orne. *cabò*, m., Aisne, Orne. — *grosse tête*, Guernesey. — *cap-gross*, m., *ca-gross*, m., *cagrosso*, f., langued. — *caboss*, m., B.-P. — *caboche*, f., L.-et-Ch., Orne, Oise, Aisne. — *crabosse*, f., Aube. — *cabussolo*, f., Aude. — *cabiratt*, m., Ariège. — *cap-grignoun*, *cap-grougnoun*, gascon, Mistr. — *tête noire*, M.-et-L. — *tête d'âne*, M.-et-L., L.-et-Ch. — *tésto d'azé*, f., Provence, Gard. — *cap d'azé*, Gard. — *azé*, m., Gard, Aude. — *azé bouyén*, m., Gard. — *azé-boubou*, m., H.-Loire. — *cà-mortèl* (= tête-marteau), m., Lot, Dord. — *cap-martètt*, m., Landes. — *sò-mortèr*, m., Davignac (Corr.), r. p. — *cacho-marlèl*, m., limousin. — *cok-malhè*, m., Jura. — *tête à mailloche*, f., Genève. — *cumàyò*, m., Boulogne-s.-M. — *makètte*, f., Belg. wall. — *marsélotte*, f., Aisne, c. p. M. L.-B. Riomet. — *maclotte*, f., Valenciennes, Namur. — *maclëte*, f., Marne. — *massola* (= battoir), f., P.-de-D. — *masséto*, f., Digne (B.-A.) — *cratche*, f., Val d'Orbey (Alsace), Lahm.

padèto, f., P.-de-D. — *queue de poêle*, *queue de pêlette*, *queue de poêlon*, *queue de casse*, *cul de casse*, en div. pat. de la France du Nord. — *louche à pot*, f., Saint-Pol (P.-de-C.), c. p. M. Ed. Edmont. — *kèssotte*, f., *tsézo*, f., Jura. — *coué dé sartàn*, *sultanèto*, f., provenç. — *godè*, m., M.-et-L., Sarthe. — *pothe* (av. *th*. angl.), H.-Sav. — *càncarignol*, m., L.-et-G. — *couë˜lhérèta*, f., Thénésol (Sav.), r. p. — *kiy'rotte*, f., *këÿratte*, f., fr.-comt. — *poutrotte* (= petite cuiller en bois), f., Montbéliard. — *popioule*, f., Vielsalm

(Belg.), *Wallonia*, 1895, p. 112. — *pambos*, plur., Haute-Bretagne, LE PELLETIER, 1752. — *gruètte* (= petite cerise noire des bois), f., Nièvre, *Mém. de la Soc. acad. du Niv.*, 1887, p. 155.

gouak, m., Luchon (H.-Gar.), c. p. M. B. SARRIEU. (Le mot s'emploie aussi pour désigner un homme petit et un peu court.) — *gluturou*, m., Arrens (H.-P.), c. p. M. M. CAMÉLAT.

sabô, m., Rhône. — *échavô*, m., Étampes (S.-et-O.), — *molhon*, m., Annecy. — *coudutt*, m., Gironde. — *bot quoué*, m., fr. dial., DUEZ, 1678. (Le mot signifie : crapaud à queue.) — *ba caoué, bò caoué, bò caouò, bicaoué*, Lorraine. — *bricaoué*, m., Woippy près Metz.

brad-caoué, m., *brode-caoué*, m., anc. fr., MÉNAGE, 1650. — *botron*, m., Rhône, — *botriô*, m., S.-et-L. — *margaou*, m., P.-de-D.

girino, cozzon, cùdul, bottaranna, ranabotolo, dial. ital. — *padella*, romanche.

kaulpadde, külenkoppe, puillpogge, mollekopf, dial. allem. — *donderpadje, dikkop, kikkervischje*, holland. — *puitekop, potsekop, totskop, dikkekop, puitelompe, puitshoofd, potsooreken, paddevischken, popeloeneken, pimpeljoen, pipioen, pompeljoen, pompeloer*, dial. flam. [A. DE C.]

bullyhead, bullhead, pow-head, powart, powlik, tadpole, podle, pollywog, porriwigle, purwiggy, willie-pourrit, ladleyed, laidlick, tom-noddy, jack-bannial, horse-nail, gell, gill, gellie, judy-cow, dial. angl.

ceann-phollag, ceann simid, doirbean, dairbeag, fo-loscainn, poll-cheannan, dial. gaéliques écoss.

Le frai des grenouilles forme une matière visqueuse, transparente, qui est chargée de petits œufs. On le nomme :

èsparme des raines, f., *sperme des grenouilles*, f., *semence de grenouilles*, anc. fr. — *spermiole*, fr., franç., LAMPERIERE,

Traité de la peste, 1620, p. 365. — *glaire*, f., fr., DUEZ, 1678.

frôy', f., *covin*, m., Namur. — *fròyèy'* f., Aisne. — *foursin*, m., Boulogne-s.-M., Aisne. — *couvi*, m., Eure. — *covè*, m., Vosges. — *covi*, m., wallon. — *grou*, m., Gard. — *grun*, m., P.-de-D. — *fil*, m., Bocage normand. — *ghërnouyé*, m., May. — *ghërnouyé*, m., *ghërnouyère*, f., Nièvre. — *grënouyon*, m., *rënoulha*, m., fr.-comt. — *pain de grenouille*, *pain de crapaud*, H.-Marne. — *lumia*, ital., DUEZ, 1678.

leek, *gelaich*, *froschlaich*, *froschgerede*, *froschrogen*, *poggenglugge*, *poggenschåt*, dial. all. — *puitegerek*, *puiterek*, *paddegerek*, dial. flam. [A. DE COCK.]

fry, *frogfry*, *spawn*, *gender*, *junder*, *froy-rud*, *toadslutch*, *paddock-beds*, *poddock-crude*, *pud-redd*, *toad-redd*, dial. angl.

glothag, gaélique écossais.

De la grenouille qui fraye, on dit :

elle fourse, anc. franç., GOD., IV, 117.

elle est en ravô, M.-et-L., VERRIER.

Un endroit marécageux où il y a beaucoup de grenouilles, est appelé :

ranarium, *ranetum*, l. du m. â.

ranerie, f., *renoulliere*, f., *gorneillere*, f., anc. fr., GOD. — *grenouillère*, fr. — *grënoulhé*, m., Char. — *ghërnouyi*, m., Marne. — *rënolhêre*, f., *renolhon*, m., Savoie. — *grenouillard* (= étang plat, peu profond, qui n'est bon que pour les grenouilles, où le poisson ne réussit pas), Ain, *Annales de la soc. d'émul. de l'Ain*, 1893, p. 112. — *ghéy'raoudié*, m., Dord. — *raca*, m., anc. prov., DU C.

« *Ranaterius* = pêcheur ou marchand de grenouilles. » l. du m. â., DU C. — « *Guernouillat* = pêcheur de gr., misérable pêcheur, braconnier de pêche. » Marne, Guén.; Ain, Gérin, *Au pays des étangs*, 1891, p. 25.

« *Engragnoutà* = pêcher les gr. avec un harpon. » Aude.

TOPONOMASTIQUE :

La Grenouille, Les Grenouilles, Le Grenouiller, La Grenouillère, La Grenouillerie, Le Grenouillet, Les Grenouilloux, La Fontaine des Raines, Cantarane, Canteraine, Chanteraine, Chantegrenouille, noms de nombreuses local.

Grata-Rana, doc. de 1456, loc. de la Dordogne, De Gourgues.

La Grazoulhe, f., loc. de la H.-Vienne, Leroux, *Arch. de la H.-V.*, 1882, p. 137.

La Granolhi, Granouillat, doc. de 1631, Drôme, Brun-Durand.

Chanta-Reyneta, doc. de 1458, loc. des H.-Alpes, Roman.

La Guernoilhère, doc. de 1334, *La Grenolle*, doc. de 1583, *Le Grenoilleau*, doc. de 1552, *Les Grenoilleaux*, doc. de 1620, *Estang de Quachagrenoilhe*, doc. de 1378, *Moulin de Cachegrenouille*, doc. de 1454, loc. de la Vienne, Rédet.

Les Rainières, Le Grenouillé, Toucheraine, loc. de M.-et-L., Port, *Arch. eccl. de M.-et-L.*, 1880, p. 25, 30, 110; 1898, I, 58.

Trompe-Grenouilles, loc. d'Indre-et-L., Carré. (Sans doute quelque mare où il n'y a pas souvent d'eau.)

Le Champ des Grenouilles, Les Renailleries, La Renoulière, La Renouère, Loire-Inf., Quilg. — *Le Chemin des Grenouilles*, anc. rue de Nantes.

La Rainière, La Raignère, La Renoulaie, Grenor, doc. de 1205, *Le Bas-Grenouille*, Mayenne, Maitre.

La Grenochère, loc. de la Sarthe, Bellée, *Arch. de la S.*, 1881, III, 30.

Cantrain, nom d'un moulin dans l'Eure, Blosseville.

Le Pont des Grenouilles, La Fosse aux Rainelles, loc. du Morbihan, Rosenzweig.

Le Renouilleux, local. de Seine-et-M., PASCAL, II, 131.

Ranivilla, en 1090, *Rainneville* (aujourd'hui), Somme.

La Cense des Raines, loc. de l'Oise, PEIGNÉ-DEL., 1873.

La Flaque à Raines, loc. de l'arrond. de Boulogne, HAIGN.

La Maison Pesche-Rainne, maison de Reims en 1346, DUCHÉNOY, *Ens. de R.*, 1904, p. 170.

La Fosse aux Reines, *Le Pont des Reines*, Meuse, LIÉNARD.

Le Ruisseau de Grenotte, *Le Lieu-Grenouille*, *La Rue-Grenouille*, localités de la Nièvre, SOULTRAIT.

Les Renalettes, *La Renallière*, *La Renoillire*, *Le Renollier*, *Le Renolly*, *Le Renoillat*, Suisse rom., JACC.

Ile de Grenouillière, île près Chatou.

La Rue des Grenouilles, anc. rue à Saint-Quentin, GOMART.

La Rue de la Grenouillère, rue actuelle de Tours.

La Rue Grenouillère anc. rue de Paris, FAUDET, *Paroisse de Saint-Ét.-du-Mont*, 1840, p. 198.

La Rue Cacheraine, anc. rue d'Amiens, GOZE, *Hist. des rues d'Am.*, 1854, I, 146.

Les localités appelées *Renniacus*, *Regney*, *Regny*, *Reignac*, *Rigné*, *Rigny*, *Reignet*, n'ont rien à faire avec le mot *rana* = grenouille ; elles ont pour origine le nom d'un homme appelé *Rennius*.

ONOMASTIQUE :

La Rainne, *La Reynie*, *La Reynière*, *De Chanteraine*, *Renouil*, *Renou*, *Renoulet*, *Grenouillet*, *Grenouillac* (Lot), *Grenouillot*, *Grenouilloux*, *Grenouilleux*, *Grenouiller*, *Grenouilleau*, noms de famille.

Pesche-Rainne, nom de famille en anc. champenois, VARIN, *Arch. de Reims*, Index, 1853.

Escorche-Rainne, nom de famille au moyen âge, FRANKLIN, *Rues de Paris*, 1874, p. 56.

Les bacoués de Blécourt = sobriquet des gens de Blécourt (H.-M.)

« On appelle les *quéci-quéci* les habitants *de Brixey aux Chan.* (Meuse); littéral. *cris de grenouilles.* » OLRY, p. 13.

« Les villages de Ramecourt et de Tilly-Capelle (P.-de-C.) sont appelés populairement : *ch' trau à rânes.* » c. p. M. ED. EDMONT.

« *Froglander* = un hollandais, un allemand. » argot angl., GROSE.

On interprète le cri de la grenouille par les sons suivants :

coak! coak! anc. fr., GAUCHET, *Plais. d. Champs*, 1583.— *couâk! couâk!* Guernesey. — *couacouak!* Cher. — *coua! coua!* Provence. — *couè! couè!* Béziers. — *croua! croua!* Doubs. — *quar! quar!* allemand de Silésie. — *kvaak! kvaah!*, néerlandais.

Le cri de la grenouille est appelé :

coax, latin tiré du grec κοάξ. — *quaxum, quascum, blatera, blaterea, blatea, balthea*, l. du m. â., DU C.; DIEF.

coax, m., *coac*, m., *coassement*, m., anc. fr. — *croaxement*, m., anc. fr., OLIV. DE SERRES, 1600, I, 7. — *croac*, m., *croassement*, m., *croaillement*, m., fr., DUEZ, 1664.

De la grenouille faisant entendre son cri, on dit :

coaxare, coassare, coxare, quassare, ranire, rabire, blacterare, blatterare, l. du m., â., DU C.; DIEF.

coaxer, coasser, anc. fr. — *couacquer*, fr. du XVIe s., *Hist. macar. de Merlin Coccaie*, éd. Jacob., p. 113. — *couakéyà*, B.-P., H.-P. — *coèy'kéyà*, B.-P. — *croacer*, fr., Mme d'AULNOIS, *Contes nouv.*, 1698, I, 176; Sarthe. — *cracassé*, Deux-S. — *cracrassé*, dép. de la Vienne. — *gorgocer, gorgocier*, anc. fr., God. — *grenouiller*, fr., DUEZ, 1664. — *chantë*, Mayenne, DOTTIN. (Le mot est spécialement employé pour la grenouille.) — *caketer*, fr. du xve s., La Fons-Melicocq (dans *Bullet. du Bouquiniste*, 1862, p. 361). — *renar*, anc. prov., Rayn. — *rénà*, Montpellier. — *gailier*, (en parlant de la grenouille), *quailier* (en parlant du crapaud), fr. du xiiie s., en Anglet., Skeat.

roga, *roèga*, — *ragachi*, *raka*, *racqat*, *rakal*, *grakal*, breton, Ernault (dans *Revue celt.*, XXVIII, 190).

to croak, *to crowp*, dial. angl.

regern, dial. all. — *kwaken*, néerlandais.

qa'aa, *qaraq*, arabe syrien, Berggren.

« Une grenouille dans une mare, dit : *qui est-ce qui lavera, qui est-ce qui lavera L'écuelle au roi?* et les autres répondent en chœur : *ce n'est pas ma! ce n'est pas ma!* » Ille-et-V., Daguet, *Au pays foug.*, 1899, p. 108.

« Une grenouille : *j'ai perdu mon bonnet!* Une seconde grenouille : *j' l'ai pas r'trouvé!* Une troisième : *ni moi, ni moi!* et toutes les autres reprennent en chœur : *ni moi, ni moi!* » Aisne, c. p. M. L.-B. Riomet.

« As-tu soupé? Non, et touè? Ni mouè. » Puységur (Gers), *Arman. de Gascogne*, 1905. — « As-tu soupé? Oui, toué et moué Et moué et toué. » Laurède (Landes), Foix, 1902, p. 21.

« Touanéto! Touanéto! [= *Antoinette*] .» Lot, Perbosc (dans *La Tradition*, 1905, p. 334).

« Quand les grenouilles coassent, on dit : *les religieuses chantent les litanies.* » — « *Granouyo dé bénéchié* = gr. de bénitier, dévote. » Provence.

« Quand les chaussures crient, on dit que le cordonnier a mis dedans du *gosier de grenouille.* » Aube, L. Morin.

« Linquo coax ranis, cras corvis vanaque vanis. » prov. lat. du m. â., *Hist. litt. de la Fr.*, XXX (1888), p. 298.

« Toute parole sans vérité est kaket de rainnes » xve s., La Fons-Melicocq (dans *Bull. du bouquiniste*, 1862, p. 361).

« *Avé léy granouyo* = avoir les grenouilles, râler, être sur le point de mourir. » Provence, Pellas, 1723. — « *Granoulio* = râlement d'un mourant. » cévenol, Sauv., 1785.

« *Il a une grenouille dans la gorge* = il a quelque chose qui l'empêche de bien parler. » Pays flamands. [A. de C.]

« On t'avoit menacé de te jeter dans la Seine afin de te faire taire ; à quoy tu respondis que tu estois du naturel des grenouilles qui parlent plus dans l'eau que dehors. » *Conférence du crocheteur du Pont-Neuf*, 1616, p. 4.

« Saint-Martin (4 juin) n'est pas content. Les grenouilles vont aux champs = *se dit quand il pleut ce jour-là.* » Aube, L. Morin, p. 17.

Le chant des raines annonce le printemps. « Autant de jours elles chantent avant Notre-Dame de Mars, autant de jours elles pleureront après, c.-à-d. qu'il y aura autant de journées froides. » Deux-Sèvres. — « Avant Bonne-Dame-Mars Autant de jours les raines chantent, Autant par après se repentent. » M.-et-L.

« Il ressemble aux grenouilles du mois d'août, il a la gueule close. » Belg. wall., *Dict. des spots.*

« Quand les grenouilles coassent point de gelées ne menacent. » Haute-Saône, *Statist. de la France.*

« Quand les grenouilles ont chanté Elles ne sont plus bonnes à manger. » Haute-Savoie, Const.

« Il faut éviter de manger des grenouilles au mois de mai, à cause que les crapauds fraient avec elles. » xvie s., Ambr. Paré, XXIII, 32. — « Des membres blancs et delicatz des grenoilles le corps humain se repaist sans danger, hormis du temps qu'elles sont approchées des crapauds. » Billon, *Fort du sexe fém.*, 1555, f^{et} 168, v^o.

« S'accroupir comme des grenouilles. » Duez, 1678 ; P.-de-C.

« *S'agrënolhi* = s'accroupir », lyonnais, Puitsp.

« *Cela fait la grenouille dans le dos,* se dit d'une robe de femme mal faite. » Paris, r. p.

« *Frog* = policeman, sergent de ville. » argot anglais.

« *Spit-frog* = mauvaise épée, mauvais couteau. » argot anglais.

« *Coéche de grabélhe* = cuisse de grenouille; c'est le nom qu'on donne à un cul-de-jatte. » Arrens (H.-P.), c. p. M. M. CAMÉLAT.

« Il tira une bourse qui paroissoit estre de cuir de grenouille. » XVIIe s., D'ASSOUCY, *Aventures*, éd. Col., p. 15.

« Granouio = magot, amas d'argent. » Provence, CASTOR. — « *Guernoule* = bourse commune, masse. » Valenciennes, HÉCART. — « Vous possédez quelque fortune? — Je ne suis pas sans avoir ma petite grenouille. » ROYER, *Déménagé*, comédie, 1852. — « *Manger la grenouille* = dilapider les fonds. » *Supplém. illustré du Journal* du 11 janv. 1893, p. 4. — « *Grenouille* = tire-lire à recevoir les pourboires. »

« Rana super sedem velotius exit honorem. Si ranam posueris in loco palliato, cito tibi inde saltabit in luto = *naturam turpem nulla fortuna obtegit.* » VOIGT, p. 5.

« Dur est oster grenoilles de la fange. » XVe s., BRUNET, *Poésies d'Alione*, 1836. — « La granouya habituada ai marécage, sé la mètés én cuola rétourna subito aou plan. » Nice, TOSELLI.

« A cette proposition, les uns deviennent verts comme des grenouilles, les autres blancs et mats comme des vers à soie. » ROQUEPLAN, *Pégase*, 1857, p. 95.

« Je suis tombé dans cette société, comme une pierre dans une mare à grenouilles = *tout le monde s'est tu ou a disparu.* » Paris, r. p. — « Le mot produisit l'effet d'un pavé dans une mare à grenouilles. » MÉROUVEL, *Sang rouge*, s. d. (vers 1900).

« Elle est ignorante comme une grenouille. » DE FORGES, *La Tempête*, vaudeville, 1834, p. 9. — « *Tésta vèrda*, f. = tête folle, tête de grenouille. » Lansargues (Hérault), *Occitania*, 1887, p. 157.

« La grenouille boit et parle, c'est le naturel d'aucune femme. » LAGNIET, 1657.

« Le naturel de la grenouille Est qu'elle boit et souvent gazouille. » G. MEURIER, 1582. — « Ou de belle eau luy fauldra boyre Tout son soul avec les grenouilles. » DAMERVAL, 1508. — « Nous voit-on comme eux *grenouiller* (boire) dans les cabarets? » DELOSME, *Les souhaits*, comédie, 1693. « Après avoir bien grenouillé au cabaret. » J. P. CAMUS, *Tapisser. hist.*, 1644, p. 173. — « *Ils grenouillent le sang* = ce sont des buveurs de sang, des êtres cruels. » FUSI, *Le franc archer de l'église*, 1619, p. 582. — « *Marchand de ratafia de grenouille* = marchand ambulant de tisane qui, pour le vrai buveur, équivaut à de l'eau. » TACONET, *Écosseuses des halles*, comédie, 1767, p. 36. — *Ratafiat de grenouille, champagne de grenouille, champagne de la veuve Grenouille, vin de grenouille, tisane de grenouille, bouillon de grenouille* = eau et quelquefois pluie. » En divers endroits. — « *Pissée de grenouille* = petite averse de pluie. » M.-et-L.

« Au régiment, on ne doit pas se servir de pommade pour les cheveux, cela salirait le traversin, mais on peut s'oindre avec de la *pommade de grenouille* (de l'eau claire. » BEAUREPAIRE-FROMENT, *Le 71e trainglaux*, 1905.

« Le *boys sans manger* appartient aux grenouilles. » DUROC SORT-MANNE, *Nouv. récits*, 1573, fet 30.

« *Grenouillard* = buveur d'eau. » argot, BRUANT.

« Les buveurs disent que l'eau engendre des grenouilles, si l'on en boit. »

« *N'habera pas griaoulhes aou bénte*, se dit de celui qui ne met jamais d'eau dans son vin. » B.-Pyr., LESPY.

« Vous pouvez boire de mon vin, vous n'aurez pas de grenouilles dans le ventre, il est nature et pur comme du lait de nourrice. » CHARTRAIN, *Poivrot*, 1884.

« On eust dit que les grenouilles se battoient en son ventre. » BOULAESE, *Thresor de la victoire*, 1578, p. 80.

« On dit de ceux auxquels le ventre grouille qu'ils ont des grenouilles dedans. » P. BAILLY, *Questions naturelles*, 1628, p. 300. — « *Grenouillons* = borborygmes dans le ventre. » Centre, JAUBE. — « Je sens le cœur qui me gargouille Dans les flancs comme une grenouille. » *Entretiens de la Truche*, 1545, réimpr. de 1868, p. 5. — « Ça me *gribouille* dans le cœur comme du vin frelaté. » SAUVAGE, *L'Ivrogne*, drame, 1830, p. 32. — « Quand la lessive, en passant dans la cuve, fait un bruit analogue au coassement de la grenouille, on dit : *la grenouille est dans la buée, elle sera bonne.* » May., DOTT.

« Je ne sais pas ce qui me *greneuille dans l'échine.* » Deux-Sèvres, SOUCHÉ, *Prov.*

« *Prendre une grenouille* = tomber dans l'eau par accident. » entendu à Paris en 1905. — « *Grenouiller* = tomber dans l'eau. » *La Grande Ville*, 1843, II, 235.

« *Il est dans le pays des grenouilles* = il est noyé. » DUVERT, *L'Homme blasé*, comédie, 1843.

« Les belles parolles leur naissent toujours à la bouche comme les grenouilles aux marests. » G. BIEN-VENU, *Foucade aux estats*, 1615, p. 4.

« La grenouille est si vergongneuse et tant amie d'ingénuë pudeur, qu'elle ne s'accouple jamais à la vuë du monde et, ne le pouvants faire dans l'eau, elles sortent la nuict, et tant que la nuict dure, s'entretiennent d'une mutuelle embrassade. » VALÉRIAN, p. 369.

« Ce seroit un abus si une femme faisait de son c. un godet, une arbaleste à grenouilles, bien qu'il serve à recevoir les queues de grenouilles, lesquelles leur ont esté ôtées pour en faire les choses des hommes qui, pour cette cause, sont bien aises et veulent toujours estre en tels marais. » XVIe s., BÉROALDE DE VERV., I, 141.

« *Far la rana* = nager sur le dos, la bouche en l'air. » Parme, Mal.

« Le drap rouge fascine également les femmes et les grenouilles. » P.-d.-C.

« *Ranabotte*, m., *rabbotte*, m. = têtard, au figuré *homme petit et trapu.* » Abruzzes, Italie.

« Like a tom-noddy, All head ann no body. » Devonshire.

« *Avoir du sang de grenouille dans les veines* = être anémique. » Paris, r. p.

« Être peureux comme une grenouille. » Pays flamands. [A. de C.]

« Un cocher de fiacre qui a du cœur ! c'est aussi rare que de voir du poil à une grenouille. » Verneuil, *Vie d'un bohème*, s. d. (vers 1900).

« Cossa farav la rana se la gh' avess la coa ? » Milan. — « Domeneddio seppe quel che fece a non fare i denti alle rane. » ital. — « La ranocchia non morde perch'ella non ha denti. » ital.

« *An coupà lis dents is granouyos* = on a enlevé aux médisants le pouvoir de nuire. » Provence.

« *Il n'est pas près d'attraper deux grenouilles à la fois* = il n'est pas malin. » Aisne, c. p. M. L.-B. Riomet.

« *Il n'est pas cause que les grenouilles n'ont pas de queue* = il n'a pas inventé la poudre, c'est un niais. » Locution répandue. — « *Il n'a pas coupé la queue aux grenouilles* = même sens. » Sarthe, r. p. — « Es pas la caouso sé las granoulhes soun descouétados = même sens. » B.-Pyr., Lespy. — « *Prendre une grenouille par la queue* = faire une chose impossible. » Aube, Baud. — « *Cela viendra quand les grenouilles auront des queues* = jamais. » P.-de-C., r. p.

« Quand vous ferez cela, la grenouille imitera le rossignol. » *Causes célèbres*, par M***, 1739, I, p. xxxvii.

« *Souhait facétieux de nouvelle année :* santé et prospérité aussi longues que la queue d'une grenouille ! » Basse-Bret., Sauvé (dans *Rev. celt.*, V, 182.)

« Ses souliers bayaient comme des grenouilles devant les mouches. » Rhône, Nièvre.

« Il le chargea sur son épaule et le jetta en terre sur les reins tout estendu comme une grenouille. » xvie s., A. Paré, *Œuvres*, éd. Malg., III, 693. — « Il cheut sur le ventre comme une grenouille eshanchée. » xviie s., Béroalde de Verv., *Moy. de p.*, éd. Roy., I, 251. — « Toumbà sul béntré coumo uno gragnoto désàncado. » Narbonne, *Revue des l. rom.*, 1883, p. 174. — « Il tomba comme une grenouille sur le ventre. » Rabelais, *Pantagr.*, 1533. — « Je vous le plaque à plate-terre comme une grenouille qui ne remue plus ni pied ni patte. » De Caylus, *Œuvres*, 1787, X, 24.

« *Il a la figure en peau de grenouille*, se dit de celui qui a le visage couvert de taches de rousseur. » Aisne, c. p. M. L.-B. Riomet.

« Avec cela deux gros yeux blancs comme une grenouille à qui on a marché sur le ventre. » *Régiment illustré* du 12 décembre 1896, p. 4.

« Ce que tu effectues ne revient qu'à des ruades de grenoilles. » Fusi, *Mastigophore*, 1609, p. 72.

« Au lieu de dormir, ces enfants sursautent comme des grenouilles. » Saint-Genest, *Octave*, s. d. (vers 1880).

« Il fait le saut périlleux comme une grenouille. » J. Fréval, *Paris coupe-gorge*, 1887, p. 254.

« *Frog's march* = marche récalcitrante d'un malfaiteur qu'on conduit au poste. » argot anglais.

« Les femmes de tous temps grenouillent à l'envers. » Du Lorens, *Satyres*, 1624, p. 200.

« *Il crosle comme une jeune grenouille* = he spraulleth lyke a yong padocke. » Palsgrave, 1530.

« Les cuisiniers sont cause de la prestance et gravité des

hommes qui, avec un ventre de grenouille, marchent d'un pied large, le visage enluminé... » *L'Anti-caquet de l'accouchée,* 1622, p. 10. — « Il a un ventre comme un père de grenouille. » Damas (Vosges), HAILLANT, *Prov.*, 1902, p. 25.

« Ils n'étaient pas plus habillés que des grenouilles. » BLAIN, *Seins de feu,* s. d. (vers 1890) — *Grenouille* = fille publique; (elle se montre souvent nue). — « *Toto à sa mère :* Est-ce que papa, quand il était étudiant, n'allait pas voir les grenouilles? » *La Gaudriole du 29 oct. 1893.* — « C'est une dame? Non. Alors c'est une demoiselle? Non plus, c'est une grenouille! Une grenouille! Oui, toi, tu ne connais que les grenouilles dans les mares. Eh! ben! à Paris il y en a aussi, seulement c'est pas les mêmes grenouilles. » *La Gaudriole du 29 octobre 1893.* — « Les deux femmes se disputent, l'une dit à l'autre : *traînée ! espèce de grenouille !* » *La Gaudriole du 7 février 1892.* — « On les avait pigées sur le Boulevard Clichy, à deux heures du matin, en train de *faire la grenouille, les jupes par dessus la tête.* « BLAIN, *Seins de feu,* s. d. (vers 1890), p. 490. — « *Quatorze de grenouilles* = quatorze de dames au jeu de piquet. » DIÉLETTE, *Les Romanichels,* 1898. — « Cette grenouille et ses têtards = cette femme de mauvaise vie et ses enfants. » VIGNÉ D'OCTON, *Mésange,* 1905.

« *Escartà la granouyo* = dire des grivoiseries. » Alais, HAON.

Ecorcher la grenouille = dévoiler un secret, dénoncer quelqu'un. « S'il me cherche des tracasseries, tant pis pour lui! j'écorcherai la grenouille... on verra la tête qu'il fera. » P. ROUGET, *La Faute de Jeannine,* s. d. (vers 1895.)

« *Aller prendre les grenouilles à la pipée* = faire des sottises, des niaiseries. » DUEZ, 1664.

« En avril une bonne ondée Entraîne grenouille et couvée. » *Biblioth. des propr. rur.*, 1803, p. 95.

Une espèce de tumeur sous la langue des enfants qui fait qu'ils parlent d'une manière rauque, comme les grenouilles, est appelée :

rana, ranula, ranunculus, l. du m. â., Du C. — *grenouillette*, franç., L. Guyon, *Miroir de la beauté*, 1615, I, 370. — *grenouillère*, f., franç., Guillemeau, *Tables anatomiques*, 1586, p. 100. — *grenouille*, f., français popul., Eug. Sue, *Mystères de Paris*. — *kikvorsch gezwel*, flamand. — *frogge-swelling*, anglais.

« On se débarrasse de la sueur des mains en étouffant une grenouille ordinaire ou mieux une grenouille verte dans ces mêmes mains. » En divers pays.

« Quidam dicunt mulierem ranam accipientem et os ejus aperientem, terque ibi spuentem, non concipere uno anno. » Constantinus Africanus, *Opera*, 1536, p. 319.

« Carmen ad dentium dolorem mirificum. Luna decrescente, die Martis sive die Jovis, hæc verba dices septies : *argidam margidam sturgidam*. Dolorem rumpes etiam si calciatus sub divo supra terram vivam stans caput *ranæ* adprehendes et os aperies et spues intra os ejus, et rogabis eam, ut dentium dolores secum ferat, et tum vivam dimittes et hoc die bona et hora bona facies. » ve s. apr. J.-C., Marcellus Empiricus, chap. XII.

« *Contre la goutte :* Pren lo cor de la granoilla, del mascle a l'ome, del femen a la femena, e da l'en a mangar, e sera garitz. » anc. provençal, P. Meyer (dans *Romania*, 1903, p. 290.)

« Les têtards de grenouille fricassés dans la poële et avalés comme des goujons, sont un spécifique sans pareil pour la guérison des fluxions de poitrine. » Nièvre, *Mém. de la soc. académ. du Nivernais*, 1887, p. 155.

Le fil de grenouille (frai de grenouille) trouvé au printemps, pour la première fois et sans qu'on l'ait cherché, frotté sur les mains, guérit les animaux de la tranchée et les gens du carreau. » Bocage norm., LECŒUR, II, 117.

« Une grenouille mise dans la bouche, gonflée et noircie, guérit l'angine. » Belgique, *Bull. de la soc. d'anthropol.*, 1897, p. 127.

« Pour guérir le panaris on met le doigt malade dans la gueule d'une grenouille vivante. » Pays flamand. [A. DE C.]

« *Il a avalé la grenouille* se dit de celui qui après avoir été gravement malade, se rétablit ou de celui (ou celle) qui vient de passer l'âge dangereux de la puberté. » Somme, LEDIEU ; P.-de-C., BLONDEL, *Heur. village*, 1892, p. 314.

« Si le couvain de grenouille vient à geler, la fleur des pommiers doit manquer. » Bocage normand, LECŒUR, II, 270.

« Qui soinge qu'il voit raisnes, c'est signe qu'il doit plouvoir, ou de gaingnages ou de aulcunes vaines parolles. » J. CAMUS, *Songes au moyen âge*, 1895.

« Pour se procurer un gendre ou une bru, la mère fait avec les os pulvérisés d'une grenouille une galette appelée *galette-nigaud* et invite la future victime à en manger. » La Puysaie (Yonne), *Annuaire histor. de l'Yonne*, 1864, p. 192.

« Pour se faire aimer. Prenez une grenouille avant le soleil levé, avec un linge bien blanc, mettez-le dans une boîte percée de neuf trous ; allez au pied d'un arbre où il y a des fourmis ; faites un trou ; déposez votre boîte ; vous la recouvrez avec le pied gauche, en disant : *que tu sois confondue selon mes désirs !* Et au bout de neuf jours, à la même heure, allez chercher votre boîte. Vous trouverez dedans deux os ; un comme une fourche et l'autre comme une petite jambe. Et celui qui est comme une jambe est pour se faire aimer et la fourche c'est pour la renvoyer. Et notez que quand vous poserez la boîte et en la retirant, il ne faut pas se retourner. » XVIIe s., J. Cousin, *Secr. mag.*, 1868, p. 16.

« *Pour se faire aimer d'une femme.* Prenez une boîte percée de trous sur le couvercle, enfermez-y une grenouille. Placez le tout dans un nid de tchin-hayes (*chien-haies, grosses fourmis des bois*). Cela fait, sauvez-vous au plus vite. Car, sitôt que la grenouille se sent piquée par les fourmis, elle crie; et, si vous avez le malheur d'entendre ce cri, vous devenez sourd ! Après avoir attendu treize jours, vous venez reprendre la boîte, avec la malheureuse petite grenouille dont il ne reste plus que le squelette, poli à souhait. Dans ces os, on trouve *la Passion du bon Dieu,* comme dit le peuple, c'est-à-dire des os dont la forme rappelle l'échelle, les clous, la pince, le marteau, etc., qui ont servi au supplice de Jésus. Il suffit de garder le bréchet, qui ressemble à une pince, et dont la tête a la forme d'un petit marteau. Avec la fourche, si vous pincez le vêtement d'une femme, quelle qu'elle soit, elle devient folle de vous, au point de vous suivre *comme un chien.* Et surtout, prenez garde, n'allez pas faire cela par simple jeu, pour vous moquer d'une malheureuse à laquelle vous ne tenez nullement; son amour peut devenir tellement violent qu'elle en mourrait bien sûr. Si vous ne désirez pas l'épouser, vous devez au plus tôt user du petit marteau : en l'approchant des vêtements de la belle, vous ferez le geste de la repousser en disant : *Lais-me tranquille.* Aussitôt, le charme se rompra : elle sera délivrée de son mal d'amour, comme vous serez délivré de ses poursuites. » Limbourg (Belg.), *Wallonia,* 1894, p. 61. — Cf. *Wallonia,* 1897, p. 38; *Rev. d. trad. pop.*, 1906, p. 195.

« Pour évoquer le diable on enfouit une grenouille dans un nid de grosses fourmis noires appelées *maréchaux*. Lorsque la chair du batracien a été dévorée, on retire son squelette dont on choisit trois os. Porteur de ces os, d'une poule noire ou d'un chat noir, on se rend la nuit à un carrefour et à minuit on dit : *au nom du diable, je viens pour lui parler*. Il apparaît aussitôt et on obtient tout ce qu'on lui demande. » Florenville (Luxembourg), *Wallonia*, 1894, p. 62. — Cf. SAUVÉ (dans *Revue Celtique*, VI, 84).

« Pour faire avouer à une femme. Prenez une grenouille d'eau en vie ; arrachez-lui la langue et remettez-la dans l'eau. Cette langue appliquée sur le cœur de la femme, pendant son sommeil, la fera parler tant qu'on voudra. » XVIIe s., J. COUSIN, *Secr. mag.*, 1868, p. 52.

« Pour assurer la solidité d'une construction nouvelle on y emmure une grenouille vivante. » env. de Laval (Mayenne), *Soc. d'agricult. d'Angers*, 1896, p. 72.

« On ne doit pas manger de grenouilles. Celui qui mange des grenouilles *perd des indulgences*. » Naintré (Vienne), r. p.

« Je veux être grenouille si je ne croyais pas être en paradis. » VADÉ, *Lettre de la Grenouillère*, 1755, p. 34.

« Un marin raconte qu'à l'île de Jersey, les grenouilles apportées vivantes des autres pays meurent aussitôt qu'elles touchent le sol. » LABILLE, p. 53.

« Les grenouilles ne crieront plus, si vous mettez une lanterne allumée sur le bord de l'eau qui environne le jardin. Si vous enterrez en quelque coing de vostre jardin le fiel d'une chèvre, toutes les grenouilles s'y amasseront et lors facilement les pourrez tuer. » XVIe s., *La Maison rustique*.

« Pour faire taire toute l'année les grenouilles, jetez du bouillon de carême-prenant dans les fossez, mares et étangs. » THIERS, *Traité des superst.*, 1697, I, 384. — « Pour les empêcher de chanter, versez dans les mares une cuiller à potage de bouillon gras, le jour du carnaval. » Yonne, *Annuaire hist. de l'Yonne*, 1886, p. 334. — « Le soir du mardi-gras on va jeter dans la mare et de la main gauche le seau des relavures pour empêcher les grenouilles de crier en leur graissant ainsi le gosier. » Louhans (S.-et-L.), GUILLEMAUT, *Topogr. de Louh.*, 1890, p. 299.

« Si l'on répand le bouillon gras, le vendredi saint, dans les mares voisines, on n'entendra plus coasser les grenouilles en été. » Ille-et-V., *Mélusine*, III, 194.

« Autrefois, par suite d'une redevance féodale, les paysans de Luxeuil battaient les fossés du château pour faire taire les grenouilles durant le séjour du seigneur, en chantant : *pâ, pà, renottes, pâ* (paix), *Veci mons l'abbé que Dieu gâ* (garde). » BLAVIGNAC, *Emprô*, p. 110.

Il arriva un jour qu'en Normandie une châtelaine ne pouvait dormir à cause du coassement des grenouilles. Son mari ordonna aux manants de battre les eaux dormantes; ils s'en acquittèrent si bien que pas un roseau ne resta debout. A quelque temps de là la châtelaine eut l'idée de filer et envoya chercher dans les fossés voisins, une quenouille verte (espèce de roseau). On n'en trouva pas une seule. Elle fit des reproches aux manants qui avaient détruit tous les roseaux, L'un d'eux prit la parole et lui dit :

Qui souffre des grenouilles
N'a pas besoin de quenouille

c.-à-d. quand on est une personne délicate, souffrant de cri des grenouilles, on ne doit travailler à rien. Voir *La Mosaïque de l'Ouest*, II (1846), p. 308.

Sur ce droit féodal voyez : *Annuaire des trad. pop.*, 1887, p. 15-17; SUCHAUX, *La Haute-Saône*, 1866, I, 30; RICHARD, *Essai chronol. sur les mœurs de la Lorraine*, 1835, p. 46; LECŒUR, *Boc. normand*, I, 93; AD. LECOCQ, *Sorciers de Beauce*, 1861, p. 44; GUILLEMAUT, *Hist. de la Bresse louhann.*, p. 75.

Une anecdote analogue se trouve dans les livres orientaux :

« Pendant qu'un jour le sultan entretenoit un ambassadeur, les grenouilles d'un étang voisin lui rompant la tête, il mit dans les mains d'un de ses officiers un papier dans lequel il y avoit quelque drogue, laquelle avoit la propriété de les faire taire, et il lui dit: « Jettez ce papier dans l'eau, et dites en le jettant : Voici l'ordre du Sultan Adhad eddoulat qui défend que vous troubliez davantage son repos. » En même temps les grenouilles se turent avec une grande admiration de l'ambassadeur, qui dit en lui-même, comme on l'a su depuis : « Il faut que ce « prince ait la même puissance que Salomon, puisque « les animaux lui obéissent. » D'HERBELOT,, *Biblioth. orient.*, 1776.

Sur les Saints imposant silence aux grenouilles qui par leurs cris les empêchent de prier, voyez : DELEHAYE, *Légendes hagiol.*, 1905, p. 39; *Die Attribute der Heiliger*, 1843, p. 60.

« On appelle *la Gragnoto de Saint-Paul* une grenouille sculptée dans un bénitier de l'église Saint-Paul à Narbonne, que les compagnons du tour de France ne manquaient pas d'aller visiter en passant par cette ville. Voir *Armana prouvençaou*, 1890, p. 24.

« Le jour de la conversion de Saint Paul (25 juin), on faisait autrefois *la fête des grenouilles*. Les enfants se rendaient en foule aux fontaines et aux mares et y criaient à pleins poumons : *bots et raines, Sortez des puits et fontaines Et venez par centaines Remplir nos bedaines.* » Varennes (Meuse), LABOURASSE, *Anc. us. de la Meuse*, 1902.

« S'il t'avait dit que la lune est une crêpe ou que les grenouilles volent dans l'air du temps, l'aurais-tu cru pareillement? » Poitou, P. CAILLET, *Michelle*, 1868.

Sur la fable des grenouilles qui demandent un roi, voyez : PHÈDRE; LA FONTAINE, III, 4; DELBOULLE, *Fables de La Font.*, 1891, 50-52; GUILLAUME, 1822, p. 17.

Sur la fable de la grenouille qui veut s'enfler et devenir grosse comme le bœuf, voy. PHÈDRE; HORACE (II, *Satyr.*, III, 312); L. HERVIEUX, *Fabul. lat.*, passim.; A. ROBERT, *Fables inéd.*, 1825, I, 13-15; GUILLAUME, 1822, p. 7; SOLVET, *Fables de la F.*, 1812, 9-10; DELBOULLE, *Fables de La F.*, 1891, p. 11. (C'est le crapaud et non la grenouille qui se gonfle. La confusion vient de ce qu'en latin, *rana* signifiait *grenouille* et *crapaud*.) Cf. ci-dessus, p. 99.

« Un jour une grenouille prit sur son dos la souris pour lui lui faire traverser l'eau, avec l'arrière-pensée de la noyer. Tous deux furent dévorés par le milan. Sur ce conte, voyez : L. HERVIEUX, *Fabulistes latins*, passim; *Orient und Occident*, III, 738; EUST. DESCHAMPS, II, 87; LA FONTAINE, *La grenouille et le rat;* GUILLAUME, 1822, p. 21.

Un jour la grenouille se plaint à l'écrevisse de ce qu'elle trouble l'eau, son domaine. La timide écrevisse s'excuse. Alors la grenouille croit que l'écrevisse a peur et lui saute dessus; mais cette dernière la transperce de ses pattes. Voir ce conte dans : *Dialogue des créatures*, 1482, 47e dialogue.

« *Era tapia s'a cambiat es gouéls pera coua ara gargoûlha* = la taupe a donné ses yeux à la grenouille en échange de sa queue; se dit à propos d'une personne qui a fait un échange désavantageux. » Vallée d'Oneil (H.-G.), c. p. M. B. SARRIEU.

« Entre deux gamins. Le premier : *Quel vilain temps !* Le deuxième : *A quoi cela peut-il bien tenir?* Le premier : *Cela tient à ce que le roi des grenouilles a marié sa fille à un marchand de parapluies et qu'il lui a donné des averses pour dot.* » *La Revue pour tous* du 2 juin 1867.

« A-t-il été transformé en cerf comme Actéon, en grenouille comme les badaux de Paris? » *Voyage de M. Guillaume*, 1612, p. 8.

« Cette femme merveilleusement belle devient alors laide; elle m'apparaît comme cette adorable jeune fille de la légende, qui ne pouvait entr'ouvrir les lèvres, sans qu'aussitôt une grenouille rouge s'en échappât. » *Paris-Caprice,* revue, II (1869), p. 327.

« Un jour, la grenouille se moqua de la lenteur du limaçon et lui proposa une gageure. Elle paria qu'elle arriverait avant lui à Luxembourg. Le limaçon soutint le pari. La grenouille eut bientôt fait de devancer son rival. Mais, lorsqu'elle fut arrivée près de la ville, elle se trouva en présence d'une barrière en planches, traversant la route. La grenouille eut beau sauter, elle ne put franchir cet obstacle. Le limaçon à son tour arriva, longtemps après la grenouille, au point où celle-ci avait dû s'arrêter. Et, sans effort, il monta et redescendit la barrière. De sorte que la grenouille perdit le pari, et le limaçon empocha les enjeux. » Bastogne (Belg.), *Wallonia,* 1894, p. 100.

Symbolique. « *Rana* significa *amor instabile.* » Italie, MORATO, 1556.

Sur la grenouille dans la symbolique chrétienne, voyez : CAHIER, *Caractér. des saints,* 1867, I, 274-276.

Héraldique. Sur la grenouille dans l'héraldique, voyez : RENESSE, III, 165-166.

Devinettes. — « *Saout déça, saout déla, Aou miéy' sé ba couçhia* = Saut deçà, saut delà, au milieu se va coucher. » Pays d'Albret. — « *Tampo deça, tampo dela, Madame la curto s'y ba couçhia* = tertre deçà, tertre de là, madame la courte (la sans queue) s'y va coucher. » Pays d'Albret. — « Quatré patos sans jés dé couéto, Saouto coumo uno cabréto. » Aveyron.

JEUX :

« *Prendre la grenouille* = jouer à certain jeu. » XVIe s., YVER cité par LITTRÉ, s. v^o *anguille*.

« *Jouer à la renette* = jouer au jeu de ? » Cotentin, au XVIe s., *Journ. de Gouberville*, p. 166.

« *Jeu de la grenouille* = jeu de saute-mouton ou de coupe-tête. » vaudois, CALLET.

Grenouille = jeu de palets, jeu connu. « Il riait comme une grenouille de jeu de palets. » *La Gaudriole du 4 juin 1891*.

« *Le jeu des grenouilles* consiste à brouetter des grenouilles vers un but déterminé. Les brouettes sont remplies de grenouilles et il s'agit d'arriver premier avec toutes les grenouilles; si elles sautent, on les ramasse. » Belg. wallonne, Nord, Aisne.

« Les enfants se soulèvent à tour de rôle et dos à dos, en tenant ce dialogue : granouyo ! — coua ! — Dé qué mangés? — Dé pan blanc. — Dé qué bévés? — Dé vin blanc. — Haousso-mé la co, fày' m'én autant. » Provence, MISTR., II, 65.

FORMULETTES :

Formulette que les enfants chantent quand il pleut : « Il pleut, il mouille; c'est le temps de la grenouille. La grenouille a fait son nid dans la rue de la p'tite souris. » Aube. — « Perroquet, quel temps qu'il fait? Ma tante, il pleut, il mouille, c'est le temps de la grenouille. » Nièvre.

Rana temporaria (LAURENTI). — **LA PISSEUSE**.

rana muta, anc. nomencl., CORDUS, 1561. (Cette grenouille ne coasse pas ou rarement). — *rubeta gibbosa*, nomencl. de GESNER. — *rana fusca*, nomencl. de ROESEL.

grenouille rousse, *rousse*, f., *grenouille de rosée*, *pisseuse*, f., en divers endroits. (Quand on la saisit, elle vous pisse dans la main). — *gilouère*, f., Sarthe. — *batégalhe*, f., Char.-Inf. — *grignaoude d'égalhe*, f., Gir.

crapaud pissoû, *pissouse*, M.-et-L. — *crapaud muet*, Berry.

rana mutta, *rana rossa*, *baggio giano*, *camparett*, *scopisson*, *rana de suto*, *rana pissota*, *pissargott*, *pisciacan*, *crott di rosade*, *crott di San-Piéri*, dial. ital.

kickfrösk, *aderjân*, dial. allem. du Nord.

« On fait passer *la pisseuse* trois fois sur le ventre des personnes qui ont la fièvre. » Cher.

« Tuer cette grenouille donne la fièvre. » Gironde.

Hyla viridis (Laurenti). — **LA RAINETTE.**

frondator (cette grenouille se tient dans le feuillage des arbres), *rana terrestris* (ainsi appelée parce qu'elle ne se tient pas dans l'eau), *acredula*, *agredula*, *agredina*, *rubetula*, *laoficus*, l. du m. â. — *rana viridis*, *rana arborea*, anc. nomenclatures.

rayneta, f., *rayneta verda*, f., *mirto*, m., anc. prov., Rayn. — *ranette*, f., anc. fr.

ray'nèlo, *réy'nèlo*, *ranètte*, *rènètte*, *rin-nètte*, *rinèlo*, en divers patois. — *ramëla*, f., Savoie, Fen. — *granèlo*, f., Gard. — *ghërnètte*, f., *ghërlètte*, f., I.-et-V. — *ghèrnouyè*, m., *petit baromètre*, m., Orne. — *renâzèl'*, f., Maine. — *rënôzèl'*, f., Aube. — *rëneuzèl'*, f., fr.-comt. — *ghérnâzèl'*, f., *grënouazale*, f., Loir-et-Ch., Sarthe, May., Ille-et-Vil. — *grënovèl'*, f., *grënuvèl'*, f., Vendée. — *grënivètte*, f., Char. Inf. — *gargolhon*, m., *gourghilhon*, m., Rhône, Loire. — *gourgoulhou*, m., P.-de-D.

graisset, m., *gresset*, m., anc. fr., Thierry, 1564; Guy de Tours, *Prem. œuvres*, 1598; Ronsard; L.-et-Ch., Orne, Sarthe, May., I.-et-V. — *grèss'lè*, m., Orne. — *croiset*, m., fr., Duez, 1678. — *croisset*, m., fr., Junius, 1577. (Ce mot se rattache à *croasser*, la rainette étant de toutes les grenouilles celle qui fait entendre le plus souvent son chant retentissant.) — *rane croessette*, fr., J. Fontaine, 1612. — *crachotte*, f., *crachatte*, f., Meurthe, Vosges. — *carràn*, m., *harràn*, m., *arràn*, m., *carrèk*, m., Landes. — *arrà*, m., B.-P. — *râclhô*, m., (accent sur *râ*), Isère. — *rakètte*, f., Poitou, Allier. — *rakè*, m., Aisne. — *roké*, m., Boulogne-s.-M. — *roghé*, m., Valenciennes. — *rankèta*, f., Isère. — *râle*, m., *râlè*, m., Berry. — *rêle*, m., Char. — *ralé*, m., Corrèze. — *rolè*, m., Niév. — *crak*, m., *ràyar*, m., *ròyar*, m., *ràyon*, m., *crapiche*, f., *crapichon*, m.. *crapuchon*, m., *ghèrnette*, f., *arnètte*, f., M.-et-L. — *calhérou*, m., Isère. — *clicherou*, m., wallon. — *cày'*, f., *mara*, m., *marè*, m., Berry. — *réne marinètte*, f., Eygurande (Corr.) — *carcanétt*, m., Gironde. — *raine verte*, *rainette verte*, *renette verte*, anc. fr. — *våhh réne*, f., Pays messin. — *grenouille verte*, fr. anc. et mod. (Il y a eu souvent confusion avec la grenouille ordinaire, qui elle aussi est parfois verte, mais d'un vert plus foncé.). — *grapaou vèr*, m., B.-du-Rh. — *vèrgôzô* m., *vargôjô* m., Meuse. — *bèrdanèl*, m., *bèrdanèlo*, f., langued. — *raine verdière*, *verdier*, *reine buissonière*, *raine de buisson*, *grenouille de buisson*, *raine caurresse*, anc. fr. — *grenouille de côra*, H.-Saô. (Cette gr. se trouve souvent sur le *côra* = noisetier.) — *rénecorasse*, *corasse*, *côrasse*, Aisne, Marne, Aube, Meuse. Belg. wall. — *rin-ne coroche*, f., Nord. — *rin-ne côréle*, f., Namur, Charleroy. — *këratte*, f., Belfort. — *carëte*, f., *bouratte*, f., *bouriache*, f., Courtisols (Marne), Guénard. — *carrèk*, m., Chalosse (Landes), c. p. M. J. de Laporterie. — *réne sibourèl'*, f., *réne sobourèl'*, f., Meuse. — *savatte*, f., Vosges. — *boû*, m., Annecy. — *avriètte*, f., Calvad. — *grenouille de Saint-Martin*, *saint-martin*, m., Orléanais. — *granouyo de san-Jan*, Provence.

ampoule, f., Nièvre, Chamb. (Elle fait venir des ampoules ou tumeurs séreuses aux bêtes à cornes qui l'avalent.) — *cuco*, f., Lot. — *tsor*, m., Aveyr.

rachen, racanella, racula, racoletta, rainela, barascula, crazzula, rana cantarela, rana martina, ranetta di san Martino, ranetta di san Pietro, racola de san Zuan, rana de Santa Maria, cais, seccagna, baracule, verdaccola, verderacca, dial. ital.

raineta, ranilla verde, rana de sant-Antonio, péninsule ibérique.

bròatec, buràtic, roumain.

ragatsch, reckelle, Styrie, Tyrol.

Toponomastique. — *Le Gresset*, lieu-dit de l'Oise, *Arch. eccl. de l'Oise*, 1878, 1, 457.

Les Gressets, loc. de Seine-et-O., Bertrandy, *Arch. civ. de S.-et-O.*, 1887, IV, 15.

Onomastique. — *Gresset*, nom d'homme.

La rainette crie :

carrac ! carrac ! M.-et-L., Millet. — *roké ! roké !* Boulogne-s.-M., Haign. — *tu me rokes !* (= tu me montes dessus), à quoi la grenouille ordinaire répond : *oua ! oua !* I.-et-V., *Rev. d. tr. p.*, 1704, p. 243.

« *Ràÿ'néto* = petite crecerelle en bois pour faire du bruit. » cévenol, Sauv., 1985. — « Quand les cloches se taisent pendant les derniers jours de la semaine sainte, les enfants annoncent les offices au moyen de *raines* ou crécelles, puis font une quête à leur profit dans l'après-midi du samedi-saint. » Troyon (Meuse), Labourasse, *Hist. de Troyon*. — « On appelle *gargoulhe* un instrument composé d'une membrane tendue sur le bout d'un cylindre en fer-blanc. Quatre crins sont fixés par un bout à quatre trous percés dans cette membrane; par l'autre bout, ils sont enroulés par un nœud lâche autour d'un manche en bois. On imprime à l'appareil un mouvement de rotation et cela produit un bruit analogue au coassement de la grenouille verte, d'où son nom. C'est un jouet d'enfants qui leur sert à remplacer les crécelles pendant la Semaine sainte et à la cérémonie du Stabat. » Bagnères-de-Bigorre, c. p. M. P. TARISSAN.

« *Il est ghernètte* = il a bu un bon coup, il est gris. » M.-et-L., VERR.

« *Piche-carëte* = tache de rousseur produite par la carëte qui a pissé sur vous. » Courtisols (Marne). GUÉNARD.

« Quand un bœuf est *malade de l'ampoule*, c.-à-d. pour avoir avalé une ampoule (Rana viridis), on récite la prière suiv. : *N. S. en s'y promenant Rencontra Vermine Pouline. — Vermine, Pouline, où t'en vas-tu ? — Je m'en vas tout y promenant, Tout au travers des champs; Toute bête, animal que je rençontrerai Et que je piquerai en périra. — N. S. a répondu : non, Vermine Pouline, ils n'en périront pas; aussi vrai que la Colombe n'a pas d'amer et le serpent est sans poil.* — Là-dessus on donne une poignée d'herbe à la bête malade en l'appelant par son nom et en invoquant Saint-Phelerin. » Nièvre, CHAMBURE, p. 43.

« La première fois qu'on entend les *maras*, il faut battre son lit à coups de quenouille pour n'avoir pas de puces dans l'année. » Berry, TISSIER.

« Si on rencontre, sans la chercher, le jour de la Saint-Jean, avant le lever du soleil, une grenouille verte, il faut la pendre au cou d'un enfant qui a des vers. Il en sera débarrassé. » Allier, c. p. M. E. OLIVIER.

« Le bled se conservera bien dans le grenier, si à la porte d'icelui on pend par un pied de derrière, une raine verte. » *Oliv. de Serres*, 1600, p. 42.

« Mettre une grenouille de buisson dans un pot de terre neuf et enterrer ce pot au milieu d'un champ, afin d'empêcher les oiseaux de manger ce qu'on aura semé dans ce champ. Mais il faut enterrer ce pot un peu avant la moisson, de peur que les grains et les fruits ne soient amers. » Thiers, *Traité des superst.*, 1697, I, 365.

« Trouver inopinément une petite grenouille verte, appellée en certains païs *râlet* ou *graisset*, ne la point nommer, et l'attacher au cou d'un fébricitant pour le guérir. Si cet animal meurt bientôt, c'est signe que le malade sera bientôt gueri ; mais s'il est long tems sans mourir, c'est signe que le malade languira long-tems, et même qu'il sera en danger de mourir. » THIERS, *Tr. des sup.*, 1697, I, 377.

« Ses yeux tirent à eux les cœurs comme fait le gresset le moucheron en sa bouche. » XVIe s.. *Hist. macar. de Merl. Cocc.*, éd. Jac., p. 277.

« On provoque la pluye avec un gresset pendu sur une mare à un fil de soye teinte d'alkermes. » FUSI, *Le Mastigophore*, 1604, p. 91.

Pour vous faire aimer d'une femme, prenez un gresset vert que vous mettez vivant dans un pot qui a des trous. Mettez ce pot dans une fourmilière, puis retirez les os de la grenouille et placez les dans l'eau courante. Un os ira contremont; avec cet os piquez la femme dont vous voulez vous faire aimer. Voyez : SCHWOB, *Parnasse satyr.* de XVe s., 1905, p. 64. Cf. *Wallonia*, 1894, p. 62.

« Pour vous faire aimer d'une femme, placez-lui sur la poitrine, pendant qu'elle dort, le cœur et la langue d'une rainette. » Aude, c. M. P. CALMET.

LES POISSONS

Squalus (genre). Les grandes espèces.

LE REQUIN.

Les grandes espèces de squales, si dangereuses pour les marins, ne se trouvent guère que dans le Grand Océan. On les appelle :

requiem, m., franç., CLAUDE D'ABBEVILLE, *Mission de Maragnan*, 1614, f[ot] 30, r[o]; COPPIER, *Voy.*, 1645, p. 102; HUET, *Diss. s. div. suj.*, 1720, II, 145. [HUET dit : quand il saisit un homme, il n'y a plus qu'à chanter un *requiem* pour le repos de son âmé.] — *requien*, m., JEAN DE LÉRY, *Voy. du Brésil*, 1580, p. 28; BIET, *Voy. de France équinox.*, 1664, p. 350. — *requin*, m., fr., TACHARD, *Voy. de Siam*, 1686, p. 40. — *pélerin*, m., français, CUVIER, *Règne animal.*

pélerin, poisson à voiles, éléphant de mer, franç.

goulu de mer, goulu, franç., D***, *Voyage de Marseille à Lima*, 1720, 2e partie, p. 68; KOLBE, *Descript. du Cap de Bonne Espérance*, 1743, III, 114.

peixe-carago, portugais.

shark, angl. — *sail-fish, bridgie, bridge. carfin, carbin, cairban*, écoss., JAM.

« On m'appelle *Requin*, parce que j'ai la peau dure. » LALANDELLE, *Épaulette d'amiral*, 1857, p. 19.

« *Péou de raquin* = injure. » provençal, MISTR.

« Quel papier ! robuste comme un paillasson et plus grenu que la petite vérole de la peau des requins ! » P. FÉVAL, *Châteaupauvre.*

« Un objet déchiqueté à dents de requin = d'une certaine manière. »

« *Shark, sharking fellow* = exploiteur, escroc, parasite. » angl., BOYER, 1780. — « Je leur ai raconté beaucoup de bourdes, ils ont tout avalé comme des requins. » E. SOUVESTRE, *Pors-Moguer*, 1858.

« *Avoir des dents de requin* = avoir de bonnes dents, manger beaucoup. » Locution répandue. — « Il montrait ses dents de requin. » *Le Régiment illustré* du 8 mai 1897. — « Le père Renard, vieux requin sans dents... » BALZAC, *Médecin de campagne*, 1833, II, 250. — « Faire des yeux de requin. » *La Gaudriole*, 1893, p. 213.

« *Requin* = douanier. » argot, *Jargon ou langage de l'argot*, s. d., vers 1630 : G. MACÉ, *Lundis en prison*, 1889, p. 257. — « *Requin de terre* = huissier. » IDEM. — « *Land-shark* = homme de loi. » Langage des marins anglais. — « *Requin* = parasite des joueurs (aux jeux de hasard, cartes, banques). » BOUCHERON, *Le Roi des bonneteurs*, s. d. (vers 1890), p. 93.

« *Feignant comme un requin*, se dit à cause de l'allure nonchalante habituelle à cet animal. » DUJARRIC, *Chasses marines*, s. d., p. 32.

« Quand on est au ras de l'eau, on peut s'amuser à tirer les requins par la queue. » Proverbe des marins, E. SUE, *La Salamandre*.

« *Pierre de requin* = substance assez dure dans la tête, qui a quelques vertus médicinales. » TACHARD, *Voy. de Siam*, 1686, p. 40.

Carcharias glaucus (Cuvier). — **LE GRAND CHIEN BLEU.**

carcharus, lat. de Pline. — *galeus glaucus*, nomencl. de Rondelet, 1558. — *squalus glaucus*, nomencl. de Linné.
requin bleu, bleu, bleuet, m., *bluet*, m., *peau bleue*, f., *grand chien bleu*, m., franç. — *cagnaou*, m., *péou bluyo*, f., Provence. — *cagnot blau*, langued., Rondelet, 1558. — *cagnott*, m., *tchi blu*, m., Hér. — *vèrdoun*, m., Nice. — *cagnole*, f., Provence, Belon, 1555. — *marrache* (le mâle), f., Guyenne, C.-du-Nord.
touille à dent, m., Saintonge, Duham., 1769, I, ch. III, p. 78.
péy'ss féràn, péy'ss furàn, provenç., Mistr.
cagna, cagnizza, cagnesca, can verde, can turchin, verdesca, grugo, moretta da denti, dial. ital.
tintureiro, tintureira, portug.
lija, escualo, tollo, melgacho, marrajo, tiburon, espagnol, Cisternas.
marraix, solraig, tintorera, catalan, valencien, Cisternas.
heckla, écossais, Jamieson. — *prickly dog, blew shark*, angl. — *doornhaay, speerhaay*, holland. — *boc-glas*, gaélique écoss.

Carcharias obtusirostris (E. Moreau).

sorrat, m., Languedoc, Rondelet, 1555.
souras, m., Cette, E. Moreau, 1881.

Carcharias lamia (Risso).

lamia, nomencl. de Rondelet, 1558. — *squalus lamia*, autre nomencl. — *carcharodon lamia*, nomencl. de Bonaparte.
amie, f., franç., Belon, *Hist. n. d. étr. p.*, 1551. — *lamie*, f., fr., Du Pinet, 1625, I, 265. — *lamia*, f., *lamio*, f., *lami*, f., *alami*

(accent sur *la*), f., Provence, Langued. — *lameau*, m., fr., OUDIN, 1681. — *frax*, m., Bayonne, RONDELET, 1558. — *tuberon*, m., franç., PYRARD, *Voyage aux Indes*, 1611, p. 307; MICH. ANGE DE GATTINE, *Relat. du Congo*, 1680, p. 8. (Selon PYRARD, le mot est d'origine portugaise). — *tiburon*, m., franç., FABRE, *Voyage de Pigafetta*, 1522, f[et] 3, r[o]; DE FLACOURT, *Voyage à Madagascar*, 1658, p. 225; CLAIRAC, *Us et coutumes de mer*, 1671, p. 518. — *tiberon*, m., franç., POMET, 1694.

touberan, m., franç., DE FEYNES, *Voy. à la Chine*, 1630, p. 206. — *turbaron*, portug., FRANÇOIS MARTIN DE VITRÉ, *Voy. aux Indes orient.*, 1604, p. 90.

tiburon, *tiburo*, *taburo*, espagn. et catal. — *tubarão*, *olho branco*, portug.

lamia, *lamiola*, *pesce can*, *cagnizza*, *pisci mastinu*, *imbestinu*, dial. ital.

white shark, anglais.

Acanthias vulgaris (RISSO). — **LE CHIEN DE MER ÉPINEUX.**

mustelus spinax, nomencl. de BELON, 1555. — *galeus acanthias*, nomencl. de RONDELET, 1558. — *squalus acanthias*, nomencl. de LINNÉ.

esguillat, franç. dial., BELON, 1555. — *aquilat*, Marseille, BRUNNICHIUS, 1768. *agùyà*, m., provenç. — *épinette*, f., embouchure de la Loire, DUHAMEL, 1769, I, ch. III, p. 72. — *chien brò*. m., C.-du-N. — *chien brocqu*, m., *broquillon*, m., franç. dial., DUHAMEL, 1769, III, 299. — *brocu*, m., Calvad. — *broucu*, m., Landes, B.-Pyr., MOREAU. — *màngin*, m., Nice, RISSO (appelé ainsi, parce qu'il *mange* l'amorce de l'hameçon, sans prendre l'hameçon).

asial, *asià*, dial. ital. — *galhudo*, portugais. — *prickled dog-fish*, anglais.

Spinax niger (Bonaparte).

mora, f., *morou*, m., Nice. — *mouro*, f., *sagré* (= chagrin), m., provenç. — *toque*, f., Loire-Inf. — *arcasson*, m., C.-du-N.

Galeus canis (Rondelet). — **LE CHIEN DE MER.**

squalus, latin. — *squarus*, l. du m. â., Du C. « Poisson qui a la pel aspre de quoy l'on polit le bois, Du C., VI, 339. » — *marinus canis*, l. du m. â. — *squalus galeus*, nomencl. de Linné.

chen de mer, *chien de mer*, *chien marin*, anc. fr. — *chien*, m., Normandie. — *cagnot*, m., *milandre*, f., langued., Rondelet, 1558. — *bilàn*, m., Bayonne. — *toulh*, m., Arcachon, E. Moreau.

haye, m., fr., Clairac, *Us et cout. de mer*, 1671, p. 518. — *hâa*, m., *hâ*, m., *r'hâ*, m., *haou*, m., *hò*, m., en div. pat. des C.-du-N., de la Manche, du Calvad., de la Seine-Inf.

taurille, f., *chien puant*, m., île de Ré, Duhamel, 1769, I, ch. III, p. 76. — *mirque*, f., Arcachon, Duham, 1769, I, ch. III, p. 85. — *palomb*, m., Marseille, Belon, 1555.

breteau, m., anc. fr., *Romania*, 1907, p. 259. — *bretelle*, f., Haute-Normandie, Tiphaigne, 1760. (D'où *bretellière* = filet pour prendre ces poissons.) — *brotèle*, f., anc. fr., Pichon, *Viand. de Taill.*, p. 126.

orbiche, f., C.-du-N. (On dit : *rèche comme une orbiche.*)

sagré, m., provençal.

kî-vôr (= chien de mer), *môr-gî*, breton.

mêuanto, gênois, Casaccia. — *can*, *can da denti*, *canosa*, *lamiola*, dial. ital. — *galhudo*, *dentudo*, *perna de moça*, portug.

haai, *zee-hond*, holl. — *heu*, *hai*, allemand du Nord. — *sea-hound*, *dogger-fish*, *dog-fish*, *fay-dog*, *rough hound*, *bounce*, *hull-cock*, dial. angl.

« On appelle *canière* le filet avec lequel on prend les chiens de mer. » Basse-Normandie, TIPHAIGNE, 1760.

« On appelle *peau de chien* la dépouille du *chien marin;* cette peau est parsemée de petits grains terminés en pointe, ce qui la rend propre à polir le bois. Le côté de la tête est le plus rude de la peau; la queue et les nageoires, appelées par les ouvriers *oreilles,* sont les parties les plus douces et servent à terminer l'ouvrage. » TEYSSEDRE, *Le Menuisier en bâtiments,* 1838. — « *Peaudechienner* = ôter avec la peau de chien les barbes du bois sur les moulures et sur les arêtes, après que le premier blanc d'apprêt est sec. » Terme de menuiserie, MORISOT, 1814.

« Rude comme la peau d'un chien marin. » anc. fr., *Rec. de poés. franç.*, IV (1856), p. 273.

La peau de *chagrin* (en arabe *saghri,* selon le géographe EDRISI) est une peau de chien de mer qu'on tirait primitivement de la Chine et dont on se servait en Europe, dès le XIVe siècle, à polir le bois. » GAY.

« *Hilh dé pèt de sagre* = fils de la peau de chagrin, de la peau du diable; injure. » Landes, LESPY.

« *Galuchat* = peau de squale servant à couvrir des boîtes. » XVIIIe s., BAPST, *Invent. de Marie Josèphe de Saxe,* 1883, p. 137. (Le mot *galuchat* vient du nom d'un ouvrier, qui a inventé ou perfectionné cette peau.)

Mustelus laevis (RISSO). — **L'ÉMISSOLLE.**

galeus hinnulus, nomencl. de BELON, 1555. — *squalus mustelus,* nomencl. de LINNÉ.

belette marine, anc. fr. — *motelle, moutelle,* Normandie. — *nissole (sic),* f., Marseille, BELON, 1555. — *émissole,* f., langued., RONDELET, 1558. — *missola,* f., Cette (Hér.). — *méy'ssolo,* f., B.-du-Rh. — *moustéla dé mar,* f., Pyr.-Or.

cat roukier, m., fr. mérid., BROUSSONET, *Mém. s. l. chiens de mer*, 1780. — *chat rocher*, m., franç., DU PINET, 1625, I, 278. — *ga-doû* (= chat doux), m., Courseulles-s.-M. (Calv.), r. p. — *doucette*, f., Normandie, SAVARY, 1741. (Ainsi appelé parce que sa peau est moins rugueuse que celle des autres squales.)

lentillat, m., *chien de mer estellé*, m., franç., RONDELET, 1558.

casson, m., anc. fr., CLAUDE D'ABBEVILLE, *Mission en Maragnan*, 1614, f[et] 26, v[o].

brette, f., anc. fr., *Ménagier de Paris*, II, 194; PICHON, *Viand. de Taill.*, p. 39. — Gironde, LAPORTE. [On dit que c'est la femelle du chien de mer.]

arquilatto, ital., MALATESTA, 1576.

nissêua, gênois, CAS. — *can machià, can pontizà, can senza denti*, vénit. — *pesce colombo*, Rome.

cação, portug. — *muçola*, valencien, PALMIRENO, 1575.

smooth hound-fish, anglais.

Scyllium canicula (CUVIER). — LA GRANDE ROUSSETTE.

canicula, l. du m. â. — *galeus stellatus*, l. du m. â., DIEF. — *palum*, marseillais latinisé, GILLIUS, 1533. — *canicula saxatilis*, nomencl. de RONDELET, 1558. — *galeus stellaris*, nomencl. de BELON, 1555. — *squalus catulus*, nomencl. de LINNÉ.

rousse, f., Le Havre. — *roussette tigrée*, f., franç. — *roussette*, f., franç. anc. et mod. — *roussotte, rouchètte*, Calv. — *grande roussette*, fr., DUHAM., 1769. — *chien roussé*, C.-d.-N. — *can dé mar, chin dé mar*, Provence.

vake de mé (= vache de mer), f., Normandie. — *paloun*, m., *palouna*, f., Nice. — *paroun*, Var.

chavou, m., embouchure de la Loire, DUHAM., 1769, I, ch. III, p. 72.

marracou, m., Hérault, WESTPH. (Ce nom est donné aussi à d'autres squales.)

marrachou, m., franç. dialect., DUHAMEL, 1769.

houllebiche, f., Cotentin, au XVIe s., *Journ. de Gouberville*, p. 142. — Saint-Vaast (Manche), MALARD.

hauche-buche, f., franç. dialect., DUHAMEL, 1769, III, 285.

scillio, cagnolo, canesca, gatta da fango, gattuccio, dial. ital. — *tollo, galeo, lija, pata roxa, pinta rotja, pitarrosa*, péninsule ibérique. — *bull-huss, huss, bounce, hound-fish*, dial. angl. — *rob*, flamand.

Scyllium catulus (CUVIER). — **LA PETITE ROUSSETTE.**

catulus, catellus, catella, l. du m. â., GOETZ. — *gattus algarius*, marseillais latinisé, GILLIUS, 1533. — *squalus stellaris*, nomencl. de LINNÉ.

gat, m., *gatusso*, f., Marseille, BRUNNICHIUS, 1768. — *chat*, m., fr., BRUYERINUS, 1560. — *chat de mer*, fr., CONST., 1573.

ga dé mar, pinto-rousso, f., Provence.

gala d'arga (= chatte d'algues), f., Nice. — *ga aoughié* (= chat d'algues), m., provenç. — *gat aughier*, Marseille, SALVIANI, 1554, — *chat rochier*, Cherbourg.

petite roussette, fr., DUHAMEL, 1769. — *rousselette*, Côtes-du-Nord.

fille, f., anc. fr., BODIN, 1597, p. 464. — *vilette*, f., Arcachon, DUHAMEL, 1769, I, ch. III, p. 84. — *mirque* (le mâle), *maratche*, f., Gironde, LAPORTE. — *lâmbarda*, f., Nice.

gattuccio bocca-nera, pisci vucca d'infernu, vaccaredda, dial. ital.

gato, lija, pintarroja, alitan, espagnol. — *gata*, portug. — *melgacho, roja*, galicien. — *morgay*, anglais.

Scymnus lichia (Cuvier). — **LA LICHE.**

liche, f., B.-P., Gir. — *lisse*, f., C.-du-N. — *gatte*, f., Biarritz. — *gata cousinièra*, f., *bardoulin*, m., Nice. — *gato dé foun*, f., Provence. — *lixa, liza*, basque.
lixa, carôcho, pailona (la femelle), portugais.

Scymnus spinosus (Cuvier). — **LA LICHE BOUCLÉE.**

squamata, l. du m. â., Papias, 1476. — *squalus spinosus*, nomencl. de Linné. — *squalus squamosus*, nomencl. de Lacépède.
moungé clavèlà, clavèlà, Nice, Provence. — *bouclé*, m., fr. Broussonnet, *Étude sur les chiens de mer*, 1780. — *chenille*, Ile de Ré, Kemmerer.
peixe-prego, arreganhada, lixa de pau, portugais.

Scymnus rostratus (Risso).

bardoulin dé founs, mourré plà, m., Nice.

Squalus griseus (Lacépède). — **LE GRISET.**

hexanchus griseus, nomencl. de Rafinesque. — *notidanus griseus*, nomencl. de Cuvier.
griset, m., franç., Broussonet, *Mém. s. les chiens de mer*, 1780. — *moungé*, m., *moungé gris*, m., Nice, Provence. — *boucadouça*, Cette.
pescio müggio, pesce manzo, pesce bove, capo piatto, dial. ital.
boca doce, albafar, portugais.

Squalus squatina (Linné). — **L'ANGE.**

squatina, rhina, latin de Pline. — *angelus*, l. du m. â., Du C. — *piscis angelus, squatina, squaina, squadra, squatraia*, anc.

nomencl., GILLIUS, 1533. — *squatus, celtes, lima,* anc. nomencl., RUYSCH, 1718, I, 23.

scatine, f., fr., J. BODIN, 1597. — *ange de mer,* m., *angelot de mer,* m., fr., BELON, 1555. — *angí,* m., *péy d'àngi,* m., prov., ACHARD. [Le peuple mange ses œufs contre la diarrhée; sa peau sert à polir le bois; on en fait un savon pour la gale. ACHARD.] — *pèy'-ànjoou,* m., Hérault. — *raye-ange,* fr., franç., Le sieur ***., *Cuisin. instr.*, 1758, II, 138. — *enklat,* m., franç. dialect., DU PINET, 1625, I, 278.

bourgè, m., *bourgeois,* m., Char.-Inf. — *moine,* m., franç., *Voyage de Dampier,* 1705, p. 114; Bretagne, DUHAMEL, 1769, III, 291. — *bilan,* m., Biarritz, DUHAMEL, 1769, III, 327. — *martrame,* f., au-dessus du Cap Breton, DUHAMEL, 1769, III, 327 ; Gironde, LAPORTE.

mordache, f., Vendée, Loire-Inf.

créac de Busc, m., franç., RONDELET, 1558. (*Busc* est *Buch* sur le bassin d'Arcachon.)

esquaque, f., *esquaye,* f., *esquadre,* f., franç., MOREL, 1664. — *squarre,* m., fr., DE MAROLLES, *Deipnosophistes d'Athénée,* 1680, p. 166.

diable de mer, franç., LE PELLETIER. — *morzen,* breton, LE PELLETIER. [E. E.]

loérek, breton, LEGONIDEC.

squadro, squadrolino, squalena, squal, squaena, squatrucefalu, angelo, angela, rina, sagrino, pesce violin, dial. ital.

mermejuela, espagn. — *peixe anjo, viola, lixa,* portug.

mermaid, angel-fish, monk-fish, skate, file-fish, king-stone, dial. angl.

bargelote, zeeduivel, speelman, flamand. — *schoerhaai, pakhaai,* holland.

Squalus vulpes (LINNÉ).

simia, nomencl. de BELON, 1555. — *simia marina,* nomencl. de GESNER, 1620. — *vulpes marina,* nomencl. de RONDELET,

1558. — *vulpecula*, nomencl. de SALVIANI. — *squalus cauda longa*, nomencl. d'ARTEDI. — *alopias vulpes*, nomencl. de BONAP.

renard marin, m., franç., J. BODIN, 1597. — *ranart*, m., *pei spaso*, m., franç. mérid., RONDELET, 1558. — *rinar*, m., provenç. — *péy' ratou*, Nice. — *garri*, m., Antibes. — *faux*, f., Saint-Vaast (Manche), MALARD.

touille à l'épée, m., Saintonge, DUHAM., 1769, I, ch. III, p. 78.

volpe di mare, pesce sorcio, pesce bandiera, dial. ital.

zorra de mar, espagn. — *raposo, annequim*, portug. — *rabosa*, catal. — *alecrin*, espagn., catal. — *fox-hound*, anglais.

Squalus centrina (LINNÉ). — **LE HUMANTIN.**

galeus centrina, centrina, l. du m. â. — *porc*, m., languedocien, RONDELET, 1558. (Ainsi appelé parce qu'il aime la fange.) — *porc de mer, porc marin*, anc. fr. — *pouar marin, péy-pouar*, prov. — *porkétt dé mar*, Cette. — *porcille*, f., fr., RABELAIS; DUEZ. — *cochon de mer*, Saintonge. — *bernadet*, m., *humanthin*, m., franç. dial., RONDELET, 1558. — *moune* (= guenon), f., Cap breton, DUHAMEL, 1769, III, 329. — *chenille*, f., Gironde, LAPORTE.

centrina, centrone, marzapanu, pesce-porco, dial. ital. — *mielga*, galicien. — *hog-fish*, anglais.

Squalus cornubicus (LINNÉ). — **LE LONG NEZ.**

squalus nasus, autre nomencl. — *oxyrrhina*, nomencl. de SPALLANZANI.

nez, m., P.-de-C. — *long nez*, Gironde. — *naz lharg*, Pyr.-Or. — *mélàntoun*, m., Nice. — *pichoun lami*, prov. — *taupe de mer*, franç., DUHAM., 1769; Saint-Vaast (Manche), MALARD.

toil, m., *tuilh*, m., *tolh*, m., Bayonne, au moy. â. — *toulh*, m.,

Gironde, Char.-Inf. — *touille à bœuf,* Saintonge, DUHAM., 1769, I, ch. III, p. 78.
squalo nasuto, cagnizza nasuta, pisci-tunnu, dial. ital.
sardo, portugais. — *tollo,* espagn., MINSH., 1617.

Zygaena malleus (VALENCIENNES). — **LE MARTEAU.**

malleus, sudis, sphyrena, nomencl. de GILLIUS, 1533. — *libella,* nomenclature de BELON, 1555. — *balista,* nomenclat. de RONDELET, 1558. — *squalus zygaena,* nomencl. de LINNÉ. — *piscis judaeus,* marseillais latinisé, GILLIUS, 1533. (Quod capitis tempora tanquam cornicula emineant, more Judaeorum qui sic olim Massiliæ induebantur.)
zygène, f., franç., CH. DE GAMON, *Création du Monde,* 1609, p. 152. — *arbalestre,* f., franç., BELON, 1555. — *baratelle* f., fr. dial., BELON, 1555. — *balance,* f., fr., J. BODIN, 1597. — *martètt,* m., Bayonne. — *martèou,* m., *péy' judiéou,* m., provenç., ACHARD, 1785. — *juivo,* f., *vaco,* f., provençal, GOURRET. — *maillet,* m., *niveau,* m., *plomb,* m., *quarré,* m., *règle,* f., franç.
zanbetta, martello, balestra, ital., MALATESTA, 1573.
sfirna-martello, pesce baile, balista, ribello, ciambetta, stampella, pesce giudeo, capo di chiavo, dial. ital.

Zygaena tudes (VALENCIENNES). — **LE PANTOUFLIER.**

squalus tiburo, nomenclat. de LACÉPÈDE.
pantouflier, m., franç., BROUSSONET, *Mém. s. les chiens de mer,* 1787. — *scrosséna,* f., Nice.
pantofola, Venise. — *crozza,* Sicile.

Pristiurus (genre) (BONAPARTE).

scyllium Artedi, scyllium melanostomum, autres nomenclatures. — *leitão, litão,* portugais.

Pristis antiquorum (LATHAM). — **LA SCIE DE MER.**

pristis, l. de PLINE. — *pistrix, pixtrix*, l. du m. â., DIEF; WRIGHT. — *serra marina*, nomencl. de BELON, 1555. — *vivella*, l. du m. â., CONST., 1573. — *sector, serra*, anc. nomencl., MALATESTA, 1576. — *balaena pristis*, nomencl. du DU PINET, 1625, I, 253. — *squalus pristis*, nomencl. de LINNÉ.

serra, anc. prov.; niçois. — *scie de mer*, f., *langue de serpent* (parce qu'elle porte médecine), f., franç., BELON, 1555. — *scie*, f., *vivelle*, f., franç., RONDELET, 1558.

làmbarda, f., Nice, RISSO. — *bardoulin*, m., Nice, E. MOREAU, 1881. — *hairon marin*, m., franç., ANDERSON. *Hist. nat. de l'Islande*, 1750, I, 219.

vivella, ital., MALATESTA, 1576. — *serra, sega marina*, ital. — *espadarte*, portug. — *saw-fish*, angl.

« La serra es un peys ab alas; e can ve nau en la mar, ela met alas e va contra la nau per meravilhas a un' alenada; e tan cant l'ale li dura, ela cor e ten o be a contrast seissanta legas; e con l'alena li falh el se dona tanta d'anta que totz essems se laissa anar al fons de mar. » anc. prov,, BARTSCH, *Provenz. Leseb.*, 1855, p. 165.

Symbolique : sur la scie de mer dans la symbolique chrétienne, voyez CAHIER, *Nouv. mélanges d'archéol.*, 1874, p. 120.

Raja (genre) (CUVIER). — **LA RAIE.**

raja, latin. — *raia, raca, reza*, l. du m. â., Goetz. — *radia, reilara, reiva, rasa*, l. du m. â., DU C., V, 575 et 578. — *ragadia, ragedia, rigadia, reza*, l. du m. â. — *ascolus*, l, du m. â., ANTONIUS NEBRISS., *Lexicon cathal.*, 1587.

raie, f., *raiz*, f., *raiée*, f., anc. fr. — *rajada*, f., *raiada*, f., anc. prov. — *rajado*, f., anc. toulous., — *arràye*, f., Gironde.

raja, razza, rasa, arzilla, picara, pigara, dial. ital.
rajada, valencien, Palmirena, 1575.
ruche, brabanter, allemand du nord. — *roch,* flamand.

La jeune raie est appelée :

raieton, m., Cotentin, au xvie s., *Journ. de Gouberville,* éd. Toll., 1879, p. 143. — *rayon,* m., *ratillon,* m., franç. dial., Duhamel, 1769, III, 280. — *ràyô,* m., P.-de-C., c. p. M. Ed. Edmont. — *railon,* m., Normandie, Duhamel, 1769, I, ch. III, p. 65; Bessin, Joret.; Manche, Lebreton. — *papillon,* m., Cotentin, au xvie s., *Journ. de Gouberv.,* p. 143. — Bretagne, Duhamel, 1769, III, 280; Courseulles-s.-M. (Calv.), r. p.

L'œuf de raie est appelé :

souôri de mé (= souris de mer), Calvad. — *vioouloun,* m., La Crau (B.-du-Rh.), Marrel, *Gangui,* 1899, p. 28. (Cet œuf est pourvu aux quatre angles de filaments assez semblables à des chanterelles de violon.)
coussinet, m., *châtaigne de mer,* f., *rat de mer,* m., franç., E. Moreau, 1881. — *diable,* m., *game du diable* (= écume de la bouche du diable), f., C.-du-N., Sébillot (dans *Rev. de ling.,* 1881, p. 188).
seedüwel, seemuus, allemand du Nord.

« On appelle *rieu* un filet à prendre des raies. » Picardie, Duhamel, 1769, I, 115.
« La figure de la raie ressemble à celle du bon Dieu; de plus, on trouve, dans sa tête, une sainte Vierge avec deux anges, » Haute-Bret., *Rev. d. trad. pop.,* 1902, p. 7.
« *Gueule de raie* = injure à une femme laide et vieille. » L. Garnier, *Chez le commissaire,* comédie, 1898, p. 59.
« *Roch* = une salope, une marie-graillon. » flamand, Halma, 1781.

« *Gueule de Raie* = nom ou surnom d'homme, au moyen âge. FRANKLIN, *Rues de Paris*, 1874, p. 62.

« *Raie forte* = raie pas fraîche. » ODIN, *Congrès des pêches*, 1896, p. 5.

« Il est en plume comme une raye. » *Farce de la pipée* (XVIe s.), réimpress. Crapelet, 1832, p. IX. [Quel est le sens?]

« *Queue de raie* = espèce de bâton ou de canne. » Ile Bourbon, LEBLOND, *La Sarabande*, 1904, p. 236.

« Hij is waerd met rochenstaerten gegeasseld te worden = *il mérite d'être fouetté avec des queues de raie.* » flamand, HALMA, 1781.

« Waar 'er slimmer roch in zee, hij zou mij aan bord komen = *s'il y avoit de plus méchante raye dans la mer, elle seroit pour moi. Les pires malheurs sont pour moi.* » flamand, HALMA, 1781.

Symbolique. — « Pour noter un trompeur autrefois on peignoit la raie qui porte devant ses yeux deux filets en forme de cheveux, qui sont entassez par le bout, comme si c'estoit de l'appast qu'elle cachast là dedans. Avec ces filets elle pesche du poisson, se mussant en des lieux sablonneux et bourbilleux, ayant troublé le solage, et souslevant ces filets qu'elle laisse pendre en bas. Car quand les petits poissons s'y rencontrent et qu'ils heurtent le bout de cette amorse pretendue, elle retire tout bellement les filets et les alleche ainsi jusqu'à ce qu'elle les ait pres de sa bouche pour les engloutir tout à coup. La seche pratique ceste mesme ruse pour attraper les cancres qu'elle aime friandement. » VALERIAN, 1615, p. 378.

Raja torpedo (BLAINVILLE). — LA TORPILLE.

νάρκη, grec. — *torpedo*, lat. — *torpigo*, l. du m. â., MATTHAEUS SILVAT. — *thorpus*, l. du m. â., ROSTAF. — *terpigo, stupor*, *stupefactor, stupefaciens, stupescor*, anc. nomencl. d'ALBERTUS, selon RUYSCH, 1718, I, 18. — *torpor, turpor*, l. du m. â., DIEF. — *turpillia*, marseillais latinisé, GILLIUS, 1535. — *narcha*, l. du m. â., SIMON JANUENSIS, 1486. — *torpedo marmorata*, nomencl. de RISSO.

torpile, f., fr., CONSTANTIN CESAR, *Vingt livres d'agric.*, 1545, f[et] 210, r[o]. — *torpille*, f., fr., BELON, 1555. — *tourpi-o*, f., *troupi-o*, f., *troupi-é*, m., provenç. — *estropijo, tremouleti*, Marseille, BRUNNICHIUS, 1668. — *tourpilhon*, m., Marseille, SOLERIUS, 1549. — *torpin*, m., anc. fr., HÉRET, *Probl. d'Alex. Aphrodisé*, 1555, p. 2. — *torpeur*, f., anc. fr., BOVILLUS, 1531, f[et] 45, r[o]. — *troupio dourmiyoué*, f., provenç., ACHARD, 1785. — *dormilleuse*, f., anc. fr., SEB. COLIN, *Des gouttes*, 1557, p. 115; GOD., II, 751. — *dormiliouze*, f., Marseille, RONDELET, 1558. — *endormie*, f., Normandie, CONST., 1573. — *droumén*, m., Gironde. — *dourmiouso*, f., *dourmiouà*, m., *éndourmioué*, f., *trémoulino*, f., *trémourino*, f., *tréboulino*, f., Provence. — *trémoise*, f., Bordeaux, BELON, 1555, p. 79. — *tremorsa*, midi de la France, SOLERIUS, 1549. (C'est sans doute la reproduction du mot *tremorisa*, donné comme gênois par GILLIUS, en 1533.) — *tremble*, f., franç., CONST., 1573; Saintonge, Normandie. — *tremblant*, m., embouchure de la Loire, DUHAMEL, 1769, I, chap. III, p. 72. — *tremblade*, Belle-Ile. — *tremblard*, Vendée.

gallino de mar, f., Frontignan, SOLERIUS, 1540. — *galina*, f., Hérault, WESTPH. — *étike*, f., Manche, C.-du-N. — *grampe*, f., fr., J. FONTAINE, 1612. — *arrounce-bras*, Biarritz, E. MOREAU, 1881. — *sourd*, Loire-Inf., ED. RICHER, *Descr. du Croisic*, 1823, p. 35. — *sourdeau*, Côtes de l'ouest, DELALANDE.

rugle (= tonnerre), m., Bayonne, LAGR.

treineriou, plur., breton de Houet et Houedic, DELALANDE.

torpedine, tremola, triemolo, tremolusa, tremorica, crampo, *sgranfo, granchio, battipotta, occhiatella, battinella, battinetta, fotterigia,* dial. ital. — *tremola scacchiata,* sicilien, RAFINESQUE.

baca tremulosa, catal. — *formigon,* asturien. — *ortiga, tremaro,* galic. — *tremelga,* portug. — *hugia,* portug. et espagn., AMATUS LUSITANUS, 1558.

cramp-fish, anglais, doc. de 1591, MURRAY.

kramprog, stompvisch, siddervisch, trilrog, holland.

râad (= tonnerre, foudre), arabe.

« Certains auteurs disent que la torpille prinse à la ligne transmet sa malignité (engourdissement) tout au long du crin et de là, passant par la canne, se va rendre à la main et jusqu'au bras, lequel engourdi quand et quand, la pesche tourne à néant. » VALERIAN, 1615, p. 373.

« *Aco éy red coume la pet doou rugle* = c'est froid comme la peau de torpille. » B.-Pyr.

« In torpedinem piscem incidere = choyr entre le poisson torpeur. » BOVILLUS, 1531, f[et] 45, r[o].

Raja clavata (RONDELET). — **LA RAIE BOUCLÉE.**

rubus, l. du m. â., DU C. — *clavelata,* marseillais latinisé, GILLIUS, 1533. — *pastinaca aspera,* nomencl. de BELON, 1555.

raie ronsée, fr., JUNIUS, 1577. — *raie bouclée,* fr., BELON, 1555. — *raie bloquée,* fr., *Thres. de santé,* 1607, p. 253. — *ràye bouclade,* Bayonne. — *clavelée,* Marseille, BELON, 1555. — *clavelade,* fr. dial., DU PINET, 1625, I, 265. — *clavélado,* f., provenç. — *raie clouée,* Calais. — *arrounce,* f., Bayonne. — *roumèto,* f., Provence. — *rochère,* f., Ile de Ré.

raie de turbot, f., franç., *Dict. de Tr.,* 1752. — *raie turbotée,* f., Bordeaux, LAPORTE. (On l'appelle ainsi parce qu'elle est aussi bonne que le turbot.)

baracola, raja a chiodi, razza chiodata, razza spinosa, raza pietrosa, pigara pietrosa, razza veaxa, rometa, ruvetu, dial. ital.

romaguera, rajada punjosa, valenc. — *raja pregada*, portug. — *raya crabuda*, galic. — *raya conchada*, espagnol.

thorn-back, card-scale, sand-rate, rock ray, angl. dial. — *rog*, holl. — *raocka*, suédois.

Raja oxyrinchus (Linné). — **LA RAIE A BEC POINTU.**

rhina, raja rostrata, l. du m. â.

alesne, f., *raye au long bec*, f., *lentillade*, f., franç., Rondelet, 1558. — *clavélado pissouso, clavélado pissày'ro, pissarèlo*, f., *pissouo*, f., Provence. (Elle exhale une forte odeur d'urine.) — *blànkèto*, f., *matrasso*, f., Provence. — *fumà*, m., *pissova*, f., Nice. — *capouchin*, m., langued. — *flâ*, C.-du-N. — *portugais*, m., Dieppe, Duham., 1769, III, 285. — *tire*, f., Paris, aux Halles, E. Moreau, 1881.

raja monaca, razza capussinha, raja a becco, monaca liscia, picara lizza, mocosa, bavosa, dial. ital.

corretja, valenc. — *raja escrita*, catal. — *santiaguesa*, galic.

Raja microcellata (Montagu).

rat, m., franç., E. Moreau, 1881.

raie mêlée, raie bâtarde, Paris, aux Halles, E. Moreau, 1881.

Raja miraletus (Linné).

miraletum, marseillais latinisé, Gillius, 1533. — *raja oculata*, anc. nomencl. — *miraillet*, Provence, Rondelet, 1558. — *miràyé* (= petit miroir), provenç., Hérault.

razza sféuggioen-na, gênois. — *quattro-occhi, raja a occhi*, ital. — *quatro-olhos*, portug.

Raja fullonica (Rondelet). — **LA RAIE-CHARDON**

cardaire, Languedoc, Rondelet, 1558. — *cardày'ro*, f., provenç. — *cardouy'ro*, f., marseill. — *ruchon*, m., Cherrueix (I.-et-V.), c. p. M. Ch. Lecomte. — *picara magnusa, ruvetu*, sicilien, Rafinesque.

fuller-scate, angl., Charleton, 1666.

Raja batis (Linné). — **LA RAIE CENDRÉE.**

pélousa, f., *pélouso*, f., Hér., B.-du-Rh. — *raie cendrée, raie grise*, franç. — *coliart*, fr., Rondelet, 1558. — *guillaume*, fr. dial., E. Moreau. — *aougustina*, f., Cette. — *flote*, f., Valenciennes.

schate, flote, flamand. — *glettrocke*, allem. du Nord.

skate, skeat, skidder, bluet, maid, dunny, dial. angl.

Raja rhinobatis (Linné).

pesce violino, violone, velione, cetola, citarra, calascione, dial. ital.

rebeca, portugais.

Raja quadrimaculata (Risso).

pélouzéla, f., Cette, E. Moreau, 1881.

Raja alba (Lacépède). — **LA RAIE BLANCHE.**

raja levis, l. du m. â., Du C. — *raie blanche, grande raie, raie lisse, raie douce*, fr. — *blànkèta*, f., Nice, Cette. — *raye polie*, f., fr., Belon, 1555. — *raye lize*, f., fr., Rondelet, 1558. — *flàncado*, f., Var. — *flassade* (= couverture de lit), f., *vache de mer, raie lize*, fr. dial., Rondelet, 1558. — *flassado*, f., Provence. — *floussada*, f., Nice. — *couver-*

turo, f., Provence. — *blanc wiar*, Valenciennes, HÉCART, — *raie ondée*, franç., NEMN. — *bouguete*, f., Marseille, anc. docum., DU CANGE. — franç. dial., CONST., 1573.

pocheteau, fr. dial., doc. de 1366, DU C., V, 575; Loire-Inf., Belle-Ile. — *poch'tia*, m., Vendée. — *pouss'téou*, m., Gironde. — *posteau*, Bretagne, Aunis, DUHAMEL, 1769. — *gros guillot*, Morlaix, DUHAM., 1769, I, ch. III, p. 69. — *grand guillot*, *grand guillaume*, m., Normandie, Picardie, DUHAM., 1769, III, 285. — *gros guillaume*, franç., LE SIEUR***, *Le Cuisin. instr.*, 1758, II, 137. — *seau*, m., Calais, DUHAM., 1769, III, 285. — *tire*, f., Normandie, CONSTANTINUS, 1573; DUHAM., 1769, I, 113. — *tire magne*, f., Boulogne-sur-Mer, DUHAMEL, 1769, II, chap. IX, p. 285.

liuda, anc. espagn., DU C., IV, 136. (A cute loevi et pellucida.) — *leviraya*, *lijaraya*, espagn. — *raya tinga*, *raya estinga*, *raya limpia*, galicien, CORNIDE. — *raja a onde*, ital., MALATESTA, 1576.

white horse, *white cunt*, *scate*, *homelyn*, *guilt head*, *smooth ray*, dial. angl. — *gladde roch*, holland.

Lorsque la raie blanche est jeune, elle a une couleur particulière et porte alors les noms suivants :

raja marginata, nomencl. de LACÉPÈDE.

raie bordée, français, LACÉPÈDE. — *fumat*, m., *fumada*, m., franç. du midi, RONDELET, 1558. — *fumà*, m., niçois, provenç., languedoc. — *brunètte*, f., Cherbourg, E. MOREAU, 1881. — *rat*, m., Normandie et Paris, aux Halles, E. MOREAU, 1881. — *magnan*, m., franç. dial., DUHAMEL, 1769, III, 285.

moro, ital.

Raja pastinaca (LINNÉ). — **LA PASTENAGUE.**

pastinaca marina, *pastinaca*, *erango*, *trigonius piscis*, l. du m. â. — *trygon pastinaca*, nomencl. de CUVIER.

pastinaque, f., *pastenaque*, f., *pastenague de mer*, f., *pastenague*, f., *pastenade*, f., *pastenaille marine*, f., *rate penade*, anc. fr. — *vastango*, f., *bastango*, f., midi, RONDELET, 1558. — *bestina*, f., anc. prov., *Romania*, 1903, p. 296. — *bestine*, f., Arles, TAXIL, *Traité de l'épilepsie*, 1602, p. 273.

tare franke, f., anc. fr. du Sud-Ouest, DU C., III, 70. — *tare ronde*, f., Bordeaux, Bayonne, BELON, 1555. — *tère*, f., *taire*, f., Aunis, Arcachon, DUHAM., 1769; île de Ré, KEMM. — *touare*, f., Vendée, E. MOREAU, 1881. — *tingre*, f., Isigny, DUHAM., 1769. — Saint-Vaast (Manche), MALARD.

hauche, f., *haouche*, f., Arcachon, DUHAM., 1769, I, ch. III, p. 85; La Teste (Gir.), MOUR. — *fouilleur*, m., Picardie, DUHAMEL, 1769, III, 232. — *fouleû*, m., Picardie, Artois.

pastenaga, *bastonaga*, *ferraccia*, *murcione*, *pesce murciotto*, *mucchio*, *buglio*, *buggiu*, *altavela*, *matano*, *matana*, *giarneca*, *mujo-vacca*, *pesce vacca*, dial. ital.

pastenaca, *raya vaca*, espagn. — *serreta*, catal. — *pombo*, galic. — *uge*, *urze*, portug.

poison-fish, *fire*, *fierce flaw*, *cat-fish*, angl., MERRETT, 1667. — *sting-ray*, *fire-flair*, angl. — *pijlrag*, *pijlstaart*, hollandais.

« *Essere come il pesce pastinaca*, dicesi d'una cosa che non ha principio nè fine ovvero che è poco differente. » italien, PAOLI.

« La pastenague est un poisson ayant un poinçon ou piquant, en la queue, tant venimeux qu'estant fiché dans le tronc d'un arbre, il le fait soudain blemir, seicher et flestrir. » G. MEURIER, *Similitudes*, 1583, p. 117. [Cette croyance est empruntée à ELIEN.]

Raja asterias (RONDELET).

raye estelée, fr., BELON, 1555. — *taprèl'*, f., Saint-Vaast (Manche), MALARD. — *raja a stelle*, ital. — *raya estrellada*, espagn. — *raia pintada*, portug.

Raja aquila (Cuvier).

aquila, aquila marina, falco marinus, l. du m. â. — *glorinus*, marseillais latinisé, Gillius, 1535. — *myliobatis aquila*, nomencl. de Duméril.

aigle de mer, f., Belon, 1555. (Ses larges nageoires ont été comparées aux ailes des oiseaux de proie.) — *épervier*, Gir. — *rate-penade*, anc. fr., Du C., III, 70. — *rato pénado, ày'glo dé mar, mounino*, f., *mourino*, f., *làncèto*, f., Provence. — *mourine*, f., Bayonne.

glorieuse, f., Languedoc, Rondelet, 1558. (Ainsi appelée parce qu'elle écarte, de son aiguillon, les autres poissons.) — *glorin*, m., fr. dial., God., IV, 293; Ch. de Gamon, *Pescheries*, 1599.

martrame, f., La Teste (Gir.), Mour. — *madame*, f., Char.-Inf., E. Moreau.

aquila di mare, aquilone, colombo di mare, ital.

aguila, rata, chucho, obispo, espagn. — *monja, monjeta, jutjo, milà*, catal. et valenc. — *ratão*, portug. — *pylstaart*, hollandais. — *pridnet*, anc. anglo-normand, God.

Raja (**espèce indéterminée**).

Cette espèce que je n'ai pu identifier, et qui est tout à fait mauvaise à manger, est appelée :

coucou, m., Courseulles-sur-Mer (Calv.), r. p. — *cucko-ray*, anglais, Murray.

Raja (**espèce indéterminée**).

Cette espèce, que je n'ai pu identifier, est très petite, pas plus grosse qu'une sole; elle est appelée :

huchon, m., Dives (Calvados), r. p.

Cephaloptera giorna (Risso).

vaco, f., *vakéto*, f., *clavelado féro*, f., Provence.

Chimaera (genre) (Linné).

roi des harengs, poisson-coq, demoiselle, rat de mer, chimère, franç. — *cat,* m., Nice. — *gat marin,* Provence.
gallo marino, scimmia di mare, marcantogno, dial. ital.
peixe gallo, peixe coelho, portugais.
sea-ape, sea-fox, bland-hoe, dial. angl. — *zee-draak,* holland. — *hav-kat, haae-konge, haae-muus, söe-muus, gul-haae, jis-galte, spil-hyse, straeng-hyse, geirnyt,* dial. scandinaves. — *buachaill an sgadain,* gaélique écossais.

Acipenser sturio (Linné). — L'ESTURGEON.

ακιπήσιος, grec des bas temps, selon Athénée. (Le mot est peut-être emprunté au latin.) — γαλοιος, l. du m. â., Boucherie, 1872. — *acipensis, aquipenser, acupenser, acipenser, accipenser,* latin. — *aquippense, accipienser, storio, sturio, styrio, sturgio, scurgio, sturionus, sturgus, esturgius, esturjionus, turgo, turius, struthio, strutio, strufio, galeus rhodius, silurus, purro, porro, suillus, rhombus, rombus, creacus,* l. du m. â.
cragacus, cracatius, l. du m. â., A. Thomas, dans *Romania,* 1908, p. 619, en note. — Sur l'étymologie de ces mots, voyez H. Schuchardt (dans *Zeitsch. f. roman. Philol.,* 1907, p. 641) et Mario Roques (dans *Romania,* 1908, p. 619).
porcopiscis, piscis regalis, l. du m. â. (Sur l'esturgeon échoué appartenant de droit au roi, au seigneur ou à l'abbaye, voy. Le Breton, *Carolles,* 1876, p. 34-35; Du Cange, II, 646, VI, 398.)
lupus tyberinus, l. du m. â., Edelst. Duméril, *Mél. archéol.,* 1850, p. 247.
mario, anc. nomencl., Gesnerus, *Aquatilium enumeratio,* 1556. — *silurus,* nomenclat. de Salviani.

esturjon, estorjon, anc. prov. — *sturgon, esturgon, estrurgon, sturjon, strujon, estorjon, esturjon, estourgeon, esturgion, esturgeon, estrugeon, éturgeon, stugion,* m., anc. fr. — *esti-oun,* m., Tarascon.

silure de fleuve, fr., WECKER, 1663. (Par opposition au *silure des lacs* ou *vrai silure.*)

creac, creag, creat, Sud-Ouest, au moy. âge. — *crac,* m., toulousain, DOUJAT, 1637. — *créatt,* m., L.-et-G., H.-Gar., Aude.

poisson royal, Saintonge, DUHAM., 1769, I, ch. III, p. 78.

touitt, m., Gironde.

sturch, sturjan, sturjon, estrugan, eaucq-limouzêc (= saumon limoneux), breton. [E. E.].

bradan pacach, gaélique écossais. — *bradan tarnagh,* irlandais.

storione, ital. — *sollo, maron, marion,* espagn., CISTERNAS. — *sôlho,* portug., FURT. — *isétru, nisétru, caciuga, caciga,* roumain. — *stiriga, stiria, styra,* anglo-saxon. — *sturgeon,* angl. — *strudo, sturo,* anc. h. allem. — *sturn,* anc. all. — *stör,* all. — *miersteer,* Luxemb. all.

erszketras, store, lituanien. — *jesiotr,* kassoube. — *ketchika,* serbe. — *kecsege,* magyar.

istèrek, turc. — *hherba,* arabe syrien, BERGGR.

Le jeune esturgeon est appelé :

creagad, m., *criagad,* m., Bayonne, au moy. âge, *Livre des établ.,* Bay., 1892, p. 60.

sterlet, m., Côtes de l'Ouest, MOREAU, 1881.

ENSEIGNES : *Au Sturgeon d'or,* ens. à Liège, en 1591, BORMANS, *Rues de la par. Saint-André,* 1867, p. 135.

A l'Esturgeon, ens. d'un restaurant à Poissy.

ONOMASTIQUE : *Lesturgeon, Léturgeon,* noms de famille.

« *Strufio carneus* = certain état de l'esturgeon, dans lequel il est mauvais à manger? » lat. du moy. â., A. THOMAS dans *Romania*, 1908, p. 619. — « *Creac lo nervi* = même sens? », Moissac, au moy. â., *Congrès scientif. de Bordeaux en 1861*, I, p. 565, et IV, p. 570.

« L'esturgeon porte dans la gueule une fleur de lys et mérite ainsi son nom de poisson royal. » *L'Univers* du 22 avril 1902.

« *C'est un vrai esturgeon que ce drôle-là;* se dit d'un enfant éveillé. » blaisois, THIBAULT.

« Des quatre pieds (*quadrupèdes*) saisy le mouton, Des oiseaux perdrix ou chappon Et des poissons prends l'esturgeon. » Proverbe culinaire, G. MEURIER, 1582.

« *Pescher les esturgeons en l'air* = faire une chose impossible. » COTGR., 1650.

« *Les Esturjons de Blaives* (= Blaye) étaient célèbres au moyen âge. »

« *Créadier* = filet de pêche pour les créacs. » Bordeaux, *Dict. de l'encyclop.*, 1751.

Aciper huso (LINNÉ). — LE GRAND ESTURGEON.

attilus, latin (gaulois) de PLINE. (Sur ce mot et ses dérivés, voy. *Zeitsch. f. rom. Philol.*, 1907, p. 641; *Romania*, 1908, p. 619.) — *adilus, esox, huso, uso, usio, ezop, ezor, erox, staurus, scaurus, escarus, echinus, copex, copizosus, ipocus, upecus, upetus, lopetus, rumbus*, l. du m. â. — *mario, antaceus, ichthyocolla*, anc. nomencl., GESNERUS, *Aquatilium enumeratio*, 1556.

huson, m., franç., DUEZ, 1678. — *colopéy'*, m., provenç.

adilo, adelo, ladeno, ladano, adano, ddano, adamo, collano, colpesce, copese, copso, cospo, sturion disarmà, dial. ital. — *cazon*, espagnol, NEMNICH. — *moròn, viza*, roumain. — *hûso, hûsen*, anc. h. allem. — *bjeluga*, russe. (D'où *bel-*

lougina en 1591 et *beluga* en 1772, noms anglais de cet esturgeon exotique, selon MURRAY.) — *vizu*, petit russien.

« La préparation culinaire faite en Europe orientale de cette espèce de saumon est appelée : *caviarium*, lat. du moyen âge. — *cavyaire*, m., *caviart*, m., *cavial*, m., anc. fr. — *caviac*, m., *cavia*, m., franç., SAVARY, 1741. — *cabirots*, m. pl., franç., OUDIN, 1681. — *caviaro, caviario, caviere, caviale*, ital. — *ikra*, russe, polonais. — *chaviar, chaebjar, chawjar, hawjar*, arabe.

Sur les noms anciens du caviar en Angleterre, voyez : NARES, I, 145; HALLIWELL, I, 236.

Avec la vessie et la peau de cette espèce d'esturgeon, on fabrique une sorte de colle appelée :

ichthyocolla, gelatina ichthyocollæ, l. des anc. pharmaciens. — *glutinum piscium*, l. du XVIe s., LAGUNA, 1563. — *colle de poisson*, appelée *petit cordon*, quand elle est en forme de lyre et *gros cordon* quand elle est en forme de cœur, D'ORBIGNY. — *hausenblase, fischleim*, allemand, LUDOVICI.

Acipenser Naccarii (BONAPARTE). — **LE PETIT ESTURGEON.**

porceleta, purzella, porzlina, sporcella, sforcella, dial. ital.

Balistes capriscus (CUVIER).

caper, nomencl. de SALVIANI, 1554. — *capriscus*, nomencl. de RONDELET, 1558.

porc, fr., RONDELET, 1558. — *pourcélh*, m., Pyr.-Or., E. MOREAU. — *pesce balla, pesce balestra, grillo marino*, dial. ital. — *pez ballesta*, espagn. — *bot*, catal. — *cangullo*, portug. — *file-fish, leather-jacket*, angl.

μονόχοιρος, grec moderne.

Uranoscopus scaber (LINNÉ).

λύχνος, grec ancien et moderne.

scaber, l. du VIIIe s., HESSELS. — *uranoscopus*, l. du m. â., WRIGHT.

rascasso bianco, Marseille, BELON, 1555. — *raspecon*, m., Marseille, RONDELET, 1558. — « *Raspecon*, quod caput ob asperitatem ad scalpenda muliebria pudenda accommodari possit. » DU C., VI, 883. — Le mot se trouve dans BELON, 1555, sous la forme *responsoux*, mot que l'auteur a évidemment très mal lu dans quelque communication écrite. — *tappecon*, m., Marseille, BELON, 1555. — « *Tapecon*, quod pessi instar conformatus est. » DU C., VI, 883.

rat, m., Languedoc, RONDELET, 1558; Pyr.-Orient., COMPANYO. — *muoou*, m., Nice. — *bioou*, m., B.-du-Rh., Hér. — *oulhe*, f., Bayonne, DUCÉRÉ.

còcciu, chiachia, boca in capo, bochinchèr, ratto, prete, messoro, toti, dial. ital.

papa-tabaco, masca-tabaco, xarrouco, portug. — *gallineta, rata*, espagn.

Sur l'histoire de ce poisson dans l'antiquité classique, voy. CUVIER et VALENCIENNES, 1828, III, 298-302.

Orthagoriscus mola (SCHNEIDER). — **LE POISSON-LUNE.**

tetrodon mola, nomencl. de LINNÉ. — *mola*, marseillais latinisé, nomencl. de GILLIUS, 1533.

luna, f., Montpellier, CONSTANTINUS, 1573. — *lune*, f., français, DU PINET, 1625, II, 449. — *lune d'argent*, f., Bayonne, E. MOREAU, 1881. — *bout*, m., anc. fr. dialectal., DU C. — *boutt* (= outre), m., Pyrénées-Orient., E. MOREAU, 1881. — *roi de mer*, m., Granville (Manche).

pesce tamburo, pesce luna, pesce roda, pesce balla, pesce barila, dial. ital.
muela de molino, rueda, troco, espagn. — *mola,* catal. — *roda, rodim, lua,* portug.
sunfish, molebute, angl.

Tetrodon lineatus (Linné).

bounardin, m., Provence, Mistr.

Ostracion (genre) (Bloch). — **LE COFFRE.**

coffre, m., franç., Nemn., 1793. — *cofré,* m., Nice. — *cofré à perlos,* m., Provence. — *trunk-fish,* anglais.

Hippocampus (genre) (Cuvier). — **LE CHEVAL MARIN.**

equuleus marinus, caballio marinus, lat. de Végèce, *Ars veterin.*, I, 20, § 2 et IV, 12, § 3. — *campæ,* pl., *equi marini,* pl., l. du m. â., Goetz. — *syngnathus hippocampus,* autre nomenclature.
cheval de mer, m., *chenille,* f., franç., Solerius, 1549. — *chevalet de mer,* fr., Du Poy-Monclar, 1563. — *gagnola,* f., Marseille, Belon, 1555, p. 447. (Le pêcheur qui en prend aura de la chance, il *gagnera* de l'argent.) — *gagnado,* f., *gagnolo,* f., *agnolo,* f., *chivaou marin,* m., Provence, Mistr. — *gazane, gazone,* Marseille, Brunnichius, 1768. — *orfi de bois,* en quelques endr.
cavallo marino, cavalleto marino, cavallo stordo, biscia, dial. ital. — *caballito,* espagn. — *zeepaardje,* holland.
ἀλογάκι, grec moderne.

Toponomastique : Chemin du Cheval marin, chemin près de Marseille, Mortreuil. (Ce cheval marin est-il bien notre hippocampe ?)

« Le souplet hippocampe, en nos costes *cheval* Rend le poil que ravit le venerique mal. » CHR. DE GAMON, *Pescheries*, 1599, f[et] 34, r°.

Pour la légende du cheval marin dans la mythologie figurée des anciens, voyez : FRÉDÉRIC HOUSSAY (dans *Revue archéologique*, 1895, p. 1-27).

Syngnathus typhle (LINNÉ) **et Syngnathus acus**.

aiguille de mer, *trompette*, français. — *lézard de mer*, Arcachon. — *anguille vësarde*, île de Ré, KEMMERER. — *couleuvre de mer*, f., Granville. — *orveul marin*, m., franç., BELON, 1555, p. 447. — *làssi*, m., provenç., MISTR. — *talarec*, *talaedreg*, breton, *Arch. f. celt. Lexicogr.*, III, 265.

angusigolo falso, italien. — *marinha*, portug. — *stang*, *sting*, *gaugnet*, Écosse, JAM.

χατουρλίδα, grec moderne.

Syngnathus papacinus (RISSO).

éspingolo, f., Var, MAURIN.

Ammodytes lancea (CUVIER). — **L'ÉQUILLE.**

squilla, nomencl. du XVIe s., *Bibl. de l'Éc. d. Chartes*, 1894, p. 240.

équille, f., *éguille*, f., *aiguille*, f., anc. fr. — *qule*, f., anc. fr., PICHON, *Viand. de Taillev.*, 1892, p. 126. — *ékile*, f., Calvad. — *lance*, f., *filet de mer*, m., franç., *Thresor de santé*, 1607, p. 260. — *làssi*, m., provenç., MISTR. — *orbrune*, f., côtes de Bretagne, MALARD. — *cigare*, m., Saint-Vaast (Manche), MALARD.

talarec, *talaedreg*, breton, *Arch. f. celt. Lexicogr.*, III, p. 265.

(Les pêcheurs l'emploient comme amorce pour prendre les gros poissons, en substitution du lombric de mer appelé *talarec.*)

sand-eel, sand-viper, sandy-giddock, giddack, hornel, launce, launce-fish, wriggler, dial. angl.

Ammodytes tobianus (Cuvier). — **LE LANÇON.**

lançon, m., Normandie, Constantinus, 1573; etc., etc. — *lanchon*, m., Calvados, C.-du-N.

aluzzeticlla, napolitain.

sand-aal, tobias fisch, tobieschen, sutter, seepeitzker, Prusse.

tobis, suédois.

Toponomastique : *La Grève aux Lanchons*, plage près Jersey.

Onomastique : *Lelanchon*, famille de la Seine-Inf.

On lui dit pour l'engager à se faire prendre : « *Lançon, prends ton bond; Si tu ne prends pas ton bond, Tu auras du bâton.* » C.-du-N., Sébillot (dans *Rev. de ling.*, 1881, p. 193). — « *Lançon, petit lançon, fais bondir le sable, Que je te prenne, Ou deserte à Compiègne.* » Id., *id.*

Ophidium (genre) (Linné).

gymnotus acus, gymnotus fierasfer, gymnopterus acus, autres nomenclatures.

donzelle, f., franç., Rondelet, 1558. — *aourin*, m., niçois, Cuvier (dans *Mém. du Museum*, 1815, p. 319). — *fiérà fé*, m. (= congre sauvage), m., *fiélà fé*, Provence. — *corudgiao*, Marseille, Brunnichius, 1768.

sturmfisch, Prusse, Benecke.

Ophidium barbatum (Linné).

galia, galiotto, galera, dial. ital.
lorcha, pez sable, espagn. — *pixola*, catal. — *fura*, valenc., Cisternas.

Ophidium imberbe (Linné).

calénày'riss (= galant, c.-à-d. jeune homme imberbe), Nice, Sütterlin, p. 475.
rubioca, julia, galicien, Cornide.

Petromyzon branchialis (Linné). — LE LAMPRILLON.

lempitula, lat. du XIIe s., *Bibl. de l'Éc. des ch.*, 1869, p. 228. — *lampridus, teucha*, l. du m. â., Rostaf. — *ammocetes branchialis*, nomencl. de Duméril.
lampredon, m., anc. bordelais, Levy. — *lamprillon*, m., *lamprion*, m., *lamproyon*, m., *lampreon*, m., *lamperon*, m., *setueille*, f., *sateille*, f., *seteuille*, f., *setoille*, f., *satouille*, f., anc. fr. — *satroule*, f., Lorraine, Le Bon, *Etymologicon*, 1571, fet 45, vo. — *lamprillon, lamproyon, lampérion*, en div. endr. — *làmpréso*, f., Tarn. — *làmprésou*, m., Aude. — *chatillon*, m., Toulouse, Rondelet, 1558. — *satouy'*, f., *chatouy'*, f., Meuse, Yonne, Aube, Loiret, May., M.-et-L., C.-d'Or. — *sartouy'*, f., Luxembourg franç. — *chatroulhi*, f., *sortrui*, f., Loire. — *casse-pierre, loudiè*, Aube. — *perce-pierre*, Aube, Suisse rom. — *traou-pî*, m., Namur. — *chukë-pèy're*, m., Landes. — *téteû*, m., Le Havre. — *sucé*, m., S.-et-M. — *boque*, f., fr., Sam. Bernard, *Actions du Gentilhomme*, 1613, p. 43. — *lampredetta, lampredotto, lamprede di freje, buratell*, dial. ital. — *quarder, schlammquerder, kieferwurm, kurpîz*, dial. allem. — *pride, stonegrig, ramplon*, dial. angl. — *lin-âl*, suédois.

ENSEIGNE : *Au Lamproyon de la Samaritaine*, anc. ens. à Paris, qui doit son nom à un farceur connu, nommé *Lamproyon.*

En divers endroits, les pêcheurs se servent de ce poisson pour mettre aux hameçons en guise d'appât.

« Laisser la lamproie pour la setueille. » GOD., VII, 323.
« *Lampronnière*, f. = marchande de lamprillons. » normand du XVIIe s., HÉRON, *Muse norm.*, 1895, VII, 125.

Petromyzon fluviatilis (LINNÉ) et Petromyzon marinus (LINNÉ). — LA LAMPROIE.

naupreda, l. du ve s. apr. J.-C., *Romania*, 1906, p. 185. (Sur ce mot, voyez SCHUCHARDT, dans *Zeitsch. f. roman. Philol.*, 1906, p. 724.) — *nocoprestis, nacoprestis*, l. du m. â., GOETZ. — *lampetra, lampreda, lamprida, lampredo, lampredonius, lampresis, lamproia, laupreda, naupreda, nauprædus, naufreda, naufragus* (on croyait autrefois qu'en s'attachant par leur museau aux navires, les lamproies les arrêtaient et les faisaient *naufrager*), *limbrius, lampeta, lambeta, lampada, lambata, murenula, cerevilla, nonoculus, nonocula, oculata, euca*, l. du m. â. — *lampredula, oculata, erica*, l. du m. â., ROSTAF. — *flute, plote*, l. du m. â., DIEF, s. v° *murena.* — *mustela fluviatilis*, nomencl. de RONDELET, 1558.

lampreda, lamprada, lampreza, lamprea, anc. prov. et anc. langued. — *lamprède*, f., Bayonne, au moy. âge; B.-P. — *làmprido*, f., langued. — *làmpréghe*, f., B.-Pyr., c. p. M. L. BATCAVE. — *làmpréso*, f., provenç., SOLERIUS, 1549; languedoc. — *làmprése*, f., Landes. — *làmpruso*, f., Étang-de-Berre (B.-du-R.), *Soc. de statist. de Mars.*, 1846. — *lapresa*, f., anc. gasc., *Arch. hist. de la Gir.*, t. XI, au gloss. — *lamproise*, f., Rouen, doc. de 1377, GOD. — *lòm-*

pròyo, f., Lot. — *lamprayè*, f., *lamproye*, f., *lamproy*, m., *lamprée*, f., anc. fr. — *lampruè*, m., prov., PELLAS, 1723. — *làmbré*, m., prov., ACHARD, 1785; Ardèche. — *lamproie d'alose* (= petromyzon fluviatilis), Jura, OG. — *fifrô* (accent sur *fi*), m., *fifrë*, m., lyonnais, PUITSPELU (à cause de ses trous, la l. est comparée à un *fifre*). — *fyifrë*, m., H.-Loire. — *chifrô*, m., Isère. — *flûte*, f., S.-et-L. — *anguille-musique*, f., Calvad.

manja-pèga, m., Hérault, WESTPHAL. — *machày'ré*, m., provenç. — *sucè*, m., Anjou.

lamprezenn, breton moyen et mod. [E.E.].

lampreda, lampredone, ampreda, còdula, magna-pegola, subiol, subiotto, zufoletto, fluta, dial. ital.

llamprega, llamprea, amprea, péninsule ibérique.

niunauga, lampreta, lantprida, lantfrida, brick, sceyp-roof, schiff-raub, anc. h. all., DIEF. — *neunauge, beiszker, peitzger, lamproen, lamproer, rubel, bricke, pricke*, dial. all. — *lamprey, lampern, lamper-eel, lumping-eel, horse-eel, spanker-eel, sudles-eel, nineeyed-eel, nanny-nine, seven eyes, holes, cuning, barling, argoseen, argus-eyes, suck-stone*, dial. angl. — *madoge*, irlandais.

langerilach, irlandais. — *beidheidh*, gaélique écoss.

orsòhal, magyar.

Toponomastique. — *La Lamproie*, loc. de la Sarthe, PESCHE, IV, 46; anc. maison à Fontenay (Vendée), B. FILLON, *Rues de F.*, 1880, p. 144. — *Rue de la Lamproie*, rue actuelle de Tours. — *Hôtel de la Lamproie*, auberge à Poitiers au XVIIe s.

Enseigne. — *A la Lamproye*, auberge, au XVIIe s., près du Palais de Justice, à Paris.

« *Lampragium* = pêche à la lamproie. » l. du m. â., DU C.

« On appelle *lampresse* le filet à pêcher les lamproies. » Bords de la Loire, *Dict. de l'encyclop.*, 1751.

« *Lamproie cordée* se dit de celle qui est devenue dure et qui a passé la saison. La lamproie, en hiver, se mange par la noblesse, et au printemps par le paysan, car alors elle est *cordée.* » *Dict. de Trév.*, 1752. — « Quand la l. est hors de saison, elle a une *corde* dure qui fait qu'elle ne vaut rien à manger. *Elle est cordée,* se dit d'une chose qui n'est plus bonne. » LA NOUE, *Dict. des rimes*, 1624, p. 38. — « *Cordée comme une lamproye*, se dit d'une vieille femme. » XVe s., COQUILLART, *Œuvres*, éd. d'Hér., 1857, II, 96.

« Fi! fi! la lamproye est cordée. » ALLARD, 1605, fet 297, v°.

« *Nat praoubé nou minjio bouno lampreso; nat riché nou minjio boun coulat* = nul pauvre ne mange bonne lamproie; nul riche ne mange bonne alose. Les premières lamproies et les dernières aloses sont les seules bonnes. » Pays d'Albret, DARDY, I, 248. — « Jamé nat riche n'a minyatt nat boun coulac, ni nat praoube nade bone lamprése. » Landes, FOIX, 1902, p. 67.

« Jaçoit que le serpent soit ort (*laid*), Quand il vient sibler la lamproye, Elle repute faire tort Si à son amour ne rend proye. » ALCIAT, *Livret des emblemes*, 1536. — « La vipère jette son venim premier de se coupler à la lamproye..... La lamproye est l'emblème de l'adultère, parce qu'elle se joinct avec la vipère. » DINET, *Cinq livres des hiéroglyph.*, 1614, p. 405. [Il s'agit probablement d'un accouplement avec la murène, espèce voisine, qui ressemble à un serpent.]

« Telz refuse lus ou lamproie Et est aux requestes obliques Qui depuis n'auroit pas deux bliques. » GOD., I, 662.

« *Il en rotira la lamproye* = il en paiera les frais. » G. PARIS, *Mystère de la Passion*, 1878, p. 463.

Muræna helena (Linné). — **LA MURÈNE.**

μύραινα, σμύραινα, grec anc. — μουρούνια, σμύρινα, σμερύνα, grec. mod.
muræna, lat. de Pline. — *morena*, l. du m. â. — *murina*, *muprena*, l. du m. â., Wright. — *moréna*, mentonais. — *mouréno*, f., provenç.
murina, allàmpari, bisato indevisà, dial. ital. — *morena*, catal., espagn. — *moreia*, portug.
muraal (= mutteraal), dial. all.
châqat, turc.

« Murena complicans se in circulos a serpente sibilo concipitur. » *Notices et extr. des man.*, 1906, p. 640. — « Les murènes s'approchent de la sonnerie des cloches quand elles frayent et alors elles suivent le siffle des serpents et se meslent avec elles. » Valérian, 1615.

Muræna myrus (Linné).

myrus, murena mas, nomencl. de Gillius, 1532. — *conger myrus*, nomencl. de Cuvier.
masle de la murène, fr., Rondelet, 1558. — *mourua*, f., *moruo*, m., Nice, E. Moreau. — *démouy'séla*, f., Cette, E. Moreau.
margagghiuni, sicilien. — *miro*, ital.
vaar-aal (= vater aal), allem. dial.

Murænophis (genre) (Delaroche).

mourèno sènso èspino, f., provençal.
safio, portug., Vandelli.

Nettastoma melanura (Rafinesque).

masca, f., Nice, E. Moreau, 1881.

Conger vulgaris (CUVIER). — **LE CONGRE.**

γόγγρος, γογγρίον, grec anc. — μουγγρί, grec mod.

conger, congrus, congruus, gongrus, trongrus, trongrius, l. du m. â., DU C.; DIEF; WRIGHT. — *conjugla*, l. du m. â., DU C., VII, 103. — *phialassum*, marseillais latinisé, GILLIUS, 1533. — *muræna conger*, nomencl. de LINNÉ.

congre, m., *congra* (la femelle), f., *concre*, m., *tongre*, m., *tonque*, m., anc. provençal, anc. languedocien et anc. français. — *congle*, m., anc. franç., DU C., VII, 103. — *trugre*, m., fr. du xve s., GACHET, *Gloss. lat. fr.* — *cangre*, m., Ile de Noirmoutier, c. p. M. ED. EDMONT. — *gròngh*, m., mentonais. — *groun*, m., provenç. — *anke*, f., Valenciennes, HÉCART. (Sans doute parce qu'il ressemble à la corde à jeter l'*ancre*.) — *filas*, m., *filat*, m., *firade*, f., midi de la France, BRUNNICHIUS, 1768. — *fielas*, m., Marseille, BELON, 1555. — *fialas*, provençal, PELLAS, 1723. (On appelle *fialasso* le fil de carret.) — *fiélas*, m., *fiélà*, m., *fiérà*, m., provenç. — *vérar* (= le congre quand il est adolescent), Coutainville (Manche), *Le Guide de Coutainville*, 1890, p. 23.

anguille de mer, français.

labistr, sili-môr, breton.

gongro, grongo, bronco, peagallo, dial. ital.

congrio, galicien. — *safio* (quand il est jeune), portug., FURT.

conger-eel, eve-eel, heawe-eel, heevil, milwel, dial. angl.

caran-creige, irlandais. — *cullach, as-chu*, gaél. écoss.

TOPONOMASTIQUE : *La Congrée*, rocher du plateau de Rochebonne, à l'île d'Aix (Char.-Inf.).

« Ils sont là tapis comme des congres dans leur trou à ne pas oser bouger. » EUG. SUE, *La Salamandre*.

« *Aous congrés* = au rebut. » Agde, MISTR., I, 625.

« Les bonnes moules d'Isegny vallent mieux que chien ne tonque (= que squale ou congre). » XVIe s., GRINGORE, *Menus propos*, cité par LE ROUX DE LINCY, *Proverbes*.

Les congres de la Rochelle étaient célèbres au moyen âge.

« *Congrier* = 1° endroit dans la rivière entouré de pieux serrés l'un contre l'autre, où l'on enferme les congres et autres poissons; 2° droit de dresser cette réserve. » MASSÉ, 1766.

« *Esperqueria, espekeria* = droit de pêcher les congres et de les suspendre à des perches pour les faire sécher; lat. du m. â.; *éperquerie* = même sens, anc. normand. » *Bibl. de l'Éc. d. Chartes*, 1849-1850, p. 428-429. — « *Furca anguillara* = même s. » l. du m. â., DIEF.

« *Congre, quan ve la pastura, temen la punctura de ham, rapa 'l no a mors, mas ab las pinulas, e pren sa pastura* = congre, quand il voit la pâture, craignant la piqûre de l'hameçon, l'enlève non avec morsure, mais avec les nageoires et prend la pâture », anc. prov., RAYN.

Conger balearicus (BONAPARTE).

uyassou, m., Nice, E. MOREAU, 1881.

Anguilla vulgaris. — L'ANGUILLE.

ἔγχελυς, grec anc. — χέλι, grec mod.

anguilla, anguila, anquila, anquilia, angula, anwila, enochilis, enocilis, l. du m. â., DU C.; etc. — *muræna anguilla*, nomencl. de LINNÉ.

anguila, f., *anguilo*, f., *énguilo*, f., midi de la France. — *'nghinlo*, f., Lectoure (Gers). — *anghile*, f., *anghëlhe, inghiya, angüy', andÿiy', andjiy', anghèy', anghule, angole, angoûle, ànghialo, ànghiélo, ànghièro, inghialo, ònghiolo, ànghÿalo, èndÿalo, anghiave, an-ouile, an-ouèy', an-ouy', angèle, anièle*, en divers pat. — *ànghina*, f., Grasse (Alpes-

Mar.), HONN. — *éghëla*, f., Saint-Amour (Jura), c. p. M. ED. EDMONT. — *langreyre*, f., Buch (Bassin d'Arcachon), DUHAM., 1769, I, ch. III, p. 84.

serpent d'eau, serpent de rivière, en div. endr. — *glissante*, f., jargon de Razey, près Xertigny (Vosges), r. p.

silienn, breton de Plouaret.

anguïla, ital. — *longa fangosa*, argot ital., *Moda da intendere il zergo*, 1582. — *lecca*, argot ital., OUDIN, 1681.

lang fesch, Luxemb. all. — *schuckerschwemmling*, argot all., VON TRAIN. — *paling*, flamand.

eel, snig, dial. angl.

easgan, eascu, asequin, irlandais.

alo, sanja, tsigane.

angòlna, magyar. — *yilân balyghy*, turc. — *noûn*, arabe du Maroc.

La jeune anguille est appelée :

anwilon, anguillon, m., *anguillette*, f., anc. fr. (Dans RABELAIS, 1533, les *anguillettes* sont de petites anguilles salées qu'on mange pour donner de l'appétit. »

keûruz, stlaon, breton.

anguilloto, bisato, buratello, teston, cieca, dial. ital.

eel-pout, grig, dial. angl.

La montée des jeunes anguilles dans les fleuves et rivières est appelée :

montée, f., Caen, DUHAM., 1769, I, ch. III, p. 63. — *montinette*, f., Picardie, E. MOREAU, 1881. — *civelle*, f., Lyon, BELON, 1555; embouchure de la Loire, DUH., 1769, I, ch. III, p. 72. — *cibale*, f., *civade*, f., Vendée, c. p. M. PH. TELOT. — *pibale*, f., fr. dial., RONDELET, 1558; Vendée.

bouy'roun, m., Camargue, DE RIVIÈRE. (On appelle *bouy'rounièro*, f., une nasse d'osier qui sert à pêcher les petites anguilles.) — *frétiyè*, m., Nièvre. — *grunun*, m., Hérault, *Congrès scient., session de Montpell.*, 1872, p. 127.

Un réservoir d'eau où l'on nourrit des anguilles est appelé :

anguillarium, l. du m. â., Du C., I., 257. (On appelle aussi *anguillarium* certain droit sur les anguilles pêchées. Voir Du C., I, 257.)

anguillière, f., franç., Oliv. de Serres, 1600.

« *Anguillard* = filet à prendre les anguilles. » Charente.

Toponomastique :

L'Anguille, Les Anguilles, noms de diverses local.

Lou Pont de l'Anguiéloun, pont à Châteaurenard (B.-du-Rh.)

Le Val d'Anguille, loc. des env. d'Arles, Revel du Perron, 1871.

Pech-Anguilh, loc. de la Dordogne, De Gourgues.

Mas Anguilers, loc. au xiie s., Leroux, *Arch. de la H.-Vienne*, 1882, p. 264.

L'Anguillerie, loc. des Deux-Sèvres, Ledain.

Le Chemin de l'Anguille, loc. de l'Eure, Blosseville.

Le Port à l'Anguille, loc. près Samois (S.-et-M.), Pascal, II, 396.

Le Ruisseau des Anguilles, ruisseau du Pas-de-Cal., Haigneré.

Le Trou aux Anguilles, gueule d'égout près du marché, à Lille, A. Capon, *Marie Claire*, 1896, p. 56.

La Rue Sainte-Anguille, anc. rue d'Agen, Est-ce l'anc. *rue de Font Anguys?* Habasque, *Comment Agen mangeait*, 1887, p. 10 et p. 58.

La Queue de l'Anguille, lieudit ainsi nommé de sa forme très allongée, Cambrésis, Boniface, 1866, p. 252.

Rue de l'Anguille, anc. rue de Nantes.

Rue de l'Angèle, à Lourdes.

Ecclesia de Congreto, au m. â., *Église de Congrier*, loc. anc. du Maine, MÉTAIS, *Cartul. de la Trinité de Vendôme*, 1897, IV, 279. (Comme il n'y a pas de congres à l'intérieur des terres le mot *congre* a dû signifier ici : *anguille*.) On lit dans MASSÉ, 1766 : « *Congrier* = espace dans une rivière, enfermé de pieux serrés l'un contre l'autre, et sortant hors de l'eau, dans lequel on enferme du poisson. Le droit de faire un *congrier* dans une rivière se nomme aussi *congrier*. »

ONOMASTIQUE : *Languille, Languillet, Languillat, Languillaire, Enguiale, Anguille, Angilard, Anguière, Danguillecourt*, noms de famille.

« Gens d'Abbeville, Têtes d'anguilles. » Somme, A. DUBOIS, p. 200.

« *Pesco-bouiroun* (= pêcheurs de petites anguilles) = sobriquet des gens d'Entraygues (Vaucluse).

« C'est un homme à l'eschine longue, faite en anguille. » BANÈRE, *Moine au surveillant*, 1616, p. 4.

« Son habit était luisant comme une anguille et légèrement crevassé aux coudes. » ANDRÉ THOMAS, *Ouvriers de Paris*, 1849.

« *Filho anguiélado* = fille svelte. » Provence MISTR. — « *Merry grig* = un bon compagnon, un gaillard. » angl., HOWELL, 1660. — « *Pigliare l'anguilla* = se divertir. » italien.

« Tu frétillais comme une anguille. » DARANTIÈRE, *L'Hôtel du lac bleu*, vaudev., 1898. — « Les filles sont un maudit bétail à gouverner et du naturel des anguilles, cela frétille toujours. » REGNARD, *Filles errantes*, com., 1690. — « Des anguilles dans un panier, Des chenilles sur un prunier, N'entendent rien à la souplesse Au prix des ressorts de sa fesse. » *Œuvres de Saint-Amand*, 1642, p. 218. — « Ne vous remuez donc pas comme une anguille dans la friture. » DE LÉRIS, *Quartiers de la lune*, vaud., 1842. — « Il est agité comme une anguille dans la poêle. » FRISON, *Avent. de Ronchonnot*, série 4, s. d. (vers 1890). — « *Wespiant comme une ainwie* = remuant comme une a. » namurois, PIRS.

« Il apprehende la mort prochaine et tient sa vie comme une anguille qui eschappe. » P. DU MOULIN, *Héraclite*, 1610, f^{et} 22, v°. — « Il leur eschappa des mains comme une anguille. » FURETIERE, *Roman bourgeois*, 1666. — « L'homme habile s'échappe comme l'anguille. » M.-et-L., SOLARD. — « Les choses d'ici-bas sont des anguilles glissantes. » DE FITELIEU, *Contre-Mode*, 1642, p. 231.

« Il échappe toujours, c'est une couleuvre sur la terre, une anguille dans la rivière. » ROCHEFORT, *Finesses de Gribouille*, comédie, 1834.

« D'oun mày l'on sarra l'énguialo, d'oun mày l'on la perd. » Corrèze, GORSE, p. 139.

« Fame set mult et boule et guile, Plus est tornant ne soit anguille. » JUBINAL, *Jongleurs*, 1835, p. 76.

« *Anguiller* = se glisser quelque part comme une anguille. » normand du XVIIe s., HÉRON, *Muse norm.*, 1895, V, 7.

« *Tirer l'anguille par la queue* = être incertain sur le résultat d'une entreprise. » LITTRÉ.

« Aux grans pescheurs eschapent les anguillez. » XVIe s., LA VÉPRIE. — « As gros pescairé escampo enguielo. » Provence, XVIIe s., *Bugado provenç.*

« Per trop estregné l'anguielo souvent escapo. » Provence, XVIIe s., *Bugado prov.* — « Qui tient anguille par la queue, il peult bien dire qu'elle n'est pas soue. » XVIe s., LA VÉPRIE. — « Prene l'anyele per la coude Et la fenno per la fé (*la foi, la parole*), Qu'ès arré. » B. Pyr., LARROQUE, *Arrépoués*, 1897. — « Un preneur d'anguilles à la gluz. » Du Moulinet, *Facecieux devis*, s. d. (vers 1615), p. 263.

« Ténir l'anghiyo émbé fuéyo dé fighièro. » Provence.

« Tu fais comme les pêcheurs d'anguilles; quand l'eau est calme, ils ne prennent rien; mais quand ils ont agité la vase, la pêche est bonne. » Aristophane, *Les Chevaliers.* — Cf. la loc. franç. *pêcher en eau trouble.* — « Jamais ne faict un bon pescheur d'anguilles Fort bien son cas, s'il n'a l'eau troublée. » La Perrière, *Théâtre des bons engins*, 1539. — « *Anguille d'eau trouble* = personne rusée. » Duroc Sort-Manne, *Nouv. Récits*, 1575, fol 8, vo.

« Fourrez une anguille dans de l'eau filtrée, elle s'y ennuie à périr; montrez-lui un tas de boue, elle s'y fourre avec volupté. » Borys, *Les Paresseux de Paris*, 1873.

« Ils ne peuvent rompre l'anguille au genouil. » Allard, 1605, fol 202, ro. — « *Vouloir rompre une anguille au genou* = entreprendre une chose qui ne peut réussir. » Oudin, *Cur. franç.*, 1640. — « Il esperoit faire monts et vaus et rompre les anguilles avec les genoux. » *Harangue en proverbes à la reine*, 1652. — « Quel casse-cou ! Il rompt l'anguille au genou. » M.-et-L., Soland. — Par corruption on a dit autrefois : *rompre l'andouille au genouil.* On lit dans Rabelais, IV, 41; *Comment Pantagruel rompit les andouilles au genoil.*

« Vous n'écorchez pas l'anguille quand vous la tenez, *vous ne profitez pas de l'occasion.* » Le Sage, *Gil Blas*, VII, 15.

« La cuyo dé l'énguilo és ço qué y a de plus dificilé à éscourgà. » Lot, Ayma. — « Homme peu heureux Qui écorche l'anguille par la queue. » M.-et-L., Soland.

« Je ne veux pas *écorcher l'anguille par la queue*, c'est-à-dire commencer mon histoire par la fin. « Furetiere, *Roman bourg.*, 1666.

« Celluy est fol de cuider qu'il escorche Incontinent par la queue une anguille. » GRINGORE, *Notables enseignemens*, 1533.

« *As-tu pris l'anguille bécüe?* se dit à un pêcheur maladroit. » Vire (Calv.), *Bull. d. parl. norm.*, 1899, p. 300.

« La nuit on prend les anguilles; il est bon parfois de ne pas se presser. » Prov. breton, *Nouv. conversat. en bret. et en franç.*, 1877.

« *Mescolare la serpe tra le anguille* = accompagnare un astuto con brigata semplice. » italien.

« Prendre un serpent pour une anguille = se tromper grossièrement. » Bourgogne.

Un piège en osier destiné à prendre les anguilles est appelé :

ànghilèro, f., Landes, MÉTIVIER, p. 710.

bacq anwillerech, m., *sacque anvillerech*, m., anc. fr., A. THOMAS (dans *Romania*, 1903, p. 184).

« *Anguille*, f., = sorte de bateau allongé ; *anguylier*, m. = patron de ce bateau. » anc. fr., GOD.

« *Anguilles* = pièces de bois dans le berceau du navire quand il va être lancé à l'eau. » JAL, *Gloss. naut.*, 1848.

« *Anguilles*, f. pl., *anguillées*, f. pl., *anguillers*, m. pl., *anguillères*, f. pl. = cordes que l'on introduit dans les trous des varangues. » JAL, *Gloss. naut.*, 1848.

« *Anguille*, f. = crevasse dans un mur. » Bretagne, Berry, Vendée (cf. *lézarde*).

« *Nœud d'anguille* = sorte de nœud coulant dont on peut se servir pour débarquer les futailles de peu de poids. » LITTRÉ.

« *Anguille renversée, vergay d'anguille*, préparations culinaires. » COTGR., 1650.

« Ce chapeau complètement disloqué était encore plus moelleusement préparé que les anguilles des Tartares, entre selle et cheval. » L. KAROLUS, *L'Élève Rigobert*, 1864, p. 127.

« *Anguille*, f. = ceinture. » argot, G. MACÉ, *Lundis en pris.*, 1889, p. 253.

« En dépit de la fouille qu'on exécute sur les forçats il était parvenu à cacher une somme assez forte, cousue dans une peau d'anguille, ceinture classique des voleurs. » VIDOCQ, *Chauffeurs du Nord*, 1845, p. 156.

En remplissant de sable une peau d'anguille on en fait un instrument à donner des coups. « Anguilla est qua coercentur in scholis pueri. » ve s. ap. J.-C., ISIDORE DE SÉVILLE. — « Il faut lui donner des anguilles dans les jambes. » BRAZIER, *Coin de rue*, comédie. — « *Anguilles* = coups donnés avec une serviette roulée en forme de serpent. » terme de jeux d'enfants, FRANC. MICHEL, *Et. sur l'argot.* — « Au jeu des voleurs, des enfants armés d'anguilles tournent leur visage contre un mur. Un de leurs camarades va se cacher. Les autres vont ensuite à sa recherche. Lorsqu'il est trouvé il est ramené au but à grands coups d'anguilles. » A-Y, *Jeux de l'enfance.*

« *Jeu de l'anguille en rond.* On se place en rond ; chacun met une main derrière soi ; un des joueurs fait le tour du cercle en tenant une anguille qu'il met dans la main de qui lui plaît, et il continue son chemin pour qu'on ne devine pas s'il l'a remise. Celui qui a l'anguille en frappe son voisin à droite, et le poursuit en le frappant jusqu'à ce qu'il soit revenu à sa première place. Ensuite, celui qui est possesseur de cette arme singulière la remet à un autre aux mêmes conditions. Dans quelques sociétés, il est d'usage que le teneur d'anguille dise, en la traînant autour du rond : *L'anguille file, file.* » BESCHERELLE, *Jeux*, 1851. — Avec une anguille remplie de sable, le jeu serait dangereux; aussi, on remplace le sable par de la cendre ou bien l'on se sert de serviettes enroulées.

« *Anguilade* = coup donné avec une peau d'anguille. » Allard, 1605, f^ct 289, v°. — « Le pastissier lui donna l'anguillade. » Rabelais, II, ch. xxx. — « Il a peur des anguillades et des bastonnades. » J. P. Camus, *L'Antibasilic*, 1644, p. 448.

« *Sabler* = assommer quelqu'un avec une peau d'anguille ». argot, Vidocq, 1837. — « *Sabouler quelqu'un* = le gronder, le bousculer. » Locut. française.

En espagnol, l'anguillade est appelée *culebrado*, parce qu'elle est faite avec une peau de couleuvre.

« *Anguille* = cravate longue et mince. » M.-et-L., Verr.

« Il est bête comme une anguille. » Guéroult, *La Bande à Fifi Vollard*, 1884, p. 426.

« *Les Anguilles* = surnom des habitants de Melun. » Gomart, *Etudes saint-quentinoises*, 1844, II, 260. — Melun est depuis longtemps renommée pour ses anguilles.

« Crier comme une anguille qu'on écorche. » *La Mode, revue politique*, 1848, p. 321. — « Vous semblez les anguilles de Melun, vous criez davant qu'on vous escorche. » Rabelais, I, 47. — « Il ressemble aux anguilles de Cayeux (ou de Démuin), il crie avant qu'on l'écorche. » Somme, Ledieu, *Monogr. de Démuin*, 1892, III, 212. — « Comme l'anguille de Melun Il crie sans écorcher aucun. » M.-et-L., Soland.

On explique la locution : *il est comme l'anguille de Melun, il crie avant qu'on l'écorche*, par l'histoire d'un nommé Languille, acteur à Melun qui, sur la scène, ayant un rôle de victime, pris de vraie terreur, suppliait le bourreau de lui faire grâce. Le public aurait alors crié : *Languille crie avant qu'on l'écorche*. De là serait venue la locution. Cette origine est invraisemblable; on a dit l'*anguille de Melun*, parce que ce poisson est commun à

Melun. — Voy. sur cette locution : FOURTIER, *Dictons de Seine-et-Marne*, p. 37-39; FOURNIER, *Var. hist.*, VII, 54; LE ROUX DE LINCY, *Livre des prov.*, II, 50.

LA FONTAINE, *Précieuses ridicules*, 1659, a fait allusion à cette locution : « Vous avez plus de peur que de mal et votre cœur crie avant qu'on l'écorche. »

« Je m'en bats l'œil avec des pattes d'anguille. » Locut. facét. entendue à Paris.

« *Faire avaler une anguille à quelqu'un* = lui faire gober une belle craque pour une vérité. » Mons (Belg.), *Armonaque dé Mons*, 1860; Douai, DECHRISTÉ, *Souvenirs d'un homme de Douai*, 1854.

« La vérité cloche, Il y a anguille sous roche. » M.-et-L., SOLAND.

« *Loger l'anguille sous roche* = faire l'amour. » ALLARD, 1605, f[ct] 346, r[o].

« *Marchand dé péous d'anguièlo* = injure. » Provence, MISTR.

« *C'est un marchand de peau d'anguilles* = c'est un pauvre marchand qui n'a à vendre que des choses sans grande valeur. » DUEZ, *Nomenclatura*, 1663, p. 159. — « Elle se met en poissarde pour mieux tirer parti d'une queue d'anguille. » *Nouv. liste des plus jolies femmes publiques*, 1801, p. 21. — « Je reste avec ce laideron, qui ressemble à une peau d'anguille. » A. DE JALLAIS, *Nouvelle madame Angot*, comédie, 1860. — « J'nous mettrons t'où qu'j'aurons t'envie; Arrêtais donc c't'anguille sans vie. » *Le petit neveu de Vadé*, 1791, in-18, p. 19. — « *Jehan l'anguillé*, injure d'une femme à son mari. » PICOT et NYROP, *Nouv. rec. de farces*, 1880, p. 146.

« *Quand la hoelhe deu bèrn ey coum l'aourelhe d'u arral, L'angele que sort deu houral* = quand la feuille d'aune est comme l'oreille d'un rat, l'anguille sort de son trou, c'est le moment de la pêcher. » B.-Pyr., LESPY.

« L'anguille prend naissance dans les intestins du goujon. »

Poitou, SAINT-MARC. — « Les anguilles sont les premiers-nés des goujons. » Castelnaudary, c. p. feu AUG. FOURÈS. — « Le goujon engendre l'anguille. » Luxembourg, LAFONTAINE, *Faune du Luxemb.*, 1872. — « Nade mule n'a jamé héyt nat mulatoun Ni nad anyéle nat anyéloun = *jamais mule n'a fait mulcton, ni anguille anguillon.* » Marensin (Landes), FOIX, 1902, p. 48.

« Les anguilles frayent avec les vipères. » M.-et-L.

« *Anguille* est née de limon, et por ce avient que qui plus l'estraint, plus fuit. » BRUNETTO LATINI, *Li Livres dou tresor*, liv. I, part. V, c. 131.

Le sexe des anguilles et leur mode de propagation sont restés longtemps inconnus. — « Aussy mange-t-on de l'anguille, encore que d'un sexe inconnu. » LE CORDIER, *Pont l'Evesque*, 1622, p. 103.

« Les anguilles mortes ne reviennent jamais sur l'eau comme les autres poissons. » XVIe s., G. BOUCHET, *Scrées*, éd. Royb., II, 19.

« La graisse de l'anguille ne lui coule pas par la queue. » D'ESTERNOD, *L'Espadon satyr.*, 1680.

« Caseus, anguilla, mortis cibus ille vel illa Ni bibas et rebibas et rebibendo bibas. » *Carmin. proverb. loci comm.*, 1670, p. 25.

Toujours pâté d'anguille, répétition continuelle d'une chose qui fatigue par sa monotonie, tout excellente qu'elle est.

« *Anguille renversée* = espèce de mets. » XVe s., *Ménagier*, II, 4.

« Le foie de l'anguille, réduit en poudre, facilite les accouchements. » Cantal, *Revue de l'Auvergne*, 1902, p. 430. On croit partout que le sang d'anguille infusé dans le vin ou un autre liquide et bu par un ivrogne le guérit de son ivrognerie. « Pour guérir l'ivrognerie, donnez à boire à l'ivrogne de l'eau de vie de genièvre, dans laquelle on a mis infuser une anguille vivante, jusqu'à ce qu'elle meure. » Belgique wall., SEMERTIER.

« Pour combattre la névralgie, il faut lier une peau d'anguille autour du genou droit et placer un cercle de fer autour de la tête. » Belg. wall., MONSEUR, *Folkl. wall.*, p. 27.

« Pour faire croître les cheveux d'un enfant, on les lui lie avec une peau d'a. Pour le mal de reins, on se ceint d'une peau d'a. » Namur, PIRSOUL.

« Il y a une cinquante d'années, lorsque la mode existait de porter les cheveux longs, soit roulés dans un ruban, soit renfermés dans une bourse de soie, on attachait les cheveux près de la tête avec une lanière de peau d'a. pour les faire grandir, disaient les perruquiers. » VALLOT, *Ichthyologie*, 1837.

« J'aimerais autant voir les chevaliers du Port au foin faire les galants avec leurs tournois à la batelière, lorsqu'ils tirent l'*anguille* ou l'oison et qu'ils joutent avec leurs lances. » FURETIÈRE, *Roman bourg.*, 1666.

« *Anguilæ invident aquilis frustra* = en vain l'anguille a sur l'aigle envye. » BOVILLUS, 1531, f[et] 164, r[o].

Dans l'*Estreine de Pierrot à Margot*, 1614, p. 29, il est fait mention d'un conte populaire dit *le Conte de l'Anguillette*.

« Compère, qu'as-tu vu ? — J'ai vu z'une anguille Qui peignait sa fille. — Compère, vous mentez. » fragment de la chanson des mensonges, Nièvre, r. p.

« Porter des peaux d'anguilles à la porte de quelqu'un porte malheur à la personne de la maison. » Luzy (Nièvre), r. p.

« Pour faire croître les cheveux à un enfant, on les lui lie avec une peau d'anguille. » Belg. wall.

« C'est l'histoire de ma grand'mère qui disait : Je n'aime pas l'anguille, et j'en suis bien contente, parce que si je l'aimais, j'en mangerais. » G. SAND, *Meunier d'Angi-*

bault. (La même chose se dit ordinairement des épinards.)

FORMULETTE : « *Madamisèle, Coude d'aniele; Boste marit Coude de guit* = madem. queue d'ang., votre mari queue de canard; se débite à propos des jeunes filles qui font les pincées. » B.-Pyr., LESPY.

Jeux. — Sur le *jeu de l'anguille*, voy. J. BORGNET, *Anciennes fêtes namuroises*, 1856.

« Autrefois, à Châlons-sur-Vesles, *on jouait à l'anguille*, le jour de la fête; on attachait une superbe anguille au bout d'un mât de cocagne glissant et incliné sur la rivière. Elle était le prix de celui qui pouvait y parvenir, sans être tombé dans l'eau. » EMILE MAUSSENET, *Rech. stat. et hist. sur Châlons-sur-Vesles* (Marne), 1898.

« On commença divers petits jeux, comme *escorcher l'anguille*, brider l'asne, prendre la grenouille et autres. » XVIe s., YVER, p. 615, cité par LITTRÉ.

Devinette. — « Barro dé ferré, co d'anguièlo = *l'aiguille.* » Provence, MISTR.

Sur le conte du *pâté d'anguilles*, dont on se lasse quand on en mange tous les jours, voyez : LE ROUX DE LINCY, *Cent nouv. nouv.*, I, p. 101 et p. 349.

« *Troppo tardi disse la Pasqua a buratelli* = vous venez trop tard, dit la Pasque aux anguillettes. » ital., DUEZ, 1678.

Héraldique. — Sur l'anguille dans l'héraldique, voyez : RENESSE, II, 27-30.

Anguilla latirostris (Risso). — **LE PIMPERNEAU.**

pipella, pipernella, lat. du moy. âge, Du C.
piperneau, pippreniau, pimpernel, pimperneau, pimpeneau, anc. franç. de l'Ouest, du Nord et du Nord-Est. — *pinpèrnô,* m., *pinpénô,* m., M.-et-L. — *pimpernielle,* f., Lille, doc. de 1543, God. (Au figuré *femme vive, alerte, un peu folle.*) — *pipèrné,* m., Calvad. — *souflar,* m., *souflarde,* f., M.-et-L. — *chıfiar,* Mayenne.
eiroz, portug., Furt.
hunter-eel, gorb-eel, culloch, angl. d'Irlande, Patt.

Topographie : Pimpeneau, Pimpreneau, loc. d'Eure-et-L. et de Loir-et-Ch.

Les Pimperniax d'Eure étaient célèbres au moy. âge.

Anguilla acutirostris (Risso). — **LE MOURGUIN.**

palezina, lat. de 1080, Du C.
mourghin, Gironde. — *morguin,* île de Ré. — *margainon,* m., *margaignon,* m., anc. fr. dial. — *margagnoun,* m., *pounchuroto,* f., B.-du-Rh. — *ànghilo fino,* B.-du-Rh., Hér.
paglietana, italien.

Anguilla (Variétés que je n'ai pu identifier).

pougalle (quand elle est grosse), f., *groupan* (quand elle est moyenne), m., *courant-vieil* (quand elle est petite), m., Aigues-Mortes, Duhamel, 1769, I, ch. III, p. 94. — *pougaou,* m., Provence. — *apougaoutt,* m., Lansargues (Hérault).
baoumaréнco, f., B.-du-Rh., De Rivière.
réssott, m., Hérault, Westphal.
lachinàn, m., *chinàn,* m., Provence, Mistr.
mazérò, m., Provence, Azaïs.

sàn-janènco, f., Provence, MISTR.
choouchou (grosse anguille de qualité inférieure), Lansargues (Hér.).
lasgénaou, m., Etang de Thau, GOURRET.
taoudéla f., Étang de Thau, GOURRET. (Cette variété ne se trouve pas ailleurs que dans l'Étang de Thau.)
ortalha, Vendée.
chasseuse, f., Sarthe.
galâ, m. (quand elle est grosse), *pibaou*, m. (quand elle est petite), Vendée, c. p. M. PH. TELOT. [C'est une anguille de qualité inférieure, à ventre plus foncé que l'anguille ordinaire et de mœurs différentes.]

Echeneis remora (CUVIER). — **LE RÉMORA.**

ἀκαλήφη, κνίδη, grec anc. — τσικνίδα, κολλησόψαρον, κολλητσιάνος, grec mod.
echeneis, echinus, mora, l. du m. â., DU C., III, 8. — *estinis*, l. du m. â., ROSTAF.
rémora, m., franç. d'origine savante. — *remore, nautile*, fr., BOREL, *Antiq. de Castres*, 1649, p. 137. — *remorantin*, m., franç., DU TRIEZ, *Ruses des esprits malins*, 1563, f[et] 25, v[o]. — *arreste-nef*, fr., VALERIAN, 1615. — *sucet*, m., fr., DANCOURT, *Voy. de Le Maire*, 1695, p. 112. — *suçoun*, m., *calfat*, m., provenç., GOURRET, 1894. — *suço-pégo*, m., *mànjo-pègo*, m., provenç.
pegador, agarrador, peixe piolho, portugais. — *sucking-fish*, angl. — « Les Hollandais l'appellent *poisson d'ordure*, parce qu'il vit de ce qu'on lui jette du bord. » VILLAULT, *Relat. des Côtes d'Afrique*, 1669, p. 378.
On emploie le mot *rémora* au figuré : La femme n'est qu'un vrai *rémora*. » REGNARD, *Le Joueur*, acte IV, scène XI.

« Il est très certain que ces poissons s'attachent souvent aux vaisseaux dans l'eau, et quand le nombre en est grand, il ne faut pas douter qu'ils ne soient en obstacle à la course de ces édifices flottants, puisqu'ils les empêchent de couler légèrement sur les ondes. » LEGUAT, *Voyage*, 1721, I, 123.

Sur le rémora arrêtant les navires, voy. P. MEYER, *Contes de Bozon*, p. 75 et p. 253-254.

Cyclopterus lumpus (LINNÉ).

gras seigneur, Cherbourg. (On l'appelle ainsi parce qu'il engraisse énormément sans se déplacer.) — *gracieux seigneur*, anc. fr., RABELAIS; Bretagne, BELON, 1555. — *gros mollet*, fr. dial., E. MOREAU. — *roué*, m., C.-du-N. — *marmotte de mer*, f., français, DUHAMEL, 1769, III, 308. — *rossignol de mer*, m., Saint-Malo, DUHAM., 1769, III, 308. (On dit qu'il fait entendre dans l'eau un cri doux et harmonieux.)

lump, bauchsauger, seehase, haffpadde, dial. all.

padle, sea-pad, cock-padle, sea-owl, sea-hen, lump-fish, dial. angl.

lump, snotolf, hollandais.

Lepadogaster (genre). (LACÉPÈDE).

barbier, m., *porte-écuelle*, m., français, GOUAN, *Hist. des poiss.*, 1770.

péy pouor, péy san Péyré, Nice, RISSO. — *péy' pouèr*, provenç. — *marchand d'esca* (= marchand d'amadou), m., Cette, E. MOREAU, 1881. — *appéchart*, Guétary (B.-Pyr.), E. MOREAU, 1881. — *tacca-sasso*, italien.

Solea vulgaris (CUVIER). — **LA SOLE.**

βούγλωσσον, κυνόγλωσσον, grec anc. — γλῶσσα, grec mod.

solea, latin. (On l'appelle ainsi parce qu'elle ressemble à *la sole* du pied.) — *buglossen, lingualaca, lingulaca, lin-*

guilata, l. du m. â., DIEF; SIMON JANUENSIS. — *saxaulis, saxalus, saxaulus*, l. du XVIe s., CURIO, *De conserv. bona valetud.*, 1551, f[ol] 55, v[o]. — *pleuronectes solea*, nomencl. de LINNÉ.

sola, f., *solo*, f., Midi de la France — *sole*, f., *perdrix de mer*, fr., DUEZ, 1664. — *suele*, f., *seule*, f., *seuglhe*, f., *sulhe*, f., anc. fr. — *rouarda*, f., Pyrénées orient., MOREAU. — *gouardä*, f., Collioure (P.-O.), c. p. M. ED. EDMONT.

fanken, garlizen, breton.

sola, lengua, linguata, lengattula, soglia, sfoglia, sfoja, dial. ital. — *lenguado, suela*, espagnol. — *azevia*, port., BARBOSA, 1611.

tongue, speck (= the sole of a shoe), dial. angl.

solefleuk, écoss., JAMIESON.

zunge, zungenfisch, schärtongen, krummtuut, dial. allem. — *tong, bloktong, slagtong*, flamand.

La jeune sole est appelée :

pelaica, l. du Ve s., ap. J.-C. [Voyez : A. THOMAS dans *Romania*, 1906, p. 186; SCHUCHARDT (dans *Zeitsch. f. rom. Philol.*, 1906, p. 725.] — *padelenca, palenga*, l. du m. â.. DU C. — *palezina*, f., l. du m. â., doc. de 1080, DU C. — *palày'ga*, f., *palày'go*, f., B.-du-Rh., Hér. — *camarde*, f., Vendée, SERPEAU-DELIDON, *Guide aux Sables-d'Ol.*, 1873.

DUHAMEL, 1769, III, 259, donne comme nom de la sole, à Cette, *palangre*. C'est sans doute une erreur de copie pour *palaygue*.

palaja, Naples, Sardaigne. — *palaya*, espagnol.

TOPONOMASTIQUE : *Carolles-les-Soles*, surnom du village de Carolles dans la Manche, TESSON, *Blason pop. de l'Avranchin*, 1903, p. 8.

« *Il se vend plus de harengs que de soles* = on trouve plus de marchandises communes que de fines. » FUR., 1708.

« Il dira que ces joues sont pleines de lis et de roses et elles seront vermeilles comme une solle frite. » BRUSCAMBILLE, *Prologues*, 1610, f^et 33, v°.

« La sole est *la perdrix de la mer* = *elle est recherchée des gourmets.* » DALIBRAY, *Œuvres poétiques*, 1653, 2e partie, p. 71.

« *Une belle sole de treize points* = plat recherché. » *La Contrelesine*, 1618, f^et 17, r°.

« As ben pesca, pouertés douey solos. » Provence, XVIIe s. *Bugado prov.*

« *Se jeter aux soles* = se jeter dans la mer, se noyer. » FULGENCE GIRARD, *Sur nos grèves*, p. 294.

« *Croquesole* = niais ». ALLARD, 1605, f^et 319, v°.

« On croit communément sur les côtes de France et d'Angleterre que les soles sont produites, par les *crevettes* ou *chevrettes*... M. Deslandes a observé que quand les crevettes viennent d'être pêchées, on leur trouve entre les pieds plusieurs petites vessies inégales en grosseur et en grand nombre fortement collées à leur estomac par une liqueur gluante dont elles sont enduites. Si l'on détache ces vessies et si on les ouvre doucement, on y voit une espèce d'embryon qui a l'air d'une sole, principalement au microscope. Ce sont des œufs de soles qui ont besoin pour éclorre de s'attacher à des chevrettes... de là le préjugé populaire. » *Mémoires de l'Acad. des Sciences*, 1724.

Solea lascaris (BONAPARTE).

bérrugà, m., La Crau (B.-du-Rh.), MARREL. (Elle porte une verrue du côté opposé aux yeux.)

bérrugada, f., Hérault, WESTPHAL.

Solea oculata (Rondelet).

pleuronectes peguza, nomencl. de Lacépède. — *monochirus peguza*, autre nomenclature.

pegouse, f., franç. méridional, Rondelet, 1558. (Ses écailles tiennent comme de la *poix*.) — *pégouso*, f., *pégouo*, f., Provence. — *sola dé foun*, *sola d'arga*, Nice. — *solle de treize points*, fr., *La Contrelésine*, 1818, f^ct 17, r^o.

sola scagliosa, *sola acchiata*, ital.

tambor real, esp., Cist. — *soldat*, valenc., Cist.

Solea melanochira (E. Moreau).

sole bruske, f., Arcachon, E. Moureau.

Solea cuneata (La Pylaie).

sétô, m., *séton*, m., Sables-d'Olonne, La Rochelle, E. Moreau, 1881.

languette, f., *langue d'avocat*, f., Arcachon, M. Moreau.

Microchirus (genre). (Bonaparte).

LA SOLE-POULE.

polanus, lat. du moy. âge, Wright. — *pola*, l. du xvie s., Bruyerinus, 1560. — *platessa pola*, nomenclature de Cuvier.

pole, f., franç., Rondelet, 1558. — *poule*, f., Fécamp. — *poule de mer*, Bretagne, Le Sieur***, *Cuisinier instr.*, 1758, II, 189. — *palà*, m., provenç., Gourret. — *golleta*, valencien, Cisternas.

Monochirus hispidus (Rafinesque).

sola d'arga, f., Nice, E. Moreau, 1881. — *pialuda*, f., *bourruda*, f., Cette, E. Moreau, 1881. — *peloso*, ital.

Solea Mangilii (Bonaparte).

pèrpèy'ra, f., Cette, Doumet.

Rhombus vulgaris (Cuvier). — **LA BARBUE.**

rhombus loevis, nomencl. de Rondelet, 1558. — *pleuronectes rhombus*, nomencl. de Linné.

turbot sans picquans, m., franç., Rondelet, 1558. — *barbule*, f., franç., J. Bodin, 1597. — *barbue*, f., franç. ancien et moderne.

cailletot, m., Normandie, Duhamel, 1569, I, ch. iii, p. 66. — *caltô*, m., Bessin (Calvados), Joret. — *rómbou*, m., Nice, E. Moreau, 1881.

sfaso, soaso, dial. ital. — *clerigo, rodovalho*, portug. — *scharren*, allem. dial.

dab, sanding, brett, burt, cock-fleuk, dialectes anglais.

calcàni, turc.

« *Nos alauses sont bonnes mais votre raie pue, Je pense qu'aussi bien fait votre barbue;* ces mots à double entente sont mis dans la bouche d'une harengère engueulant une acheteuse. » Doc. de 1644, Fournier, *Var. histor.*, IX, 230.

Rhombus maximus (Cuvier). — **LE TURBOT.**

rhombus, rombus, rumbus, numbus, l. du m. â., Goetz. — *turbo, turbonis*, au génit., l. du m. â., Wright. — *rhombus aculeatus*, nomencl. de Rondelet, 1558. — *pleuronectes maximus*, nomenclature de Linné.

rhomb, romb, rom, anc. provenç. — *roun*, m., provenç. mod., langued. — *roum*, Bayonne, F. Morel. — *roumbou clavélà*, Nice. — *roum clavélatt*, Pyr.-Or. — *roum clavélà*, Provence.

turbot, torbot, tourbot, anc. fr. — *turbot piquant*, f., Rondelet,

1558. — *éturbô*, m., Poitou. — *trabott*, Gironde. — *tèrbott*, île de Noirmoutier. — *turbiò*, m., Calvad. — *turbotin* (= jeune turbot), fr., RICHELET. 1710. — *turbillier*, anc. fr., GOD. — *bertoneau*, m., Normandie, RONDELET, 1558.

rombo, ital. — *remol*, catal., CISTERNAS. — *rodovalho*, *pregado*, portug. — *rodaballo*, espagn.

turbut, *turbel*, *turbot*, *turbrat*, *birt*, *breet*, *bret*, *bret-cock*, *rowan*, *roan-fleuk*, *rodden-fleuk*, *roddams*, *mill-fish*, *bannock-fluke*, *bannet-fluke*, *gunner-flook*, *pearl*, *prill*, dial. angl.

botte, *steinbutte*, *dornbutt*, *weelbutt*, dial. all.

terrebut, *tarbot*, *griet*, *kaan*, holland. et flam.

butta, *pigghuarf*, suédois.

Toponomastique : *Le Tourgot*, anc. pêcherie du Cotentin, DUBOSC, *Arch. eccl. de la Manche*, 1866, p. 154.

Onomastique : *Turbot*, nom de famille.

« On appelle *romatière*, en Provence, un filet de pêche destiné à prendre le turbot et poissons congénères. » TOUSSAINT.

« *Ch'est un gros turbot* = quelqu'un court et mal bâti. » Valenciennes, HÉC.

Pleuronectes arnoglossus (BONAPARTE).

arnoglossus laevis, nomencl. de RONDELET, 1558.

perpeire, f., Languedoc, RONDELET, 1558. — *prepeire*, f., fr. dial., BRUYERINUS, *De re cibaria*, 1560. (C'est un poisson, dit BR., qui se cuit plus vite que les asperges.) — *pèrpèy'ra*, f., Cette, E. MOREAU. — *pèrpèro*, f., La Crau (B.-du-Rh.), MARREL. — *roumbou*, m., Nice, E. MOREAU. — *arnoncelle*, f., *anoncelle*, anc. fr., DU C., s. v°, *arnoglossus*.

lliseria, catal., CIST. — *peludo*, esp., CIST.

Pleuronectes pellucidus.

pataraccia, patarachia, zanchelo, dial. ital.

Pleuronectes citharus (Spinola).

citharus, nomencl. de Rondelet, 1558. — *prêtré,* m., Cette, E. Moreau. — *pétro,* m., provenç., Achard.

Pleuronectes megastoma (Bonaparte).

calimande, f., fr., Duham., 1769, III, 270. — *cardine,* f., fr., Cuvier, *Règne anim.* — *liame,* f., île de Ré, Kemm. — *pole,* f., Le Havre, E. Moreau. — *mère des soles,* f., Arcachon, E. Moreau.

she-sole, anglais d'Irlande, Patt.

Pleuronectes hirtus (Abilgaard).

grande plie, fr., Duham., 1769. — *targine,* f., embouch. de la Loire, Duham., 1769, I, ch. iii, p. 72. — *tarche,* f., *targie,* f., *targer,* m., Bretagne, Duham., 1769, III, 266. — *targeur,* m., fr., Cuvier, *Règne anim.* — *tordineau,* m., Saintonge, Duham., III, 266. — *sole des rochers,* Cherbourg. — *florin,* m., anc. fr., God. — *fleurin,* m., île de Ré, Duham., III, 266.

Pleuronectes hippoglossus (Linné). — LE FLÉTAN.

hippoglossus, nomencl. de Rondelet, 1558. — *passer britannicus,* nomencl. de Merrett, 1667.

flétan, m., fr., Rondelet, 1558. — *flûtant,* m., franç., Diéreville, *Voy. du Port-Royal,* 1708, p. 41. — *fétan,* m., *grand turbot,* m., Loire-Inf., Desv. — *pàmpaloti,* m., Nice, Risso. — *ellebot,* m., fr. dial., *Tarif des droits sur marchandise du 13 juin 1671.* — *ëlibote,* f., wallon, Grandg.

palaya rossa, catal. — *peluda*, valencien.
holyburt, holybut, helbut, angl., MERRETT, 1667. — *but, halibut, turbot, laager*, dial. angl.
heilbot, helebut, eelbot, hollandais et flamand. — *haelg flundra*, suéd. — *helle-flinder*, danois.

Platessa flesus (CUVIER). — **LE FLET.**

flesus, fletta, flota, flagendula, flagundula, flangendula, flangeldula, flangedula, flangengula, flandegola, passer, l. du m. â., DU C.; DIEF. — *flesus, passer fluviatilis*, nomencl. de BELON, 1555. — *passer niger*, nomencl. de MERRETT, 1667. — *pleuronectes flesus*, nomencl. de LINNÉ.
flet, m., anc. fr., BELON, 1555; franç. mod. (Sur ce mot, voyez : *Beitr. z. rom. Philol., Festgabe f. G. Gröber*, 1899, 154-156.) — *flais*, m., anc. fr., PICHON, *Viand. de Taill.*, p. 29. — *flette*, f., fr., *Thesaurus teut. ling.*, 1573. — *flotte*, f., Cherbourg, DUHAM., 1769. — *platuche*, f., Orthez (B.-P.), c. p. M. L. BATCAVE. — *platusso*, f., Agen (L.-et-G.), NOULET, 1891, p. 431. — *plie*, f., Indre, Indre-et-L., PARATRE, *Poissons de l'Indre*, 1893. — *plie de Loire*, fr., Le sieur***, *Cuisinier instr.*, 1758, II, 192. — *puize*, f., *puisse*, f., M.-et-L.
flondre, m., normand anc. et mod. [Sur ce mot *flondre*, voyez : *Romania*, 1909, p. 156.] — *flonde*, f., *flhonde*, f., Calvad. — *picô*, m., Calvad., M.-et-L. — *pécô*, m., île de Ré. — *carrelet bâtard*, m., fr., DUHAM., 1769.
platija, platuja, acedia, espagn., CIST. — *palaya*, valenc., CIST. — *patrussa, sôlha*, portug., FURT.
flunder, flinder, flidder, flinger, graag bütt, rubbel, dial. allem. du Nord. — *bot, but*, holland. et flam.
floc, anglo-saxon. — *flounder, flook, fluke, fleuk, black back*, dial. angl. — *små flundr*, suédois.

Platessa limanda (CUVIER). — **LA LIMANDE.**

limanda, l. du m. â., DIEF. — *limande*, f., fr., BELON, 1555; etc., etc. (Elle est ainsi appelée parce qu'elle est rude au toucher si l'on promène le doigt de la queue à la tête.) — *limante*, f., *limane*, f., P.-de-C., LEC. — *lima*, f., Nice. — *clikètte*, f., Seine-Inf., DELBOULLE. (Similitude de forme avec un mince morceau de bois plat portant le même nom.)

ainez, breton. — *pril*, *bret*, *saltie*, *salt-water fleuk*, dial. angl. — *klîsche*, *glärke*, Prusse. — *scharre*, *schorre*, *droogvisch*, flam. [A. DE C.]

On dit au physique d'une femme maigre et au moral d'une personne obséquieuse qu'elle est plate comme une limande. « Cette fille platte par devant, platte par derrière, en voilà une limande. » G. DE RAULIN, *Plat du jour*, s. d. (vers 1895). — « *Il fait sa limande* = il fait des platitudes, il est obséquieux. » GYP, *Les Chasseurs*, 1888, p. 307.

« *Me v'là aplati comme une limandre* = me voilà battu, berné. » CLAIRVILLE, *Le Troupier qui suit les bonnes*, 1860, p. 29. — « *Limander* = aplatir quelque chose comme une limande. » argot, LERMINA, 1897, p. 8.

« Dites donc, vous là-bas, espèce de morue, faudrait voir à vous dessaler un brin! Vous avez l'air à votre aise comme une limande dans l'eau de javelle. » *La Lanterne de Pédalard*, nº 14, s. d. (vers 1890).

Platessa microcephalus (FLEMING). **LA LIMANDE-SOLE.**

limandelle, f., DUHAM., 1679. — *limandiè*, m., Cherbourg. — *limande-sole*, *plie-sole*, franç.

lemon-sole, angl. d'Irlande, PATT.

Platessa vulgaris (Cuvier). — LA PLIE.

placensis, l. du ve s. ap. J.-C. — Sur ce mot voy. A. Thomas (dans *Romania*, 1906, p. 187) et H. Schuchardt (dans *Zeitsch. f. rom. Philol.*, 1906, p. 725). — *placius, pecten*, l. du m. â., *Festgabe f. Mussafia*, 1905, p. 539. — *platessa, platesa, platissa, platisa, platesia, platusa, plagitia, plagis, pletta, plaethis, plada, plays, pecten, pectines*, l. du m. â., Goetz; Du C.; Dief. — *pleuronectes platessa*, nomencl. de Linné. — *passer aureus*, nomencl. de Merrett, 1667.

platussa, f., Bergerac, doc. de 1409. — *platusse*, f., *platuche*, f., Gironde, B.-Pyr. — *platuse*, f., anc. fr. — *pladisse*, f., anc. liégeois. — *plaidek*, m., Liège, doc. de 1582, God., VI, 183. — *plàyisse*, f., Namur. — *plaie*, f., *plais*, f., *playz*, f., *pleis*, f., *plaise*, f., anc. fr. — *plhèze*, f., Poitou. — *pléy'*, f., *plày'*, f., Saint-Pol (P.-de-C.), c. p. M. Ed. Edmont. — *plày'*, f., Lille. — *plie*, f., fr., Rondelet, 1558; etc., etc. — *plhî*, f., *pyî*, f., Calvad. — *pyèy'*, f., Jersey. — *plana*, f., *plano*, f., prov., langued. — *plaine*, f., Arcachon, Duham., 1769. — *solo dé plano*, f., provenç., Mistr.

palalhä, f., Collioure (Pyr.-Or.), c. p. M. Ed. Edmont.

franchise, f., Normandie, Le Cordier, *Pont l'Évesque*, 1622, p. 184.

larbo, f., prov., Ach., 1785; Étang de Berre, La Crau. [« On appelle *Larbièro* un étang près des Saintes-Maries (B.-du-Rh.) où l'on pêche beaucoup de plies. »] Mistr.

targe, f., Loire-Inf., Ed. Richer, *Descript. du Croisic*, 1823, p. 36.

jorca (plie qui a jeté son frai), f., Hérault, Westphal.

lizen, breton.

solla, patruza, galicien, Cornide. — *platica*, roumain. — *plaise*, *dutch plaise, sewant, splash-fluke*, dial. angl.

platteis, platteischen, scholliken, glattbutte, goldbutte, scholle, schulle, dial. allem.

schol, pladys, plaat, holland. et flamand. — *skulle, schikpleder,* danois. — *guldflynder,* norvég.

La jeune plie qui a des taches en carré est appelée :

quadratulus, l. du m. â., Du C., V, 533. — *quarriax, carreau, quarrelet, carrelet,* anc. fr. — *plàyètte,* f., P.-de-C. — *pyézà,* m., île d'Oléron, c. p. M. Ed. Edmont.

« Son front est ridé comme la peau d'un vieil carlet. » *Eslite des chansons les plus belles,* 1631, p. 46. — « *Platuche,* f., = femme platte, sans poitrine. » B.-P., c. p. M. L. Ratcave.

Platessa passer (Bonaparte).

passer, l. du m. â., Papias. — *pansor,* l. du m. â., Wright.
passar, m., *pansar,* m., langued., Rondelet, 1558. — *pànsar,* m., La Crau (B.-du-Rh.), Marrel. — *passarc,* m., *passarca,* f., anc. prov., *Romania,* 1905, p. 523. — *passereau,* franç., J. Bodin, 1597. — *passéroun,* Var.
passara, passera, passarin, passariello, latesiol, dial. ital.

Gadus lota (Linné). — **LA LOTTE.**

allopida, allapeda, allapida, allexida, allota, alota, alleta, alloca, alloqua, barbeta, barbocha, borbocha, lat. du moy. âge, Dief. — *melota,* l. du m. â., Dief., 1874, col. 809. — *anguilla clara,* l. du m. â., Du C., II, 379. — *clara fluviatilis,* nomencl. de Belon, 1555.
lota, f., Annecy. — *lotte,* f., Lyon, Belon, 1555 ; français moderne. — *allothe,* f., Lyon, doc. de 1580, Baudrier, *Fournit. de la table du duc de Mayenne,* 1900, p. 10.
loche de Loire, f., *loche de mer,* f., Anjou, Poitou. — *loche* f., *lochette,* f., Jura. — *barbotte,* f., fr., Belon, 1555 ; Deux-Sèvres, M.-et-L., Loiret, Jura. — *borbotte, bourbotte,* anc.

fr., GOD.; Nord, P.-de-C. — *marmote*, f., franç.; COTGRAVE, 1611. — *motelle*, f., Genève, RONDELET, 1558. — *moutelle*, f., Anjou, Poitou, PARATRE, *Poiss. de l'Indre*, 1896. — *moutélhe*, f., Suisse rom. — *enghialou*, m., Tarn, CARAVEN. — *palmo*, f., Gard, E. MOREAU. — *azé*, m., Avignon, E. MOREAU. — *mousségày'ro*, f. (= mordeuse), Carcassonne.

bottatrisa, bottrisa, bottrisio, strinzo, dial. de l'Italie du Nord. — *trüscha*, f., Davos (Grisons), BÜHLER. — *mihóala, mihalts*, roumain.

trusche, lumbe, aalraupe, rutte, aal-rutte, ruffolk, quappe, quabbe, aalguappe, quack, well-fisch, langfisch, langfeschemudder, oalket, dial. allem. — *puitaal*, holland. — *eel-powt, burbot, barbott, birdbolt, river-lote* dial. angl. — *lake*, suédois.

κλαρια, grec moderne.

ONOMASTIQUE : *Lotte*, famille actuelle du dép. du Nord.

« *Grosse bourbotte* = femme petite et ramassée, qui a de l'embonpoint. » Valenc., HÉCART.

« Pour le foie d'une lotte, L'homme donne sa culotte. » Proverbe franç.

GADUS MOLVA (LINNÉ). — LE LINGUE.

asellus longus, nomencl. de WILLUGHBY.

lengue, fr. du XIIIe s., SCHELER, *Trois Tr.* — *leynge*, anc. fr., P. MEYER (dans *Rev. crit.*, 1870, 2e sem., p. 393). — *lingue*, m., franç., *Dict. de Trév.*, 1752; DUH., 1769; etc., etc. [Sur ce mot voy. A. THOMAS (dans *Romania*, XXV, 82). — *élingue*, f., Calvad., JOR. — *lingar*, m., Provence, MISTR., I, p. 1071. — *langui*, m., anc. fr., CLAIRAC, *Us et Cout. de mer*, 1671, p. 513. (CLAIRAC dit que c'est la *morue mâle desséchée*.)

rinvi, m., wallon, doc. de 1632, *Soc. liég. de litt. wall.*, 1879, p. 243. (Du hollandais *lengvisch* nom de ce poisson.)

rinvet, m., *rinve*, f., wallon du XVIe s., *Soc. liég. de littér. wall.*, 1879, p. 243. — *rivi*, m., anc. fr. du N. E., MICHELANT, 1875. — *rivé*, m., fr. dial., doc. de 1555, GOD.; wallon, GRANDG. — [Sur ce mot *rivè* voyez : *Bausteine zur roman. Philol., Festgabe für A. Mussafia*, 1905, 86-87.] — *molue*, f., Ile-de-Ré, KEMMERER. — *morue longue*, fr., DUHAM., 1769, II, p. 145 et p. 147. — *juliana*, en pays basque, *Annales marit.*, 1818, 2e partie, p. 442. — *julienne*, H.-Bretagne, LE PELLETIER, 1752. — *môr-léan* (= moine de mer), breton, LEG. — *len*, cornique.

lengvisch, holland., NEMNICH, *Waar. Lexic.*, 1801.

ling, angl. — *langa*, danois. — *länga*, suédois.

Ce poisson est plus long que les autres espèces de *gades*.

Gadus Merlucius (LINNÉ). — LE MERLU.

marelucius, *marlucius*, *merlucius*, *merluus*, *merlus*, *nasellus*, *asellus*, *asinus*, l. du m. â., DU C.; DIEF. — *marlutius vulgaris*, nomencl. de BELON, 1555.

merlus, m., anc. prov., RAYN.; montalbanais, au XIVe s., FORESTIÉ, *Comptes des fr. Bon.*, 1894. — franç., DU C.; DUCHESNE, 1544; etc., etc. — *mèrlussa*, f., *mèrlusso*, f., *mèrlucho*, f., midi de la Fr. — *merluche*, f., fr., dial., FUR., 1708; Côtes de l'Ouest. — *merlouge*, f., Marseille, BRUNNICHIUS, 1768. — *merlu*, m., fr. anc. et mod. — *grand merlu*, Bretagne, DUHAM., 1769. — *merlu vèrdin*, Le Havre. — *merlusso éstrasso*, f., prov., MISTR., I, p. 1071. — *merlens*, m., anc. fr., DIEF., s. v° *merlucius*. — *mèrlàn*, m., Provence, Languedoc. (En français *le merlan* est un autre poisson.) — *merlan sans poil* (= merlan sans brillant, le mot *poil* servant à désigner le brillant des poissons), Halles de Paris, r. p.

luci, m., Béziers, MÉNAGE, 1750. — *lucz*, m., fr., ANEAU, *Lyon marchant*, 1542. — *lutz*, Caen, DUH., 1769. — *lieu*, m., Bretagne, DUH., 1769. — *bardot* (quand il est gros), Provence, DUH., 1769. — *legatz*, basque.

merluzzo, aluzzo, asinello, lovo, pesce prete, branzin croato, bacalar, bertagni, dial. ital.

llus, catal. — *merluza, pescada*, espagn. — *bacalhau*, portug., FURT.

meeresel, anc. allem., DIEF., s. v° *merlucius*. — *stockvisch*, holland.

μπακαλάρος, grec moderne.

Le merlu, en certains pays, remplace la morue et subit les mêmes préparations culinaires. — On l'appelle aussi *merluche*, et elle est moins estimée que la morue salée.

TOPONOMASTIQUE : *Le Merlu, Le Merluet, La Merluche, La Merluterie, Le Merlenc, Les Merlants, Le Marlant, La Merlandière, La Merlanderie*, noms de diverses localités où se trouvaient probablement autrefois des entrepôts de merluche salée.

ONOMASTIQUE : *Merlut, Merland, Merlande, Merlane*, noms de famille.

« Tu es racornie comme une merluche. » *Riche en gueule*, 1821, p. 21.

« Ils sont toujours extenuez comme la queue d'un merlus. » DESLAURIERS, *Prologues sérieux*, 1610, f[et] 67, r°. — « Ces pincemailles sont toujours exténués comme la queue d'un merlus de caresme. » THOMASSIN, *Regrets facétieux*, 1632, p. 309.

« Ses chausses estoient faictes à quehue de merluz et non à plein fons. » RABELAIS, 1533. — « Feurent employées unze cens peaulx de vache, taillées en queue de merluche. » RABELAIS. — « De cerveau n'y a en ta teste Ne qu'en la queue d'un merlus. » *Catholiques Œuvres*, 1541, II, f[et] 120 v°.

« Plat comma una merlussa. » Montpellier, MARSAL, *Dins las carr.*, 1896, p. 119. — « Elles sont si pasles et si maigres qu'elles ressemblent à deux merlusses. » D***, *Matrone d'Éphèse*, comédie, 1682. — « Sé uno marlusso venié véouzo, serié grasso. » Prov., ACHARD, 1785.

« C'est un homme qui mange de la merluche toute sa vie pour manger du saumon après sa mort = *c'est un avare.* » Mme DE SÉVIGNÉ. — « *Couchà lou marlu* = chasser la morue, être dans la misère ou être avare. » Provence, AVRIL. — « *Této-mèrlucho* = avare. » Provence.

« *Galo-mèrlu*, m., *gulo-mèrlu* = celui qui croit tout ce qui se dit. » Provence, MISTR.

« J'oste la crasse avec un peu d'eau de merluz. » CHRISTOPHLE DE BORDEAUX, *Valet à tout faire*, s. d. (vers 1600).

« J'en bave (*pleure*), comme une merluche. » Lyon, *Journal de Guignol* du 4 sept. 1887. « Ils bavent comme de merluches que tombent en bouze. » Lyon, *Journ, de Guign.* du 9 juill. 1887.

« *Cruco-merlusso* = jeu du cheval fondu. » cévenol, SAUV., 1785.

« Les pierres qu'on trouve en la teste d'un merlus prins en la pleine lune, servent à la fièvre, les portant pendues au col, enveloppées en un linge. » DU PINET, 1625, II, 458.

« Bête comme une merluche. » DUMERSAN, *Monsieur Dasnières ou la suite du Sourd*, comédie, 1836. — « *C'est une merluche* = c'est un sot. » L'HUISSIER, *Aventure de Jean Michel*, 1898, p. 347.

« Elle a les yeux perçants comme une merluche. » *Le Grand Catéchisme poissard*, 1836, p. 70.

« Cela tombe juste comme de merluche en carême. » Lyon,

Journal de Guignol du 21 août 1887. [Le proverbe français : *cela tombe comme mars en carême,* doit être une corruption par fausse étymol. pop.]

« Es esta desmama 'mé 'no co dé merlusso = *il est ivre.* » *Armana prouvenç.*, 1882, p. 88.

« *La merluche* = la mer. » argot, Hogier Grison, *Monde où l'on triche*, 2e série, s. d., p. 182.

« *Fede d'aluzzo* = couteau, poignard. » argot de Naples.

Gadus carbonarius (Linné). — LE COLIN.

asellus niger, nomencl. de Willughby.

colin, m., fr., Normandie au xvie s. et aujourd'hui. [Sur ce mot voy. Behrens (dans *Zeitsch. f. rom. Philol.*, 1902, p. 658.)]. — *carin*, m., Yport (S.-Inf.) — *lieu*, m., Bretagne et Normandie, au xvie s. et aujourd'hui. — *lu*, m., Calvados. — *morue noire*, fr., Nemnich, 1793. — *grelin*, m., Fécamp, Duham., 1769, II, 121. — *charbonnier*, m., *merlan vert*, m., franç., E. Moreau, 1881. — *merlan noir*, franç. — *stocofi*, m., Var, Maurin.

goulek, *léonvek*, *lènvek*, *louanek*, breton.

coal-fish, *grey fish*, *grey lord*, *blockan*, *glashan*, *coal-sey*, *seath*, *saith*, *stanlock*, dial. angl.

Gadus merlangus (Cuvier.) — LE MERLAN.

merlangus, *merlingus*, *merlengus*, l. du m. â. — *asellus albus*. *asellus mollis major*, nomencl. de Willughby.

merlanc, *merlenc*, *merlen*, *meirlen*, *merlin*, *merlan*, *mellenc*, *mellainc*, *mellan*, anc. franç. — *merlan brillant*, aux Halles de Paris, r. p. — *mèrlin*, m., P.-de-C. — *mélan*, m., Normandie, Picardie.

marluss, m., Hyères (Var), c. p. M. Ed. Edmont.

gros poutassoun, provenç., Mistr. — *toupe*, f., Carolles

(Manche). LE HÉRICHER, 1879. — *léô*, m., île de Ré, KEMMERER. — *servantin*, m., Marseille, BELON, 1555.

gwennek, marlouan, breton.

molo, pesce mollo, molloso, dial. ital. — *sarreta*, galicien, CORNIDE.

whiting, silver whiting, anglais. — *weissling, witling, withing*, Prusse. — *witting*, flamand, hollandais.

« Comme vous êtes pâle ! vous ressemblez à un merlan qui va se faire frire. » ANICET BOURGEOIS, *Myst. du carnav.*, drame, 1847. — « *Merlan à frire* = surnom donné à un perruquier. » D'HAUTEL, 1808. — « *Merlan* = coiffeur. » DUBOIS DE GENNES, *Troupier à chev.*, 1862. — « Les enfants crient au perruquier : *Merlan fri, fri à là sartan !* » Provence, ACHARD, 1785. — « Ils seront roulés comme des merlans dans la farine. » ASSOLLANT, *Bataille de Laon*, 1861.

« Elle faisoit des yeux de merlan; par ma foy Elle étoit devenue amoureuse de moy. » POISSON, *Femmes coquettes*, com., 1670.

« Faire des yeux de merlan frit = des yeux amoureux. » BURANI, *Le Pompier galant*, 1898.

« Ah ! dit-elle, en soupirant Comme une anguille près d'un merlan. » MAADER, *Contrefaçons, scène comique*, s. d. (vers 1890).

« Vous êtes discret comme un merlan. » FRISON, *Aventures de Ronchonnet*, s. d. (vers 1890), série 40.

« *Les pois de merlans portés en la main ou penduz a la ceincture, en courant, pesent plus que portez en l'estomac.* On veut dire par là que le merlan est une viande très légère pour l'estomac. » BELON, 1555.

« On dit que dans la tête du merlan, on voit la Vierge et l'Enfant Jésus. » *Rev. d. trad. pop.*, 1902, p. 161.

« Sa sœur vend à la Halle des merlans Pour vous récurer

les dents. » *Nouvelles Amours, farce comique*, s. d. (vers 1796).

Gadus pollachius (LINNÉ). — **LE MERLAN JAUNE.**

γάδος, γαδουρόψαρον, grec moderne.
merlangus poutassou, nomencl. de RISSO.
poutassou, m., *marlu*, m., *mèrlàn*, m., Provence.
abadejo, *badejo*, espagn. et galic. — *lacrau do mar*, port., FURT.
whiting-pollack, *laid*, *leure*, dial. angl.

Gadus minutus (LINNÉ) **et Gadus barbatus** (LINNÉ).
LE CAPELAN

asellus mollis minor, nomencl. de WILLUGHBY. — *morrhua minuta*, autre nomenclature.
capelan, m., Languedoc, RONDELET, 1558. — *capélàn*, m., provenç. mod., langued. mod. — *cabô*, m., île de Ré, KEMM. — *petite morue*, *morue barbue*, *merlu barbu*, *petit lingue*, franç. — *officier*, m., Brest, DUHAM., 1769, II, 127. (Ainsi appelé à cause de ses brillantes couleurs.) — *tacô*, m., île de Ré, KEMM. — *tacaud*, m., franç., AULAGNIER, 1830. — *plouse*, f., Boulogne-s.-M.
pesce mollo, *molo*, *molmolo*, *mormolo*, *mormora*, dial. ital. — *faneca*, *barbada*, portug. — *jägerchen*, Prusse.
power cod, *hen-fish*, *brazier*, *blens*, dial. angl.

« On appelle *capelanier*, le pêcheur chargé de semer le capelan pour attirer la morue. » LITTRÉ.
« Sec comme un capélan. » Marseille, *La Gaudriole*, 1893, p. 212.

Gadus luscus (LINNÉ). — **LA GODE.**

asellus mollis latus, nomencl. de WILLUGHBY. — *asellus luscus*, nomencl. de RAY.

gode, f., Normandie, DUH., 1769; Manche, Calvad. — *baraud-gode*, m., *mollet*, m., *morue borgne*, f., *petite morue*, f., franç. dial., E. MOREAU, 1881.

tacar, m., Bayonne, LESPY. — *tacô*, m., île de Ré, KEMM. — *tucà*, m., Saintonge, DUHAM., 1769, I, ch. III, p. 78. — *touke*, f., Carolles (Manche), LEBRETON. — *faneca*, portug. — *mòllera*, catal. — *bib, blind, blen, pout, malled, hurkie*, dial. angl. — *knyp-oog*, holland.

Gadus æglefinus (LINNÉ). — **L'AIGREFIN.**

asinus, l. du m. â., DIEF. — *jecorarius*, anc. nomencl., SOLERIUS, 1549. — *gadus tripterygius*, nomencl. d'ARTEDI.

esclevis, *esclevi*, m., *esquelfin*, m., *esclefin*, m., *esglefin*, m., *escrephin*, m., *escrafin*, m., *estrafin*, m., *escrepin*, m., *egelefin*, m., *aiglefin*, m., *aigrefin*, anc. fr. du N.-E. — *clarvis*, m., anc. fr., GOD., II, 147. — *eprephïn*, m., anc. fr., *Bull. de la soc. hist. de Compiègne*, 1874, p. 47. — *schelin*, m., fr., *Tarif des droits sur marchandise du 13 juin* 1671.

hadoc, m., anc. fr., anc. normand, anc. poitevin. — *hadotz*, m. s., poitevin, doc. de 1534, LAL. — *hadou*, m., fr., BELON, 1555. (Belon dit qu'on le nomme ainsi quand il est salé.) — *hadoux*, m., *adot*, m., *ados*, m., fr. du XVIe s., MANTELLIER, *Gloss. d. doc.*, 1869.

asne de mer, fr., FUSI, *Le Franc Archer de l'église*, 1619, p. 875. — *ânon*, m., Dieppe, doc. de 1396, GOD.; H.-Normand., DUHAM., 1769. — *hanon*, m., anc. fr., *Bibl. de l'Éc. d. chartes*, 1859, p. 223; *Thresor de santé*, 1607, p. 247; anc. valenciennois, HÉC. — *aunon*, m., fr., PALSGRAVE, 1530. — *morue de Saint-Pierre*, f., franç. des pêcheurs basques, DUHAM., 1769, II, 133. (Il s'agit de Saint-Pierre à Terreneuve.)

badejo, portug., FURT. — *pijota*, *merluza*, galicien, CORNIDE. — *burrino*, espagn., HOWELL, 1660. — *hadox*, anc. breton. (Aselli species quem salitum a Britonibus *hadox* quidam vocant. DU CANGE.)

hadoch, anglais.

hadereck, *schelfisch* (= poisson à écailles), anc. bas allem., DIEF. — *kuller*, *kaljor*, suédois. — *hyse*, norvég. — *skaelfisk*, *cudoge*, irlandais. — *codag*, gaélique écoss.

« *Aigrefin* = homme rusé, chevalier d'industrie. » DELOSME DE MONTCHENAY, *La Cause des femmes*, comédie, 1687. — « *Jou schelvisje* = petit fripon, petit espiègle. » hollandais, MARIN, *Dict. holl.-franç.*, XVIIIe siècle.

« L'asne de mer, le seul poisson qui porte son cœur dans son ventre. » FUSI, *Le Franc Archer*, 1619, p. 875.

Phycis (genre) (CUVIER) **et Motella (genre)** (BONAPARTE).

chana, *fuca*, anc. nomencl., GILLIUS, 1533, p. 551. — *callaria*, *tenca marina*, nomencl. de SALVIANI, 1554. — *mustela*, nomencl. de LINNÉ.

moustèla, f., Nice. — *moustèlo*, f., prov. — *moula*, f., *mouna*, f., Cette, E. MOREAU. — *mole*, f., fr., RONDELET, 1558. — *moulette*, f., Marseille, BRUNNICHIUS, 1768. — *garri*, *garri nègrè*, *garri ligrà*, provenç. — *renard*, m., Cherbourg. — *furétt*, m., Port-Vendres, E. MOREAU. — *loche*, *loche de mer*, fr., E. MOREAU.

talpute, f., Val de Saire (Manche), *Mém. de la soc. de ling.*, V (1883), p. 219.

vit de prêtre, m., Arromanches (Calvados), *Mém. de la Soc. de ling.*, V, 220.

canadela, f., Les Martigues, GILLIUS, 1533, p. 551.

sorzo de mar, fico, tenca, mustella de scheuggio, pesce lebre, bellua, dial. ital. — *abrotea*, portug., FURT. — *pico d'el rei* (quand il est jeune), portug., CUVIER.

fishik, red ware fishik, dial. angl. — *små torsk*, suédois.

Morrhua vulgaris (CUVIER). — **LA MORUE.**

Ce poisson, quand il est frais, est appelé :

cabellawus, lanibata, l. du m. â., DIEF. — *asellus major vulgaris*, nomencl. de WILLUGHBY. — *gadus morrhua*, nomencl. de LINNÉ.

cabillau, cabilleau, cabillaut, cabellawe, cabillao, cabliau, cableau, anc. fr. du N.-E. — *gabillaud*, fr., SAVARY, 1741. — *cabillaud*, parisien, DUHAM., 1769; franç. mod. — *cabillon*, m., aux Halles de Paris, A. RICARD, *Le Viveur*, s. d. (vers 1832).

bachalao, m., anc. fr., T. DE BESSARD, *Dial. de la longitude*, 1574, p. 29. — *bacaillo*, m., fr., MARC LESCARBOT, *Hist. de la Nouvelle France*, 1612, passim. (L'île de Terreneuve a été appelée *île de Bacalos* ou de *Bacaillos*, parce qu'on y pêche en grande quantité le cabillaud.) — *bacaleo*, m., basque ou gascon, CLAIRAC, *Us et cout. de mer*, 1671, p. 129. — *bacaliau*, basque, SAVARY, 1759. — *baccala*, m., franç., SAVARY, 1759. — *bacàyaou*, m., prov., PELLAS, 1723; Marseille, GROS, 1763, p. 46. — *bacàyà*, m., mentonais.

morue blanche, f., franç., *Dict. des chasses*, 1759. — *moulue fresque*, fr., *Thes. teut. ling.*, 1573. — *morue fraîche*, fr. moderne. — *morue de France*, fr., MARIN, *Dict. fr. holl.*, XVIIIe s.

pimpe, f., Bayonne, DUCÉRÉ.

merluzo, ital. — *bacallao*, espagnol.

bacalo, angl., docum. de 1555, MURRAY. — *coddefish*, doc. de 1357, MURRAY. — *cod, fresh cod, green-fish, chevin, killin, keeling, bodling, robbin,* dial. angl. — *bakkeljauw, kabbeljau,* flamand, holland. — *dorsk, dorsch, dösch, permochel, pomuchel, klippfisk, cabeljau,* dial. all. — *trosk,* irland. — *bodach,* gaél. écoss. — *barvas* (= barbu), cornique.

La jeune morue fraîche est appelée :

muluellus, l. du m. â., Du C. — *asellus varius,* nomencl. de WILLUGHBY qui l'a prise pour une espèce particulière. — *gadus callarias,* nomencl. de LINNÉ, qui, lui aussi, l'a prise pour une espèce particulière.

muluel, m., *muluiel,* m., *muruel,* m., *moruel,* m., anc. fr.

moruhon, m., anc. fr., J. BOUCHET, *Sotise à huit personnaiges,* s. d. (vers 1510). (*Vistes vous oncques si lect morhuon?* employé au figuré.)

Ce poisson desséché et salé est connu sous les noms suivants :

foca, l. du m. â., ROSTAF.

moruta, meruta, moruca, morua, molua, l. du m. â., Du C.; DIEF. — *morus, morium,* l. du m. â., SCHELER, *Trois tr.* — *fingia, sepio,* l. du m. â., WRIGHT. — *strumulus,* l. du m. â., BENECKE. — *asellus salitus,* l. du XVIe s., JUNIUS, *Nomenclat.,* 1577, p. 51.

morue, f., fr. du XIIIe s., SCHELER, *Trois tr.*; etc., etc. — *merue,* f., anc. fr. du N.-E. — *moirue,* f., parisien, *Confér. des servantes de Paris,* 1636, p. 6. — *murruz,* f., anc. fr., Du C. — *morue baconnée,* anc. fr., Du C., I, 528 et VII, 52. — *morue sèche, morue parée,* f., PEUCHET, *Voc. des termes de commerce,* 1801. — *molue,* f., *mollue,* f., *moulue,* f., anc. fr. — *moulu,* m., Bayonne. — *mouluo,* f., Provence, Gascogne. — *mouluoue,* f., Gironde. — *moleûw,* f., *moreûw,* f., Namur. — *moulouyo,* f., Dordogne.

stockfish, m., *stocfix,* m., *stockfiche,* m., franç. anc. et mod.

(Du germanique; littéralement *poisson-bâton*. Quand il est desséché et salé, ce poisson devient dur comme un *bâton*.) — *estoque-fix*, m., fr., Le Bon, 1557. — *estoq-fich*, m., Bayonne, au moy. âge, Lévy. (Le mot est écrit, par erreur, *estoq-freych*.) — *éstocofi*, m., Provence. — *èstofi*, m., *èstafi*, m., Lot, c. p. M. A. Perbosc. (D'où *èstafinado*, f. = repas où il y a du stockfiche, repas raffinés, selon les paysans.) — *èstoupido*, f., languedocien. — *éstocafi*, m., Cette. — *stofic*, m., fr., J. P. Camus, *Antibasilic*, 1644, p. 112. — *tocfiche*, m., fr., Richelet, 1710. — [« Les anglois appellent ce poisson *toquefix*. » L. Lacour, *Voyage en Russie en 1586*, p. 7.]

mouillante, f., argot, jargon ou langage de l'argot, s. d. (vers 1630), réimpr., Téchener, p. 25. (Appelée ainsi parce qu'on la voit tremper dans des baquets d'eau à la porte des épiciers.)

poustillouna, f., argot de Montmorin (H.-Alpes), *Soc. d'ét. d. H.-A.*, 1883, p. 233.

stocafis, stoccofisso, stocco, baccalà duro, baccalare, pesce-bastone, dial. ital.

bacallà, abadeig, valencien.

batòc, roumain.

bolche, m., Strasbourg, Schmidt. — *laberdòn*, alsacien.

abberdaen labberdaan, slabberdaen, anc. néerlandais. — *abberda, stokvisch*, flamand.

haberdine, Aberdeen cutlet, poor-John, New-Land-fisch, anglais.

lawertàio, bruchino, tsigane.

Toponomastique : *clausum de Moruz*, en 1314, *Morue*, aujourd'hui, Anjou, Port, *Arch. eccl. de M.-et-L.*, 1880, p. 48. — *La Moulue*, lieu-dit des env. de Lyon, Guigue, *Arch. eccl. du Rhône*, 1895, I, 141.

La Queue de Morue, Mayenne, Maitre.

Les Morues, lieu-dit près Rambouillet.

ENSEIGNE : *A la Morue de Hollande,* anc. ens. de Lille, représentant deux demi-cabillauds se touchant le bec, QUARRÉ-REYBOURBON, *Ens. de Lille,* 1897, p. 21.

ONOMASTIQUE : *La Mourue, Moru, Morne, Mourruau, Cabilleau,* noms de famille.

Charlemoulue, nom de fam. au XVe s., LA FONS-MELICOQ, *Rech. sur Noyon,* 1839. (?)

« *Les rognures de morues* = les habitants de Crécy-en-Brie, qui passaient pour avares et se nourrir de rognures de morues. » GOMART, *Études saint-quentinoises,* 1844, II, 257.

« *Morue verte* = morue qu'on sale à bord d'un vaisseau et qu'on ne veut pas faire sécher ». JAUBERT, 1773.

« On distingue quatre espèces de morue verte : *la grande morue* ou *gaffe* (1); 2° *la morue marchande;* 3° *la trie;* 4° *la valide* ou *le patelet,* appelée ainsi au Havre; elle est appelée *petite morue* ou *raguet,* à Nantes; c'est la plus petite espèce. » SAVARY, 1759.

« Il est défendu à tous marchands de salines (2) de mêler dans les grandes morues de la moyenne et dans la moyenne du *raguet* ou petite morue. » DELAMARRE, *Traité de police,* 1719.

« *Pinée,* f., = morue sèche très estimée. » franç., SAVARY, 1759. — « *Poisson pivé,* m., morue sèche de couleur poivrée, tirant sur le rouge brun, la meilleure de toutes. » Nantes, SAVARY, 1759.

---

(1) C'est sans doute de cette morue qu'il est question, dans le passage suivant : « le harang saur estoit aussi grand pour le moins que *les morues de japhe.* » XVIe s., *Fabrique des exc. traits de vèr.,* 1853, p. 35.

(2) On appelait autrefois *salines* les poissons qu'on salait habituellement : *morues, harengs,* etc.

« On appelle *rabes de morue* à La Rochelle, *raves de morue* ailleurs, des œufs de morue qu'on sale et qu'on met en barrique. » SAVARY, 1759.

« *Noues*, f. pl. = tripes de morue. » SAVARY, 1759.

« *Le sanguin* = liquide roux, très âcre que suinte ce poisson, » CARPON, *Voyage à Terre-Neuve*, 1852, p. 81.

« *Habiller une morue* = lui couper la tête, l'éventrer, en ôter les intestins. » SAVARY, 1759.

« *De la morue en hambour* = sens inconnu. » doc. de 1546, *Romania*, 1906, p. 406.

« Autrefois les marchands ambulants de morue salée criaient dans les rues : *voilà le marchand de morue ! hé ! morue ! morue d'Hollande ! morue d'Islande ! morue friande ! hé ! morue ! morue crue !* » Langres, CONFEVRON, *Langres*, 1903, p. 19.

De nos jours, dans la Nièvre, le marchand de morues crie : *moruè, moruô, voilà le marchand de morues !*

« La femme veut estre battue commé l'estoque-fix. » LE BON, 1557. — « *Es rédé coum'uno merlusso* = il est raide comme une morue. » Gard, c. p. M. P. FESQUET.

« Il aime mieux un *cabiô* (cabillau) qu'un soret = *il est grand mangeur.* » Valenciennes, HÉCART. — « J'en suis las comme d'une vieille morue. » D'HAUTEL, 1808.

« La nourrice portoit un bavolet à queue de morue. » XVIIe s., SOREL, *Histoire com. de Franc.*, édit Colombey, p. 200. — « *Habit en queue de morue.* » LANGLÉ, *Un tour en Europe*, comédie, 1830. — « *Une queue de morue* = habit à queue, habit de cérémonie. » DUPEUTY, *Balochard*, comédie, 1839. — « De ma belle tenue Vrai, je suis enchanté Car la queue de morue Embellit la beauté. » THIÉRY, *Les Calicots*, vaudev., 1864.

« *Queue de morue*, terme de menuiserie, fourrure en triangle dont la largeur est inégale d'un bout à l'autre. » MORISOT, 1814.

« Les enfants taillent un papier *en morue*, et entortillent les passants du fil conducteur de cette espèce de cerf-volant. » BOURGET, *Gamin de Paris*, 1842, p. 10.

« Les portiers, à eux tous, ne valent pas une queue de morue. » *Album comique*, VII (1848), p. 122. — « Que nous veut donc cette vieille *stockfiche ?* Elle a le poil frisé comme un caniche, C'est pour cela qu'elle veut japper ! » *Grand catéchisme poissard*, 1836.

« Ces filles sont des morues qui ont l'esprit aussi plat que leur taille. » D***, *Arlequin Protée*, comédie, 1683.

« Ceux qui me voient par la rue, Plus jaune que vieuille morue Canoter (*marcher de travers*) en amant fourbu. » *Recueil de diverses poésies*, 1661, p. 20.

« Je deviendrais plus sèche qu'une morue salée. » A. RICARD, *Le Viveur*, 1839, I, 147.

« Dites donc, vous là-bas, espèce de morue, faudrait voir à vous dessaler un brin. » *La Lanterne de Pédalard*, n° 14, s. d., vers 1890.

« *Il a été sevré avec une morue* = il a toujours envie de boire. » Belg. wall.

Ta peau est plus salée qu'une peau de morue, elle a toujours besoin de boire = *tu es un ivrogne.*

« *Morue salée* ou *morue* = femme soûle. » Paris. — « *Morue salée* = mauvaise femme, femme ennuyeuse. » Aisne, c. p. M. L.-B. RIOMET.

« Elle avait un vocabulaire à faire rougir un cent de morues. » Lille, A. CAPON, *Marie-Claire*, 1896, p. 55.

Morue = fille de joie. — « Une courtisane ivre va au petit jour aux Halles avec des compagnons et des compagnes de débauche. Une femme de la halle dit : *c'est pourtant pas le vendredi saint, qu'on nous envoie de la morue !* »

DECOURCELLE, *Fêtards à Paris*, 1902, p. 21. — « Ce soir nous irons dans les cafés à morues. » JOZE, *Nouv. Myst. de Par.*, 1901.

Une petite dame, entrant dans un milieu populaire, dit : *ça sent la morue !* on lui répond : *elle est dans ta chemise la morue.*

« *De la morue* = de l'argent; sans doute parce qu'elle est plate comme la monnaie. » argot, *Le Paquet de mouchoirs*, 1750, p. 2.

« *Cabillaux* = factieux en Hollande, vers 1350, GOD.

« *Cabillot* = fusilier de marine. » G. DE RAULIN, *Plat du jour*, s. d., vers 1895.

« *Cabillot* = cheville de bois servant en marine. » JAL, *Gloss. naut.*, 1848.

On croit en beaucoup d'endroits que la morue a une tête d'homme et que les marchands la lui coupent avant de la mettre en vente.

« Je viens de mettre un cabillot en travers sur la langue pour tout le restant de ma vie = *je me tairai toujours sur cet article-là.* » terme de marin, E. CORBIÈRE (dans le *Voleur*, 1838, p. 57).

« A Chenay (Marne), autrefois, alors que tous les vignerons possédaient des ânes, on entendait souvent les enfants dire à leurs camarades montés sur ces animaux : « *Hue, morue, La bête est dessus !* » c. p. M. E. MAUSSENET.

« *Tapez dessus Il y a de la morue*, se dit pour avertir le cocher qu'un enfant s'est huché derrière sa voiture. » Paris, r. p.

« On se croit obligé de manger de la morue la veille de Noël. » Laval (May.), *Mém. de la Soc. d'agric. d'Angers*, 1896, p. 72.

« Quand on veut apprendre la vérité, on jette un os de

morue, appelé *os de vérité*; s'il tombe, les deux extrémités vers la terre, c'est que la réponse est vraie. » Yport (S.-Inf.), *Rev. d. tr. pop.*, 1905, p. 37.

« *Mille cabillauds!* juron des marins. » D'HERVILLY, *Parisienneries*, 1882, p. 109.

« Celui qui a été baptisé avec de l'eau de morue n'aura pas de chance dans son existence. » CLAUDE BRETON, *Au coin d'un bois*, 1898, p. 338; E. LE ROY, *Mademoiselle de la Ralphie*, 1906; CHABOT, *Le Matelot*, comédie, 1837.

BIBLIOGRAPHIE. — [D'après les notes mss. de l'auteur, H.G.]. MAREC, *Dissertat. sur la pêche de la morue*, 1832, in-4°; DANGUILLECOURT, Bibl. Nat., 4° V. 364; CAMPION, Sp., 1038, in-4°; *Revue scientifique*, 1894, 2, LIV, 297-304; DELAMARRE, *Traité de la Police*, Paris, 1719, t. III, p. 58.

Morrhua vulgaris (Variété).

morlingue, m., Courseulles-sur-Mer (Calv.), r. p. (C'est le résultat vrai ou supposé du croisement du cabillaud avec le bar.)

Clupea encrasicolus (LINNÉ). — L'ANCHOIS.

encrasicholus, lycostomus, anchoisa, anclua, l. du m. â., DU C. — *halecula*, nomencl. de BELON, 1555. — *aphya, apua, trichis, trichia*, anc. nomencl., DUEZ, 1664. — *engraulis vulgaris*, nomencl. de CUVIER. — *anchois*, m., fr., BELON, 1555. — *anchoye* f., fr., RONDELET, 1558. — *ànchòyo*, f.. *antchyòyo*, f., *énchòyo*, f., *inchòyo*, f., *achôyo*, f., en div. pat. de Provence et de Langued. — *àntchyobä*, f., Collioure (P.-O.), c. p. M. ED. EDMONT.

antsuy', f., Val d'Aoste. — *ànchaou*, m., Dordogne. — *àmplova*, f., Nice. — *gaboréa*, m., île d'Yeu, c. p. M. ED. EDMONT.

– *goular*, m., Ile-de-Ré, KEMM. — *trénchoun*, provenç. *alouzatt*, m., côtes de la Gironde, c. p. M. E. BARREYRE. — *acciuga*, *azzua*, *anchioa*, *anchio*, *anciova*, *anciovo*, *alica*, *sardon*, dial. ital.

enchova, *anchova*, *biqueirão*, portug., FURT. — *boqueron*, espagn. — *seito*, valenc., CIST. — *jouba*, galic., CORN.

anschovis, *anschowe*, *sardelle*, allem. — *anchovy*, angl.

χαψιά, grec moderne.

Le jeune anchois est appelé :

amplovèta, f., Nice. — *ladrot*, étang de Thau, GOURRET.

aladroch, *cent en boca*, valenc., CISTERN.

« *Anchois*. C'est un mot dont se servent fort ordinairement les Parisiens, pour exprimer la nature d'un petit garçon, voir même souvent celle d'un homme fait, lorsqu'on se moque de la petitesse de son membre, en le comparant à un anchois, qui est un poisson très petit. » LEROUX, *Dict. com.*, 1787.

« *Las cinq anchoyas* = les cinq anchois, les cinq doigts de la main. » Montpellier, *Campana de Magalouna*, novembre 1898.

« *Uèy' bourdà d'ànchoyo* = yeux aux paupières rouges, chassieux. » Provence, PELLAS, 1723.

« Soun a testa e coua couma li amploua. » Nice, Toselli. » — « *Esquichats coumo d'anchoyos* = serrés comme des harengs dans un baril. » Provence, ACHARD, 1785.

« *Esquichà l'anchoyo* = faire maigre chère, être avare. » Provence.

Ce poisson est signe de soudaineté, car pour peu qu'il sente le chaud, le voilà cuit. De là ce proverbe, *Au feu l'anchoie*, quand nous voulons donner à cognoistre une chose promptement expédiée, voire en moins d'un tourne-main. » VALERIAN, 1615, p. 379.

« *Toco l'anchoyo*, nom donné par les marins de l'océan aux marins de la Méditerranée. On prétend qu'en Provence, chez les pauvres, il y a toujours un anchois suspendu au plafond, et que chaque membre de la famille vient y frotter son pain. » MISTRAL.

« *Acheou gietta un'amploua per pi-à un loubas* = il sacrifie un anchois pour prendre une loubime. » Nice, TOSELLI.

« Naïf comme un anchois. » Marseille, *La Gaudriole*, 1893, p. 212.

« J'ai bien entendu, je n'ai pas de beurre d'anchois dans les oreilles. » BERNÈDE, *Clara*, s. d. (vers 1890).

Clupea sardina (LINNÉ). — LA SARDINE.

σάρδα, σαρδίνη, grec anc. — σαρδέλα, grec mod.

sarda, sardina, latin. — *sardella*, l. du m. â., DU C. — *harengus minor*, nomencl. de WILLUGHBY. — *clupea sprattus*, nomencl. de BRUNNICHIUS.

sardo, f., Provence, Languedoc, Drôme. — *sardo de Boulougno* (la sardine salée), Provence, MISTR. — *sarde* (1), f., fr., RONDELET, 1558; Ille-et-V. — *sardre*, f., Normandie, au XVIe s. — *sardina*, anc. langued. — *eissardina*, f., anc. gascon. — *sardine*, f., fr. anc. et mod. — *chardine*, f., La Teste (Gir.), MOUR. — *sardaine*, f., *sardingne*, f. — *sardelle*, *sardille*, anc. fr. — *sardilh*, m., H.-Gar. — *sardrine*, f., Saintonge, Anjou, Bretagne.

hareng de Bergues, parisien, DESVAUX. — *ròyan*, m., Guyenne, Saintonge. (C'est à Royan qu'on pêche ce poisson en grande quantité.) — *galice*, f., Gascogne, DUHAMEL, 1769, I, 31. — *perpignan*, m., franç. dial., *Journal du dimanche*

(1) Selon Rondelet on l'appelle *sarde* quand elle est grande et *sardine* quand elle est petite.

du 6 déc. 1846. — *nadèlo* (= la sardine fraîche), f., Provence, MISTR. — *eschardino*, H.-Pyr., c. p. M. PÉPOUEY.
sardella, saradèle, sardina, dial. ital.

Quand la sardine est toute petite et propre à servir d'amorce à la pêche, elle est appelée :

menise, f., *menuise*, f., *blanquette*, f., *ablhé*, m., Normandie. — *ëyè*, m., Dives (Calv.), r. p. (Selon DUHAMEL, 1769, I, 31, on appelle *œillets* divers petits poissons servant d'amorces.) — *pëchine*, f., Landes. — *poutino nudo*, f., Provence, MARION, *Trav. de zoogr. appl.*, 1889. (On l'appelle *poutino vestido* quand elle commence à être grande.) — *palàya*, f. (quand elle commence à être grande), Nice, ID. — *glézin*, m., Loire-Inf.

TOPONOMASTIQUE : *Le Sard, La Sarde, Le Sardet, La Sardine, La Sardou, Les Sardoux*, Bouches-du-Rh., MORTREUIL,
La Sardinière, loc. de l'Ile-de-Port-Cros (Iles d'Hyères).
Le Pont des Sardines, pont à Fontenay (Vendée) avant 1535, pont qui conduisait à la Poissonnerie, B. FILLON, *Rues de Font.*, 1880, p. 26.
La Sardinerie, La Sardinasse, Indre-et-Loire, CARRÉ.

ONOMASTIQUE : *Sardin, Sardine, Sardou, Sardinoux, Sardaillon*, noms de famille. — [Réserve faite sur le nom de *Sardou* qui peut être un ethnique signifiant « le Sarde », comme c'est probablement le cas pour le nom de l'auteur dramatique, originaire de Nice. — H. G.]

« *Sardinalis* = filet à prendre les s. », lat. du m. â., DU C. — *Sardinau*, m. = même sens » anc. fr., DU C. — « *Sardinaou*, m. sens, » aujourd'hui à Marseille.
« On appelle *sardine pressée* celle qu'on met en futailles;

sardine sorette celle qu'on fait sécher au four et à la cheminée, *sardine confite* celle qu'on met en sauce dans une petite boëte. » SAVARY, 1759.

« On appelle *sardine marchande*, celle qui est assez grande pour être vendue; *sardiné de dérive*, celle de grande taille; *sardine pressée*, celle qui est salée et mise en boîte; *sardine de rogue*, la jeune sardine. » ODIN, *Congrès des pêches*, 1896, p. 129.

« *Sardo avéouzado éngréy'ssarié* = si une s. devenait veuve, elle engraisserait. » Provence, MISTR., I, 921.

« Il est maigre et long comme une sardine. » LANGLÉ, *Tour en Eur.*, com., 1830. — « Je tourne à la sardine = *je maigris.* » DE LEUVEN, *Manon Giroux*, 1839. — « C'est une sardine = c'est un enfant maigre et chétif. » Maine-et-Loire.

« *Poti coumo lòy sardo* = pâtir comme les sardines. » Ardèche, *Rev. de philol. fr.*, 1890, p. 139.

« *En rédénã coum'uno sardo quiècho* = raide comme une s. cuite. » Gard, c. p. M. P. FESQUET.

« *Qué sardo manjo, sardo vén* = celui qui mange sardine, sardine devient. » Gard, c. p. M. P. FESQUET.

« *Les sardines* = les doigts », argot, BRUANT, 1901. — « *Toucà lei cinq sardos* ou *lei cinq sardinos* = donner une poignée de main. » Provence.

« *Sardine* = galon de caporal. » *La Mode*, revue polit., 1848, p. 269. — « *Double sardine* = galon de sergent major. » *Vie paris.*, 1895, p. 529. — « Les deux sardines de caporal sur la manche. » DIOULOUFET, *Don Quichotte philosophe*, 1843, I, 63.

Sardin, tailleur, dans l'argot trécorois de La Roche-Derrien, Cf, *Revue celtique*, XXVI, 127, 128. [E. E.].

« *Ensardinà* = frapper quelqu'un avec une baguette, de manière à lui laisser des traces en forme de s. » Provence, MISTR.

« Tu as la langue encaquée comme une sardine dans le gosier. » E. Lepelletier, *Barrière de Clichy*, 1895.

« Les curieux étaient pressés comme sardines en boîtes. » G. de Raulin, *Plat du jour*, s. d. (vers 1890).

« *Crèmo-sardo* = brûleur de sardines), = ladre, avare. » Provence, Mistr.

« *Esquicho-sardo* = surnom des gens de Visan (Vaucluse), Mistr., II, 793. — *Rumo-sardos* = surn. des gens de Paraza (Aude), Mistr., II, 793.

« Prendre une sardine pour un navire = *se tromper grossièrement.* » Balleydier, *Veillées du presbytère*, 1860, p. 121.

« Mut coum' uno sardino = muet comme une s. » Aveyron, Duval. — « Il est moins bavard qu'une sardine. » Frison, *Aventures de Ronchonnet*, s. d. (vers 1890).

« La muier i la sardina pequenina. » Asturie, Rato.

« Je veux bien aller fendre le crâne à votre sardine = *j'accepte votre invitation à déjeuner.* » Robert, *Monsieur Victor*, comédie, 1873.

« A la Santo-Catarino La sardino viro l'esquino. » Provence, Achard, 1785.

« Lou viéy qué noun dévina Non vooü una sardina. » Nice, Toselli.

« D'ailleurs je m'en bats les œils avec quatre queues de sardines. » *La Gaudriole*, 1893, p. 282.

« Une sardine pendue au plafond, le vendredi saint, fait qu'on n'aura pas de mouches dans l'année. » Fougerolles (May.), r. p.; I.-et-V., *Mélusine*, III, 194.

Sur le conte facétieux de la sardine qui bouchait l'entrée du port de Marseille, voir *Le Régiment illustré* du 26 déc. 1896; L'Huissier, *L'Aventure de Jean Michel*, 1898, p. 531.

Clupea pilchardus (Cuvier). — **LE CÉLERIN.**

θρίσσα, τριχίς, grec anc.

τριχός, τριχιός, grec mod.

celerinus, aphya, apua, l. du m. â., Du C. — *apua membras*, anc. nomencl., Constantinus, 1573. — *alausa pilchardus*, nomencl. de Cuvier.

hareng celerin, celerin, anc. fr., God., II, 9. — *selirin*, franç. en 1696, Grave, *Un Livre de comptes au* xve s., 1892, p. 13. — *célan*, m., franç., Littré. — *selleten*, m., Fécamp, doc. de 1435, Ch. de Beaurepaire, Etat des camp. en Norm., 1865, p. 214. — *selletan*, m., Dieppe, en 1396, *Romania*, 1904, p. 353.

harengade, f., Marseille, Rondelet, 1558. — *aréncada*, f., *aréncado*, f., *aléncado*, f., Provence, Langued. — *aréncara*, f., Montpellier. — *harenguet*, m., Côtes de l'Ouest, Normandie. — *herengelle*, f., Mont-Saint-Michel; Le Héricher, 1879. — *haguette*, f., C.-du-N.

calliques, f. pl., *laschez*, pl., Antibes, Rondelet, 1558.

éstrànglo-bello-mèro, m., provenç., Avril.

espadin, tràncho, galicien, Cornide. — *sardiña*, portug., Furt.

pylcherd, angl., Gesnerus, *Aquatil. enumer.*, 1556.

Remarque. — Quelques naturalistes assurent que le célerin est la même espèce que la sardine.

« Faou téni soun réng coumé lis aréncados. » Provence, Mistral. « *Manjo aréncado, suço aréncado* = avare. » Provence, Mistr.

Clupea harachus.

sardinella aurata, nomencl. de Valenciennes.

alacho, f., *aracho*, f., provenç. — *aléchar*, m., Cette, E. Moreau.

Clupea spratus (Linné).

harengula latulus, nomencl. de Cuvier et Val.
crado, m., Rouen, Constantinus, 1573.
sprat, m., *esprot*, m., *franc blaquet*, m., *franche blanche*, f., Duhamel, 1769.
blanquette, *menuise*, Normandie, Cuvier, 1828. — *santé*, m., Ile de Ré, Kemmerer.
sardella, *anciovetta*, *aliza*, dial. ital.
sprotte, *breitling*, *brissling*, Prusse.
sprat, anglais, Gesnerus, *Aquatil. enumer.*, 1556.
engelsche sprot, petit soret d'Angleterre, sardine sorée d'Angleterre. Halma, 1781.
hvassbuk, suédois.
breekine-dune, irlandais.

Clupea harengus (Linné). — LE HARENG.

Quand il est frais il est appelé :

hareng frais, français. — *hareng de Calais*, *hareng de Boulogne*, franç. [C'est une variété petite et estimée des gourmets.] — *alose de Dieppe*, Normandie, Canel, *Blas. pop. de Norm.*, 1859, I, 220. — *érin*, m., Pas-de-Calais. — *aï˜cadä*, f., Paulhan (Hérault), c. p. M. Ed. Edmont.
strömling, *gustling*, dial. allem. du Nord.

Le hareng frais jeune est appelé :

crado, m., Seine-Inf., *Annales de la station agricole de Boulogne*, 1892, p. 7.
herring-cob, angl., Nares, I, 171. — *groenharing*, néerl.

Le hareng est généralement connu sous la forme de conserve. Il est alors appelé. :

alec, *allec*, *halec*, latin. (Le mot signifie *friandise*, *appétit*, ce poisson étant mangé pour donner de l'appétit ou pour faire boire. On trouve dans Du Cange : *allex* = attrait, charme et *allectivus* = attrayant (1). — « Il aimoit uniquement les saucisses..... les harengs saurs et tous semblables aiguillons à vin. » XVIe s., Desperiers, *Contes*, LXXIX.) — *alex, ales, halex, alecum, alecium, halecius, alectum, alectium, aletus, alletus, alevium, harengus, harenga, harengium*, l. du m. â., Du C. — *taricus, taricius, iairus, gerra*, l. du m. â., Wright, — *piscis*, l. du m. â. (C'est le poisson par excellence pour les classes pauvres.)

alet, m., *allet*, m., *ales*, m., *allé*, m., *harinc*, m., *aring*, m., *hierenc*, m., *harenc*, m., *haranke*, m., *heren*, *hairan*, *hieren*, m., anc. fr., *arenc*, m., anc. prov. — *eranh*, m., anc. prov., Bartsch, *Chrestom.*, 1592, al. 507. — *arin*, m., *héan*, m., S.-Inf. — *rin*, m., Lille. — *harin*, *hèrin*, m , wallon, c. p. M. J. Feller. — *rèran*, m., *r'haran*, m., Calvad. — *sardin*, m., Berry, Jaub. (On croit que c'est le mâle de la sardine.)

arenga, aringa, renga, italien. — *arenque*, m., espagn.

heringa, anglo-saxon. — *hering*, allem. — *sprunkerschwimmerling*, argot all., Von Train.

schneiderkarpfen, bauerkarpfen, termes plaisants, Prusse.

soldier, magistrate, Billingsgate-pheasant, Norfolkcapon, Yarmouth-capon, two-eyed steak, argot anglais.

ranga, arabe syrien, Berggr.

Toponomastique. — *Les Harengs, Les Harengères, La Harangère, Les Harengières*, noms de diverses localités, ainsi appelées probablement parce qu'il s'y trouvait autrefois des entrepôts de harengs salés.

---

(1) Ceci est plutôt une étymologie populaire : *halec*, proprement « saumure », doit être pris au grec qui a ἁλυκεία id., ἁλυκός salé, Cf. Walde. *Latein. etym. Wörterb.* 1906, p. 20. [E. E.]

Aregnum en 1249, *Vallis de Arenquo* en 1354, *Arenc* en 1360, *Plage d'Areng* en 1679, loc. des B.-du-Rh., MORTR.

Arenc, Aranc, Haranc, loc. de l'Ain, GUIGUE.

Au Harent, loc. de l'Ain, SIRAND.

La Ferrière-Harang, loc. du Calvados, c. p. M. ED. EDMONT.

Capella Aleech ou *Capella Haluis*, lat. du moyen âge, *La Chapelle-Hareng*, doc. de 1450, *La Harenquiere*, doc. de 1253, *La Harenguerie, La Harêque*, Eure, BLOSSEVILLE.

Le Clos de la Harenguerie, doc. de 1543, Seine-Inf., ROBILLARD, *Arch. eccl. de la S.-I.*, 1866, I, 268.

Mi-Hareng, Mishareng, Calvados, HIPPEAU.

Le Fief du Harant, maison à Paris du moy. âge, qui en 1377 appartenait à un nommé Adam Harant, F. D'AYZAC, *Abbaye de Saint-Denis*, 1840, I, 483.

Rue de la Harengerie, anc. rue de Paris. « Cette rue était appelée auparavant *Alaantheria*, en lat. du m. â. et *La Hanterie* en anc. fr. » DU C., I, 158.

Rue de la Hérangerie, nom d'une ancienne rue de Beauvais, DESJARDINS, *Arch. eccl. de l'Oise*, 1878, I, 157.

Enseigne : Aux Harengs sans nombre, enseigne de Liège, au XVIe s., BORMANS, *Rues de la paroisse Saint-André*, 1867, p. 127.

ONOMASTIQUE. — *Harencus*, nom latin de famille en 1080, C. PORT, *Invent. des Arch. eccl. de Maine-et-L.*, 1898, I, 69.

Arengerius, nom d'un évêque de Raguse en 1220.

Herenc, Harenc, Herreng, Harin, Haren, Héran, Héren, Harangot, Haranger, Allec (B.-du-Rh.), noms de famille.

Le hareng qui n'a ni laite ni œufs est dit :

gai, franç., NEMNICH, *Waar. Lex.* 1801 ; *vide*, franç. — *flagrot*, anc. wallon, GRANDG.

Le hareng qui vient de frayer, qui devient coriace, quand on le met dans le sel, est dit :

boussard, corné, fr., LITTRÉ.

Le hareng qui a de la laitance est appelé :

hareng laité, franç. — *boxhô â lèssê*, wallon verviétois, J. FELLER.
lait, m., Saint-Pol (P.-de-C.), c. p. M. ED. EDMONT.

La laitance du hareng est appelée :

vê, m., wallon, GRANDG., II, 460. (GRGG. écrit *vai*.)
lèssê (= lait) wallon (1), c. p. M. J. FELLER.

Le hareng qui a des œufs dans le corps est appelé :

hareng œuvé, franç. — *boxhô âs peûs* (aux pois), wallon verviétois, c. p. M. J. FELLER.
crok, m., Saint-Pol (P.-de-C.), c. p. M. ED. EDMONT.
eyerhäring, rogner, rögner, allem., DUEZ, 1664.
kuithèring, flam. (A. de C.).

Le hareng auquel on a enlevé la tête et la queue et qui, dans cet état, autrefois, ne payait pas de droits d'entrée, est appelé :

bougon, LITTRÉ. — *corbechon*, Rouen, au XIIIe s., BEAUREPAIRE, *Vicomté de l'eau de Rouen*, p. 306.

Le hareng mangé frais, aussitôt pêché, est appelé :

alectium recens, halex recens, l. du m. â. — *hareng frais, hareng blanc*, franç. — *hareng de la nuict*, franç., HOWELL, 1660. — *versche haring, pan-haring, slabbe*, hollandais.
levaard, flam. (A. DE C.).

---

(1) [Le peuple croit que le hareng à laitance est la femelle, J. FELLER.]

Le hareng fumé et jauni par la fumée est appelé :

allex sorus, halecius sorrus, sauretus, l. du m. â., Du C. — *rustupa, rustula, ruspupa, ruburrus, ruburnus, rubrinus, rubecula, buccaldus, arenga passa,* lat. du m. â., Dief.

hareng sor, h. sore, h. saure, h. sorel, h. sauret, h. seuret, h. soirel, anc. fr. — *héan sòy,* m., Le Havre, Maze. — *hareng roux,* anc. champenois. *hareng-quaque,* m., *kakehierent,* m., *caqueharenc,* m., anc. fr.

biquehol, m., anc. messin, God. — *bouckehous, bockhou. bequehoir, bocxhois, bochois,* anc. wallon ; Du C. ; God. — *bohon,* Liège, Borgnet, *Chron. de Stav.*, p. 216, en note. — *bokhô,* m., wallon verviétois, c. p. M. J. Feller. — *poulet de carême, poulet frais,* parisien, r. p. — *jambon de caresme, petit enfant de Dieppe, allumette à vin,* fr., *Almanach bachique,* 1661, p. 404. — *inglitin,* m., wallon liégeois, *Wallonia,* 1908, p. 151. — *côtelette d'épicier,* Loiret. — *minime,* m., Berry. (C'est la nourriture des Minimes.) — *damo dé Misericordi,* f., Provence. — *cardonètte,* f., Tourcoing (Nord). — *gendarme,* m., fr. popul. très répandu. [On l'appelle ainsi parce qu'il est jaune doré comme un gendarme (1). On dit : *deshabiller un gendarme* = manger un hareng, en argot. — Par contre un gendarme est appelé *hareng saur :* « C'est un fin finard ; il les emmène à la campagne les flics et les cognes et les *harengs saurs.* » Cl. Berton, *Conversion d'Angèle,* 1897, p. 254.] — *soret de Flandre,* anc. wallon. — *flande,* m., wallon.

aringa affumata, ital.

gerookten hèring, bokshèring, borkshèrink, boessering, dial. flamand. (A. de C.)

bucking, buycking, anc. allem., Dief.

---

(1) On attribue au hollandais G. Beukelz le perfectionnement du saurage et du caquage au xive siècle. De là les mots *biquehol, bequehoir,* etc.

bücking, allem., GESNER, *Aquatil. enum.*, 1556. — *bökem*, Aix-la-Chap. — *bokking*, holl.
red hering, bloat hering, bloted herring, dial. angl.

Le hareng cru, salé, non fumé, est appelé :

arenga muriatica, l. du m. â., DIEF.
bouffi, m., fr., NICOT, 1616. — *craquelot, hareng craquelotė*, franç. — *hareng-appétit*, fr., DE MAROLLES, *Déipnosoph.* d'Athénée, 1680, p. 188. — *appétit*, m., fr. pop., FUR., 1708.

« A Paris les marchandes des rues vendent ces harengs en criant : *appétits! appétits!* » MÉNAGE, 1750. — *harenc de frenelaie*, m., anc. fr., DEPPING, cité par LESPINASSE, *Livre des mét.*, 1879. — *harenc de fienelaie*, m., anc. fr., LESPINASSE, *Livre d. mét.*, 1879. [Ce mot ainsi que le précédent semblent mal transcrits.]

On lit dans DIEFENBACH, *Deutsch. Woert.*, « Der hering frisch aus der lacke schmeckt am beszten = *halec recens ex muria optime sapît.* » Le mot *lacke* signifie *saumure*. Il faudrait donc en français : *hareng de fresche laie?*

hareng blanc, anc. fr. « Le bon harent blanc en Gascongne. » *Rec. de poés. franç.*, V (1856), p. 115. — *hareng blanc*, *hareng blanc mariné*, parisien, r. p. — *hareng pec*, m., franç., Lille, doc. du XVe s., GOD. — *hareng à la pique*, anc. fr., doc. de 1555, GOD. — *herreng en perche*, fr. du Nord-Est, en 1632, *Soc. d'acclimatat.*, 1862, p. 77. (Aujourd'hui encore on vend, dans les campagnes, ce hareng au bout d'une perche. Il y a treize harengs à la perche.) — *pendu*, m., Aube, Nièvre. — « On dit quand on parle de plusieurs pendus, qu'ils *étoient pendus comme des harengs*, parce qu'on pend les harengs à une broche pour les faire égouter. » FUR., 1708.

blanc hierenc de Vivelay, pallent hierenc, fr. du N.-E. en 1362, *Soc. d'acclimatat.*, 1862, p. 77. — *hareng vivelét*, m., Reims, doc. du XVe s., VARIN, *Arch. de Reims*, 1844, II, 472.

pickelhäring, anc. h. all. — *pekel-hering, pekelharing*, flam. et holland. — *pickled-haring*, angl.

« On appelait au moyen âge *harengs de deux mors* (c.-à-d. de deux marées) ou *harengs de deux nuits* les harengs pris dans deux pêches consécutives; il était expressément défendu d'en faire le mélange. » NOEL DE LA MORINIÈRE, *Hist. d. pêches*, 1815, p. 325.

« On divise les harengs : *en sors, caqués, en groe, en trufferie, harens de saffare, harens pouldrés.* » Dieppe, au XIVe s., *Romania*, 1906, p. 416.

« *Caquer le hareng* = le mettre en caque; *caqueur*, ou *écaqueur* ou *étêteur* = celui qui met le h. en caque. » SAVARY, 1759. — « *caquer du hareng* = lui couper la gorge et lui arracher la quigne et les entrailles ou breuille. » FOURNIER, *Hydrographie*, 1667, p. 4. — On appelle caque le tonneau où l'on serre les harengs.

« *Encaqués comme des harengs* = entassés les uns sur les autres, pressés, serrés. » FÉRAUD. — « Pressés comme des harengs dans une caque. » FUR., 1708.

« Elle avoit le ventre gros comme une cacke à hareng. » BOULAESE, *Thresor de la victoire*, 1578, p. 214.

On appelle les entrailles du hareng que les pêcheurs arrachent avant de le saler et de l'encaquer :

burbalia, bruillia, lat. du moy. âge, DU C.

brulliaux, m. pl., *brueilles*, f. pl., *breuilles, brouailles, builles*, anc. fr.

« Brailler le hareng = le saupoudrer de sel et le remuer avec des pelles. » FOURNIER, *Hydrographie*, 1667, p. 3. — « *Broiller le hareng* = après qu'on l'a salé, remuer le hareng avec des pelles, pour qu'il prenne mieux la salure, » SAVARY, 1759. — « *Broóueiller le harenc.* » anc. fr., LITTRÉ.

« *Encreuiller* = suspendre les harengs pour les sécher. » Pays de Caux, BOULEN, *Voyages*, 1906, p. 91.

« *Sorer* à Paris, *sorir* à Dieppe, c'est passer au travers des têtes des harengs un petit bâton qu'on appelle *aime*, après quoy on les pend dans un lieu destiné pour les sorer en faisant dessous un petit feu... On appelle, à Dieppe, *sorin* celui qui est chargé de *sorer* les harengs. » FURETIÈRE, 1708.

« On appelle *sorissage* la façon qu'on donne au h. en le fumant à un feu de bois ou de charbon dans des lieux qu'on appelle *roussables* en Normandie et Picardie, *coresses* à Calais. » SAVARY, 1759. — « On appelle *sorisseur* en français *sorin* à Dieppe, celui qui fait sorer le h. » SAVARY, 1759. — « *Saurisserie* = endroit où l'on fait saurir les h. » DUBARRY, *Roman d'un baleinier*, 1889, p. 172.

« *Aynets*, m. pl., = vergettes dans lesquelles on enfile les harengs qu'on fait saurer au roussable. » HULSIUS, 1616.

« On appelle *droguerie* la préparation du hareng. » CLAIRAC, *Us et cout. de mer*, 1671, p. 511.

On recherchait autrefois les *harens de gernemus* (PICHON, *Taill.*, p. 127). Il faut probablement lire *harengs de Gernisie* c.-à-d. de Guernesey.

« *Harenger* = bateau pour la pêche des h. » anc. fr., GOD., II, 301.

Un pêcheur ou un marchand de harengs est appelé :

alleciator, allecarius, alleciarius, l. du m. â. — *harignier*, m., Reims, doc. de 1248, GOD. — *harengresse* (marchande de h.), f., anc. fr. Du C. — *harengier*, m., *harengère*, f., français. [Au fig. *harengère* = femme du peuple mal élevée, grossière : « Ce mot sent sa harengere à pleine gorge. » J. P. Camus, *Devoirs paroiss.*, 1642, II, 50. — « Elle avoit la voix d'une harengere ivre. » xviie s., Tallem. des R., éd. de 1853, V, 104. »

L'endroit où l'on vend les harengs, ou l'époque à laquelle on les pêche, ou l'ensemble des harengs pêchés, est appelé :

alleciaria, l. du m. â., Dief. — *harengaria*, *arencheria* l. du m. â., Du C. — *harenherie*, f., anc. fr., Du C. — *haranguaison*, f., *harengueson*, f., *harenguison*, f., anc. fr.

« Il m'aime celui-là ! pourquoi n'aime-t-on pas ceux qui vous aiment? — Ah ! voilà, c'est l'histoire du hareng qui est le plus intrigant des poissons — Pourquoi? — Eh ! bien, on n'a jamais pu le savoir. » Balzac, *Splendeurs et misères des courtisanes*.

« Jaloux comme un hareng. » terme de marin, Chabet, *Le Matelot à terre*, comédie, 1837.

« Il resta allongé comme un hareng. » Blain, *Seins de feu*, s. d. (vers 1890).

« Il se mit à ricaner comme un hareng-saur. » *La Gaudriole du 28 mai 1891.*

« *Ses joy no valh un areng* = sans joie je ne vaux pas un hareng. » anc. prov., *Romania*, 1905, p. 511. — « Je n'en donnerais pas dix mesures de harengs. » A. Karr, *Chemin le plus court*, 1836, II, 72.

« *Herring-pond* = la mer. » anglais popul., *Slang dict.*, 1885. « *A red herring* = un soldat. » angl. pop.

« *Esclair des harengs* = éclat de lumière qui paraît sur la mer, lorsque les harengs passent en troupes. » Furetière.

1708. — « *Chemin de Saint-Martin* = trace blanche du frai

des harengs sur la mer. » P.-de-C., *Rev. d. tr. pop.*, 1899, p. 19.

« On dit qu'on n'a jamais vu un hareng en vie, car il meurt au sortir de l'eau. » FUR., 1708. — « Aussi mort qu'un hareng. » *Biblioth. physico-économ.*, 1787, p. 284. — « oui, ils sont tous morts, aussi morts que des harengs saurs. *Gazette des chasseurs*, 1885, p. 592.

« Roux comme un hareng sor. » *Catholiques œuvres*, 1541, I, f^{ct} 43, v° — « Plus jaune que haran soret. » *Idem.*, I, f^{ct} 105, r° — « *Un hareng saur* = un Espagnol, à cause de son teint basané. » Normandie, au XVIIe s., HÉRON, *Muse norm.*, 1895, V, 117.

« *Carcasse de hareng* = injure à une femme. » *Nouveaux Engueulemens*, 1839, p. 6. — « Cette femme n'a pas d'estomac et le dos d'un hareng saur. » *Paris la nuit*, journal, 1891, p. 252. — « Maigre comme un hareng soret, » *Harangue en proverbes*, 1652, p. 4. — « Il estoit eximé comme ung haran soret. » RABELAIS, *Pantagr.*, 1533. — « Pus sé (*sec*) qu'un soéré. » Somme, SEURVAT, *Pissons d'avril*, 1902, p. 3. — « Mince comme un hareng; — maigre comme un sauret. » Saint-Pol (Pas-de-Calais), c. p. M. ED. EDMONT.

D'un homme d'une grande maigreur on dit :

« *Voilà un hareng habillé en bourgeois.* » Liège, *Rev. du traditionn.*, 1908, p. 14.

« He is neither fish, nor good red herring = il n'est ni chair ni poisson. » anglais, CHAMBAUD, 1776.

« On vend plus de harengs que de soles. » D'HAUTEL, 1808.

« Bouffy de vengeance comme un haran soret. » anc. fr., *Gloss. de l'anc. th. franç.*

« Ayant le morveau et le crachat sur la manche en guise d'un haren sor. » D'ABUNDANCE, *Lettre de cornifierie*, s. d. (vers 1530).

« Il ressemble aux harengs Il tient son rang = *il affecte la fierté, ironique.* » Somme, LEDIEU.

« On emplit les larges chopes, on trinqua et ceux à qui les harengs saurs du carême salent le gosier pour l'année entière firent la petite bouche, mouillèrent à peine leurs moustaches, reposèrent leurs verres pleins sur la table. » A. BLONDEL, *L'Heureux Village*, 1892, p. 266.

« Si vous n'avez qu'un hareng salé à m'offrir, ne me le présentez pas sur un plat d'argent. » Nièvre, TILLIER, *Œuvres*, 1846. »

« Petit moine et grand harenc Ne valurent jamais rien. » XVIe s., PIERRE DE L'ESTOILE, *Mém.*, édit. de 1875, X, 123.

« Tel a vendu salé harant Qui a les sens nobles de rang. » LE BON, 1557.

« *Chacun son pain et son hareng* = à chacun part égale. » Locut. répandue.

« Touz jours sent le mortier les ans et la poche le haranc. » XIIIe s., HAURÉAU, Not. et extr. de qqs mss., III, 110.

« Se sent la poeiche del hareng. » anc. fr., P. MEYER, *Hist. de G. Le Maréchal*, 1891, II, 375. — *Toute la pouquie sent le héan* = toute la famille a les mêmes vices. » Le Havre, MAZE.

« Se harenc put, c'est sa nature; si fleure bon, c'est aventure. » fr. du XVe s., *Vie de Saint-Haranc, martyr.*

« On dit quand on parle de plusieurs pendus au gibet qu'ils étoient pendus comme des harengs, parce qu'on pend des harengs à une broche pour les faire égoutter. » *Dict. de Trév.*, 1752.

« *Mudo coumo un arèn* = muette comme un h. » Nîmes, BIGOT, *Fieuyo toumbado*, 1888, p. 36.

« *Faire des yeux de hareng à quelqu'un* = lui crever les yeux.

« On t'y fera iex de harens. » Roman du Renart, cité par Franc. Michel, *Études sur l'argot.* — « D'un homme méfiant on dit : on ne lui emmanche pas les yeux comme à un hareng. » Beauce, CHAPISEAU, II, 321.

« J'ayme mieux le charnage que le caresme car on ne fait pas un enfant d'un hareng = *phrase à double sens ; c'est une fille qui parle.* » anc. fr. FOURNIER, *Var. hist.*, I, 316.

« *Hareng Donne à l'homme grand tourment.* (Quel est le sens?) G. MEURIER, 1582.

« Le harenc suis portant la fleur de lis (Quel est le sens?) J. BOUCHET, *Faitz de Molinet*, 1531, f[ot] 91, v[o].

« La moutarde sera chère s'il vient des harens sorets. » Prophétie facétieuse, *Nouv. entretien des bonnes compagnies*, 1637, p. 40.

« Comme poisson d'avril on envoie chercher un *hareng sans arêtes.* » Belg. wall., *Wallonia*, 1903, p. 54.

« Le harenc vit de pure eau. » *Bestiaire d'amours*, s. d. (vers 1500). — « On croyait au moyen âge que le hareng ne vivait que d'eau. » BERGER DE XIVR., *Trad. tér.*, p. 511. — « C'est le seul poisson qui vit de l'eaue seulement et ne peut vivre aucunement hors de l'eaue. » PLATINE, 1548, p. 317. — « Halec unda favet, gamaleon aere vivit, Talpam nutrit humus, flammae pascunt salamandros. » SCHMELLER, I, 911.

Sur la *Vie de Saint-Hareng, martyr*, voy. *Romania*, 1886, p. 370.

« La foire de novembre, à Saint-Pol (P.-de-C.), est appelée populairement : *l'fête à z'érins*, à cause de la grande quantité de harengs qui arrivent ce jour-là sur le marché, » c. de M. ED. EDMONT.

Ah! les caquelots pourris! Cri d'insulte adressé aux habitants de Romainville qui passent pour avares, pour manger des craquelots (harengs) pourris.

« Il a été à la guerre des Herviens contre les harengs saurs. » *Wallonia*, 1908, p. 151.

« Jouer à retourner les harengs. » *Les Trupheries du crime*, 1857.

Au moyen âge, à Tarare, à la fin du carême, on jouait à *coper les harens*. Voy. Du Cange, s. v° *copare*, II, 588. — Sur un singulier usage du chapitre de Reims, au moy. âge, appelé *la procession des harengs*, voy. : Varin, *Arch. de Reims*, II, 384.

« A Boulogne-sur-Mer, l'arrivage du premier bateau de harengs donnait jadis au pêcheur qui le montait le droit d'arborer, pendant toute la saison, un pavillon d'honneur aux couleurs de la ville; son chargement était alors admis le premier aux ventes publiques obligatoires, » c. de M. Ed. Edmont.

« Uriner sur un hareng fait passer la jaunisse. » Herve (Belg.), Monseur, *Folkl. wall.*, p. 26.

« Pour voir en rêve celui qu'elle doit épouser, la jeune fille doit manger un hareng cru et non nettoyé. » Verviers, Monseur, *Question. de Folklore wall.*

« Dans plusieurs contrées et même dans quelques localités de la France, on a la coutume, lorsqu'on mange des harengs, de jeter la laite au plancher (au plafond) : si elle s'y attache, c'est qu'on aura un habit neuf à Pâques; dans le cas contraire, on n'aura rien. C'est aussi, à ce qu'on croit, un excellent moyen pour savoir si on réussira dans une affaire. » A. de Chesnel, *Dict. des Superst.*, [Ed. Edmont.]

Meletta (genre) (Cuvier). — **LA MELETTE.**

melletus, meletus, l. du m. â., Du C. — *apud phalerica* nomencl. de Rondelet, 1558. — *alosa papalina*, nomencl. de Canestrini. — *clupea papalina*, nomencl. de Bonaparte.

melle, f., anc. fr. Du C. — *melette*, f., Marseille, Belon, 1555. — *mélèta*, f., *mélèto*, f., *mélèt*, m., provenç., langued.

nadelle, f., langued., RONDELET, 1558. — *nadèlo*, f., Gard, Hér.
papalina, *sàrache*, dial. ital.

« *Cagà méléla* = avoir grand peur, littéral. chier des mélettes, poissons longs et minces. » Gard.

« *Tiro-méléto* = hapelopin. » Provence, PELLAS, 1723.

« *Per préné un toun azardo uno mélèto* = pour prendre un thon, hasarde une melette. » Gard.

« On dit de quelqu'un qui dort profondément et surtout d'un enfant ; *peso dé mélètos*. » Gard.

« Qu manjo dé méléts Sé lico lis dets. » Provence.

ADDITIONS ET CORRECTIONS

Comme complément à ma propre note de la p. 14, j'ajoute que j'ai en préparation un mémoire archéologique sur l'Apollon Sauroctone où je développerai les arguments que j'ai donnés là-haut en sommaire; ce mémoire serait déjà rédigé et probablement publié sans le souci que m'a valu le sauvetage des œuvres de Rolland et le travail de cette publication posthume. — H. GAIDOZ.

J'ai retrouvé dans les papiers de Rolland des épreuves corrigées par MM. Feller et Ernault, probablement arrivées trop tard pour que leurs additions et observations fussent incorporées sur l'épreuve définitive; je les donne ici en manière de supplément. — H. G.

L'ANGUILLE

p. 186-187, ajouter ce nom wallon : *aw'hê*, liég., *awdjawe* ou *abdjawe* (Andenne-lez-Namur). J. FELLER.

p. 187, au lieu de *silienn*, breton de Plouaret, lire cette correction de M. Ernault : *silienn*, breton moyen et moderne. Sur l'histoire de ce mot, voir *Rev. celt.*, XXVII, p. 247.-252; PEDERSEN, *Vergl. Gramm. der Kelt. Sprachen*, 72.

pinseo water (pinceau d'eau = queues dans l'eau), anguilles, argot trécorois de La Roche, ERNAULT, *Rev. celt.*, XVI, 218. E. E.

p. 189, à propos du dicton ambigu d'Abbeville (Têtes d'anguilles) M. Ernault se demande si cela ne signifierait pas, d'une façon satirique, « mangeurs d'anguilles »; et il cite à l'appui ce dicton de blason breton dans SAUVÉ, *Prov. et dictons de la Basse-Bretagne*, 1878, n° 951 : Têtes de sardine, ceux de Concarneau — Têtes de saumon, ceux de Chateaulin — Têtes de merlu, ceux de Combrit. »

p. 190, l. 4 avant la fin, après : « soue, ajouter : c.-à-d. sienne. J. FELLER.

Au bas de la même page, ajouter : *dihâssî l'anwèye po l'cowe* = déchausser l'anguille par la queue, prov. liégeois. J. FELLER.

p. 191, l. 6, après la citation d'Aristophane, ajouter : c.-à-d. « toi aussi tu fais de bonnes prises, quand tu agites la cité ».

L'auteur de cette image si pittoresque et frappante de vérité se plaint, à la fin de la Parabase des *Nuées*, que plusieurs de ses rivaux s'en soient emparés. Elle était déjà tombée, en quelque sorte, dans le domaine public. E. E.

A ce propos, M. J. Feller remarque :

A Laroche, prov. de Luxembourg, le fretin tout jeune qui vient se jouer sur les bords de l'Ourthe, se nomme *cous d'awèye* (culs d'aiguille). Le 1er avril, les farceurs envoient les enfants acheter à la boutique *dol simince di cous d'awèye* (de la semence de petits poissons). Il s'agissait sans doute, à l'origine, d'*anwèyes* (anguilles et non d'*awèyes* (aiguilles).

p. 197, ajouter cette note de M. Ernault : *Treid zilio zal* des pieds d'anguilles salés; marchandise imaginaire qu'on fait chercher aux naïfs, poisson d'avril en Tréguier.

p. 198, à la FORMULETTE, ajouter : J'ai entendu (en Bretagne, je crois) : Mademoiselle, Cul de dentelle... (j'ignore la fin). Les enfants (surtout les filles) chant(ai)ent, à Saint-Brieuc, en se tenant entre eux par les mains entre-croisées : Les anguilles Qui fertillent Sur la grille; Tirliboudille! A ce mot, on fait un mouvement brusque qui change la position respective des bras; puis on recommence; car c'est une des formulettes qui se répètent indéfiniment. E. E.

LE PIMPERNEAU

p. 199, ajouter : cf. *pimperlot* dans Vermesse, où il me semble mal expliqué.

Le même J. Borgnet, cité plus haut, avait pris le pseudonyme de Jérôme Pimpurniaux, mais je ne trouve pas *pimpurniau* dans les dict. wallons. J. Feller.

LA SOLE

p. 202, ajouter *solen, soll, soüalen,* breton; *seillen, salien,* breton vannetais; voir Ernault. *L'Epenthèse des liquides,* p. 6; *Gloss. moy. bret.*, 253, 361, 362, 621; *Dict. bret.-franç. du dial. de Van.*, 204. *Seillen* vient d'une forme française **seille,* d'où *sêillette* à La Rochelle; *Secillet* (à Houat) cité *Faune pop.*, III, 105, a un *c* certainement erroné. E. E.

p. 203, à la fin de cet article, ajouter : cf. Je serai donc mangé des soles! Cria-t-il, pleurant comme un veau, Et je finirais dedans l'eau! Scarron, *Le Virgile travesti,* l. I. E. E.

LE FLET

p. 207, dernière ligne, lire : *élibole* et ajouter la note ci-jointe de M. J. Feller :

Grandg., II, 523, ajoute : rouchi : *albute, elbute;* de l'anc. flam. celbot, heyl-bot, all. heilbutt.

TABLE DES MATIÈRES

1° NOMS LATINS

2° NOMS FRANÇAIS

DIJON, IMP. EUGÈNE JACQUOT

FAUNE POPULAIRE

Nouvelle série

Les volumes annoncés ci-dessous forment des suppléments aux six volumes publiés de 1877 à 1883 par la librairie MAISONNEUVE. Mais, rédigés sur le même plan et complets chacun en lui-même, ils peuvent être regardés comme une série nouvelle et distincte du même ouvrage.

Tome VII. *Les Mammifères sauvages*, 1906. Prix..... **8 fr.**
— VIII. *Les Mammifères sauvages* (suite et fin), 1908. Prix.......... **5 fr.**
— IX. *Les Oiseaux sauvages*, première partie. En cours d'impression.
— X. N'existe pas encore.
— XI. *Reptiles et Poissons*, première partie, 1910. Prix.......... **8 fr.**
— XII. *Mollusques, Crustacés, Arachnides et Annélides*. [Novembre 1908]. Prix.......... **6 fr.**
— XIII. *Les Insectes*, première partie. En cours d'impression.

Il convient de noter que M. ROLLAND, devenant son propre éditeur de la *Faune*, à partir du tome VII, n'a tiré ces volumes qu'à 200 exemplaires; ils seront donc, dans l'avenir, plus rares que les tomes I-VI tirés à un plus grand nombre d'exemplaires.

FLORE POPULAIRE

Tomes I-VII, 1896-1906. Prix.......... **47 fr.**
Le tome VIII est en cours d'impression.

www.ingramcontent.com/pod-product-compliance
Ingram Content Group UK Ltd.
Pitfield, Milton Keynes, MK11 3LW, UK
UKHW012021240726
13965UKWH00002B/496